西北民族大学民族学优势学科建设项目、民族地区经济社会发展研究中心与西北民族地区经济与管理科研创新团队资助

甘肃省哲学社会科学项目"甘肃省民族地区脱贫攻坚与乡村振兴有效衔接的路径研究"（19YB082）阶段性成果

西北民族大学2018年引进人才科研项目"西北民族地区乡村振兴与脱贫攻坚研究"（xbmuyjrc201906）阶段性成果

中央高校基本科研业务费创新团队项目"民族地区城市化发展与产业变迁研究"（31920190009）阶段性成果

国家民委中青年英才培养计划项目"西北民族地区新型城镇化发展进程调查研究"阶段性成果

国家民委人才项目"三区三州精准扶贫农户满意度调查"（XNMU-2019-AB-26）阶段性成果

孙阿凡 郭蕙兰 李长亮 著

西北地区新型城镇化与精准扶贫协同发展研究

中国社会科学出版社

图书在版编目（CIP）数据

西北地区新型城镇化与精准扶贫协同发展研究/孙阿凡，郭蕙兰，李长亮著 .—北京：中国社会科学出版社，2020.11
ISBN 978 - 7 - 5203 - 7290 - 9

Ⅰ.①西… Ⅱ.①孙… ②郭… ③李… Ⅲ.①城市化—研究—西北地区②扶贫—研究—西北地区　Ⅳ.①F299.274 ②F127.4

中国版本图书馆 CIP 数据核字（2020）第 180245 号

出 版 人	赵剑英
责任编辑	刘晓红
责任校对	周晓东
责任印制	戴　宽

出　　版	中国社会科学出版社
社　　址	北京鼓楼西大街甲 158 号
邮　　编	100720
网　　址	http://www.csspw.cn
发 行 部	010 - 84083685
门 市 部	010 - 84029450
经　　销	新华书店及其他书店
印刷装订	北京市十月印刷有限公司
版　　次	2020 年 11 月第 1 版
印　　次	2020 年 11 月第 1 次印刷
开　　本	710×1000　1/16
印　　张	14.75
插　　页	2
字　　数	220 千字
定　　价	88.00 元

凡购买中国社会科学出版社图书，如有质量问题请与本社营销中心联系调换
电话：010 - 84083683
版权所有　　侵权必究

前　言

　　新型城镇化和精准扶贫是当前我国的两大发展战略。这两大发展战略为落后地区的发展提供了重要的政策支撑和发展机遇。西北地区城镇化发展水平较低，人口城镇化率从 2013 年的 46.68% 提升至 2018 年的 53.54%，但相比全国及其他地区，还存在着很大的差距，2018 年低于全国（59.58%）6.04 个百分点；同时作为欠发达地区，又是贫困范围广、程度深、发生率高、涉及人数众多的地区，尤其是少数民族地区因地理条件和民族因素的交汇叠合，贫困问题更是严峻，是我国脱贫攻坚工作的重中之重，也使西北地区的反贫困事业成为举国上下的关注焦点。这就使得西北地区一方面要促进新型城镇化的发展，另一方面要实现精准扶贫、精准脱贫。

　　事实上，新型城镇化与精准扶贫的协同发展不仅是由西北地区发展基础决定的，同时具有相应的理论支撑和内在联系。二者都是以人为中心，以促进农村社会经济发展为重要目标，将城乡产业发展作为重要途径，进而旨在实现人的全面发展。新型城镇化和精准扶贫具有密切的关系，主要表现在以下几个方面。一是新型城镇化有助于促进贫困人口向城镇转移，通过农业转移人口的市民化、城镇人口规模的有序扩张，能够让更多农业人口共享城镇化发展的成果，尽快实现减贫、脱贫，推动城乡融合发展。二是土地作为人类社会发展必需的物质载体，其有效利用既是推动并实现我国新型城镇化的根本，也是区域脱贫攻坚的资源基础，对区域发展和减少贫困有着积极意义。三是产业扶贫作为脱贫攻坚的重要手段和持续扶贫手段之一，增收功能明显有益于削减贫困人口的绝对贫困。西北贫困地区在产业结构、生产方式、经营体系等方面尚有较大的益贫空间，需充分利用新型城镇化发展契机，推动产业扶贫更上一层楼。四是相比于传统产业，基于互联网技术发展起来的电子商务对环境、基础设施和资金等硬件的要求较低，具有快速、高效、成本低廉等优势。对地处偏远、工业化发展落后的西北贫困地区而言，建立电子商务扶贫生态系统，可以通过发展物流产业，打破交通不便、信息不畅造成的困境，将当地具有优势的农特产品"卖出去"，增加贫困户的收入和就业机会，成为精准扶贫的有效手段，也是提升小城镇吸引力、促进城乡联动发展的新型城镇化动力。五是资金作为发展的生产要素资源，是经济运行的血液，无论是新型城镇化建设还是扶贫开发，都离不开有效的资金投入。金融机构作为社会经济发展的重要组织，通过发挥金融杠杆的"造血"功能，有利于帮助贫困群体增收减贫、降低贫困度，同时促进新型城镇化建设。六是在人的全面发展过程中，教育扮演着不可或缺的角色，特别是对贫困人口来说，优质、公平的教育服务尤为重要。推进城乡教育一体化发展，确保贫困地区的每个学生都能够获得相对均等的教育起点和教育过程，不输在起跑线上，切实提高贫困人口的素质和劳动技能——"治贫先治愚，扶贫即扶智"，既是阻断贫困传递的根本之策，实现可持续发展的高质量脱贫，也是实现新型城镇化的必要之举。

总之，新型城镇化和精准扶贫作为国家层面的两大战略，二者之间具有千丝万缕的联系，并且相互影响、相互制约。将新型城镇化与精准扶贫协同推进，构建城乡全面发展战略，既是西北地区两大发展战略的必然治理，也才能保障两大战略的顺利实现，推动西北地区的全面发展。本书在编写过程中，孙阿凡进行了全书框架和内容的设计，并编写了第一、第二、第五、第七、第九、第十章，郭蕙兰编写了第四、第六、第八、第十一章，李长亮编写了第三章。

本书只是对西北地区新型城镇化与精准扶贫路径协同发展的一些思考，由于笔者的知识有限，错误和不足在所难免，恳请学界同人提出批评。

本书在写作过程中参考了大量的文献，对直接引用的文献尽可能一一列出，对参阅的文献同样一一列出，如有遗漏，实非故意，敬请原文献作者谅解。在此对所有引用文献和参阅文献的作者表示诚挚的谢意!

孙阿凡　郭蕙兰　李长亮

2020 年 4 月 15 日

目　录

第一章　新型城镇化概述 …………………………………………… 1
　　第一节　新型城镇化的内涵 …………………………………… 1
　　第二节　新型城镇化的理论基础 ……………………………… 8
第二章　精准扶贫概述 ……………………………………………… 13
　　第一节　精准扶贫的内涵 ……………………………………… 13
　　第二节　精准扶贫的相关理论 ………………………………… 19
第三章　新型城镇化与精准扶贫协同发展的可行性 …………… 30
　　第一节　新型城镇化与精准扶贫协同发展的理论基础 ……… 30
　　第二节　新型城镇化与精准扶贫的内在联系 ………………… 34
　　第三节　新型城镇化与精准扶贫的协同发展 ………………… 50
第四章　西北地区新型城镇化发展现状 ………………………… 56
　　第一节　西北地区人口城镇化现状 …………………………… 57
　　第二节　西北地区经济发展现状 ……………………………… 65
　　第三节　西北地区社会民生发展现状 ………………………… 79
第五章　西北地区精准扶贫现状 ………………………………… 82
　　第一节　西北地区贫困状况 …………………………………… 82
　　第二节　西北地区扶贫状况 …………………………………… 93
第六章　新型城镇化下农业转移人口市民化 …………………… 101
　　第一节　消除制度壁垒，降低转移成本 ……………………… 101

第二节　减少文化摩擦，提升身份认同 …………………… 111

第七章　新型城镇化下土地政策扶贫 ………………………………… 115
　　第一节　完善产权体系，差异政策扶贫 …………………… 115
　　第二节　推动整治流转，增加土地收益 …………………… 123
　　第三节　推行"人地钱"挂钩，实现城乡联动 …………… 134

第八章　新型城镇化下电商扶贫 ……………………………………… 139
　　第一节　聚焦农产品上行，助力产业转型 ………………… 140
　　第二节　发展物流配送业，完善服务链条 ………………… 149
　　第三节　拓宽就业通道，提高收入水平 …………………… 153
　　第四节　提升幸福指数，促进乡村振兴 …………………… 155

第九章　新型城镇化下产业扶贫 ……………………………………… 157
　　第一节　延伸产业链条，创新扶贫模式 …………………… 157
　　第二节　优化项目供给，实现产业联动 …………………… 166
　　第三节　扶持特色产业，提升核心竞争力 ………………… 171
　　第四节　增加就业机会，提升就业能力 …………………… 174

第十章　新型城镇化下金融扶贫 ……………………………………… 179
　　第一节　完善基础设施，建设信用体系 …………………… 180
　　第二节　提供多元服务，刺激金融需求 …………………… 187
　　第三节　提高扶贫精准性，增强产业衔接 ………………… 192

第十一章　新型城镇化下教育扶贫 …………………………………… 199
　　第一节　做好顶层设计，完善制度保障 …………………… 199
　　第二节　细化扶贫措施，强化帮扶成效 …………………… 203
　　第三节　促进教育信息化，升级扶贫模式 ………………… 217

参考文献 ………………………………………………………………… 221

第一章 新型城镇化概述

党的十八大报告指出,要"坚持走中国特色新型工业化、信息化、城镇化、农业现代化道路",在社会发展中通过推动信息化和工业化的深度融合、工业化和城镇化的良性互动、城镇化和农业现代化的相互协调,进而实现"四化"同步发展。党的十八届三中全会中对新型城镇化进一步明确,指出"推进以人为核心的城镇化,推动大中小城市和小城镇协调发展、产业和城镇融合发展,促进城镇化和新农村建设协调推进",这就为新型城镇化的健康发展指明了道路,也标志着"以人为核心"的新型城镇化是我国新时期城乡经济社会统筹发展的关键。

第一节 新型城镇化的内涵

一 城镇化的界定

"城镇化"虽然与"城市化"只有一字之差,但具体内涵存在差别。我国实施的五级行政机构包括中央、省(自治区、直辖市)、地级市、县(区)、乡(镇),其中,"市"的自主权、管辖权、人口规模、职责等都远大于"镇","城镇"被看作城市之尾、农村之头。农村经济向城市经济、农村人口向非农产业、乡村生活方式向城市社会生活方式转换时,通常经历农村—城镇—城市的演进路径,由此来看,"城镇化"更能反映我国农村人口向城市集中、城镇规模不断扩大、城市功能不断完善的发展趋势。

马克思主义政治经济学认为,在原始社会的混沌一体后,城市与乡村的分离成为人类社会发展中第一次社会大分工的基础,"使农村人口陷于数千年的愚昧状况,使城市居民受到各自的专门手艺的奴役①"。这种分离"破坏了农村居民精神发展的基础和城市居民体力发展的基础",并随着生产资料私有制和阶级的形成引起了城乡利益的对立。②通过直接或间接获得农业剩余来提供工业化、城市化积累资金,尤其利用价格机制实现农业剩余向工业的移转成为各国的基本政策。但工业、城市发展到一定程度后,农业、农村的落后又会阻碍城市的进一步发展,推动农村城市化发展、实现城乡融合又成为新的目标,马克思、恩格斯指出,"乡村农业人口的分散和大城市工业人口的集中只适应于工农业发展水平还不够高的阶段……通过消除旧的分工,进行生产教育、变换工种,共同享受大家创造出来的福利,通过城乡融合,使社会全体成员才能得到全面的发展"③。世界各国的城市化经验也告诉我们,城市、工业发展到一定阶段后,城乡融合将成为不可避免的必然趋势,这是人类在掌握客观规律的基础上进行制度选择的结果。《国家新型城镇化规划(2014—2020年)》指出,城镇化是现代化的必由之路,是保持经济持续健康发展的强大引擎,是加快产业结构转型升级的重要抓手,是解决农业农村农民问题的重要途径,是推动区域协调发展的有力支撑,是促进社会全面进步的必然要求。因此,对我国而言,城镇化是实现包含人口、经济活动和空间地域三个主体内容在城乡经济、政治、文化上演变、转换与融合发展的渐进过程,是在生产方式、生活质量上无限趋同的必要手段,已经被世界公认为衡量一个国家或地区现代化发展水平高低的重要标志。

二 新型城镇化的含义

城镇化是关联、影响国家、区域发展的重要领域。从全球视野来看,我国城镇化在借鉴欧美等发达国家城镇化道路、模式、技术经验

---

① 《马克思恩格斯选集》(第三卷),中共中央马克思恩格斯列宁斯大林著作编译局译,人民出版社1972年版,第330页。
② 同上书,第25页。
③ 同上书,第224页。

的同时,更需要结合国情,走出具有中国特色的城镇化道路,并为欠发达国家及地区的城镇化发展、贫困消除、经济增长等提供示范和样本。从我国实际来看,城镇化自改革开放以来伴随工业化进程的加速一直在推进,但也存在以下问题:农业转移人口难以融入城市社会、市民化进程滞后;"土地城镇化"快于人口城镇化、建设用地粗放低效;城镇空间分布和规模结构不合理,与资源环境承载能力不匹配;城市管理服务水平不高,"城市病"问题日益突出;自然历史文化遗产保护不力,城乡建设缺乏特色;体制机制不健全,阻碍了城镇化健康发展;等等。[1]

新型城镇化则是在总结以往城镇化成功与不足的基础上,从导向、内容、动力等方面予以调整,实施与现代社会发展需求相匹配的新战略,从而实现从"人口城镇化"到"人的城镇化"的转变。所以,新型城镇化的理论内涵可以包括以下内容。

一是人本性。人本性即"以人为本",强调以发展权为核心,将"人的发展"视为最高尺度。实际中,新型城镇化必然会使越来越多的农民从土地上解放出来,如何确保这些农民在新的生产、生活方式中有效配置"人力、自然、物质、金融、社会"五种生计资本,使其生存有基本保障、生计可持续发展、生活日益丰裕,并实现"物"为人的服务是关键。如何让城镇化进程中的农民在提高物质生活水平的同时,提升精神生活水平,进而逐步实现城乡社会的协调发展,最终消除城乡差别和工农差别,这是终极目标。因此,"人本性"是新型城镇化的根本,这一内涵从根本上改善了我国长期以来城镇化中只强调量而忽视发展权的弊端,将社会发展重心放在质的层面,即强调作为一切社会经济活动的终极目的的人,在城镇化过程中物质生活的提高以及思想、观念和文化的转变。[2]

二是协同性。协同性要求系统各要素之间、系统之间存在的协同作用可以使系统要素彼此耦合,从而扩大整体作用。新型城镇化强调

---

[1] 中共中央、国务院印发《国家新型城镇化规划(2014—2020年)》。
[2] 刘嘉汉、罗蓉:《以发展权为核心的新型城镇化道路研究》,《经济学家》2011年第5期。

以城乡互动、融合于一体发展为目标,将资源要素配置机制、行政管理体制、公共产品与服务提供机制、社会服务体制、共创共享机制、考核评价机制等方面都纳入城乡一体的新型城乡关系来考虑,崇尚城乡互补、城乡同发展共繁荣。① 与此同时,新型城镇化是与新型工业化、信息化、农业现代化相适应的城镇化战略,是新"四化"的有机组成部分。相对于传统城镇化难以有效解决城乡二元经济社会结构,以及人的发展的问题,新型城镇化必须从新型城乡关系入手,以统筹城乡发展的思路和办法,综合利用市场与政府的手段,正确处理好城市与农村、经济与社会、人与自然、人口转移与空间布局等多种关系,建立完善城乡居民共创共享改革发展成果的体制机制,走出一条以实现人的全面可持续发展为核心的多维度城镇化道路。②

三是包容性。新型城镇化的内容总体上应体现包容性特征。第一,新型城镇化不只是一个新的经济增长点,而是要兼顾经济与社会的协调发展。也不只是表现为一个资源的空间配置过程,根本上是要实现社会文明的进步性和人的全面发展性。第二,新型城镇化应更强调农村在城镇化发展中的地位,应将城乡统筹发展和实现城乡一体化作为其核心,推动农村、城镇、城市之间的协调发展。通过城乡互联、互通、互商、互助机制加强彼此联系,从而提高农村现代化程度。但现代性不是对传统性的完全颠覆,现代性与传统性的协调思想包含着对传统的现代继承和发展。第三,强调人、产业和城镇之间的协调发展。城镇的发展需要人口集中,只有形成一定的人口规模才能增加消费能力;而消费能力的维持需要产业与就业同时配套以形成良性循环机制。因此,新型城镇化需要尊重劳动力配置、产业布局、城镇规划三者同时存在、互相匹配的一般规律,以实现产业发展、就业稳定和城镇化程度提高的良性健康发展。第四,实现进城劳动力的就业平等化,居民权利和发展收益分配的公平化。新型城镇化众多农民进城,不仅仅是身份上的进城,更重要的是生活、生存上的进城,这

---

① 刘嘉汉、罗蓉:《以发展权为核心的新型城镇化道路研究》,《经济学家》2011年第5期。
② 同上。

就要求进城劳动力能够有更多机会进入正轨和体制内就业的通道，逐步消除劳动力市场的歧视，消除公共服务和公共福利的差别化分配。城市应该有足够的包容性，使这些来自农村的劳动者得到尊重，拥有向上发展的机会。[①]

四是可持续性。可持续发展强调人的发展与环境保护的统一协调。新型城镇化建设中，需要尊重天然原始的生态进程，在频繁地利用自然要素进行各种建设活动时，自然环境原有的循环体系仍需获得保护；而对一些已经被破坏的生态环境则应该采取有效手段予以恢复，保护自然生态群落。需遵守差异化发展原则，根据各地历史条件与资源要素情况，确定各地区发展侧重点，突出特色；需遵守稳步推进原则，使经济社会发展与城镇化之间的动态关系保持平衡；需遵守绿色原则，城镇自身从宜居、生态平衡等角度予以规划建设；能源方面强调低排放、高效能；区域上重视平衡发展，缩小差距。

三　新型城镇化的本质

《国家新型城镇化规划（2014—2020年）》指出，"以人的城镇化为核心，有序推进农业转移人口市民化，稳步推进城镇基本公共服务常住人口全覆盖，不断提高人口素质，促进人的全面发展和社会公平正义，使全体居民共享现代化建设成果。"党的十八届五中全会通过的《中共中央关于制定国民经济和社会发展第十三个五年规划的建议》对以人为核心的内涵作了更加丰富和全面阐述："推进以人为核心的新型城镇化。提高城市规划、建设、管理水平。深化户籍制度改革，促进有能力在城镇稳定就业和生活的农业转移人口举家进城落户，并与城镇居民有同等权利和义务。实施居住证制度，努力实现基本公共服务常住人口全覆盖。健全财政转移支付同农业转移人口市民化挂钩机制，建立城镇建设用地增加规模同吸纳农业转移人口落户数量挂钩机制。维护进城落户农民土地承包权、宅基地使用权、集体收益分配权，支持引导其依法自愿有偿转让上述权益。深化住房制度改

[①] 高宏伟、张艺术：《城镇化理论溯源与我国新型城镇化的本质》，《当代经济研究》2015年第5期。

革。加大城镇棚户区和城乡危房改造力度。"与此同时，《建议》还正式提出并系统阐述了创新、协调、绿色、开放、共享的五大新发展理念，成为引领包括新型城镇化在内的发展全局的新发展观。

因此，从党和国家的宏观发展思路可以看到，我国现行提出的新型城镇化更着眼于整体性、动态性、综合性和发展性，强调集约发展、协调发展、均衡发展、持续发展和全面发展。是以关注人的价值、权益、自由，关注人的生活质量、发展潜能和幸福指数为基础，在城镇空间数量增多、区域规模扩大、职能和设施完善的过程中，将城镇经济关系、居民生活方式、人类社会文明广泛向农村渗透，通过激发内在发展动力，实现自由、平等、全面发展的多维度、可持续、高质量的城镇化。

四 新型城镇化的关键

(一) 一个目标

党的十九大报告指出，新时代人民日益增长的美好生活需要和不平衡不充分的发展之间的矛盾是我国当前社会主要矛盾。城镇化是现代化的必由之路，是解决"三农"问题的重要举措，也是解决新时代我国社会主要矛盾、推动经济高质量发展的强大引擎。因此，新型城镇化建设应与国家经济社会发展进程、步骤、阶段保持一致，以解决我国当前社会主要矛盾为目标，全面落实人在新型城镇化中的核心地位，完善符合新型城镇化发展方向的体制机制，使新型城镇化成为我国全面建成小康社会、迈向社会主义现代化强国的强大推动力量。

(二) 两个坚持

我国的城镇化自中华人民共和国成立之始就开始推进，有不足、有风险，但没有出现众多发达国家和发展中国家出现的贫民窟问题，取得了一定的积极成效。这是因为我们根据自身国情，始终做到两个坚持。一是坚持经济建设为中心。以经济建设为中心，致力于解放和发展生产力、推动经济发展是我国改革开放以来一贯坚持的基本国策，这一坚持既改善了城市面貌，也吸纳了大量农民工进城就业，为城镇化进程中失去土地而进入城市的农民提供了足够多的就业机会和必要收入，在保证社会稳定的基础上，也提高了生活水平。这既是城镇化进程中的成功经验,也是新型城镇化中必要的坚持。二是坚持土地的社会主义公有制。土地制度是一个国家的基本制度,我国实行的土地制度是社会主义公有制,即国家所有和集体所有。作为最基本的生存、发展资料,这种公有制形式从根本上保障了新型城镇化的有效推动,也避免了失地农民的"一无所有"。农民工的城、乡双栖选择,政府推动下社会保障制度的完善,城乡基础设施的提升,住房、土地制度的改革等都是土地社会主义公有制坚持下的衍生规则,在新型城镇化中需继续坚持。[①]

(三) 三个尊重[②]

总结历史经验教训,新型城镇化的健康发展务必做到"三个尊重"。

第一要尊重规律。城镇化是有规律的,需要遵循规律循序渐进,不能过于贸然激进,也不能过于片面狭隘,需要全面兼顾。例如要按照城镇空间合理布局要求,编制促进城镇化健康发展的规划;要统筹城镇公用设施建设,提升公共服务;要发挥产业支撑作用,做好人口吸纳与留驻;要做好保障;要使住在乡村里面的居民享受城市文明;等等。

第二要尊重市场。新型城镇化改革的主要内容就是处理好政府与市场、政府与社会的两重关系。政府与市场的关系,是要转变政府职能、尊重市场,让市场成为城镇化推进中的一个重要主体或中心,发挥市场在资源配置中的决定性作用并自主决策。政府只在市场失灵、宏观调控领域适度干预,包括解决市场产生的外部性、公共物品提供、垄断、不公平等。例如城镇化进程中为了追求发展而忽视生态产生的环境污染,过于追求效率而忽视教育公平及其他城乡均等型公共服务,因投机而产生的房地产市场泡沫、不合理的行业垄断等现象,这些就需要政府花力气去管。其他可以由市场自行调控的,应该交由市场。政府与社会的关系,是在社会管理过程中要引入并支持社会力

[①] 尉建文:《人民日报观察者说:坚持走中国特色新型城镇化道路》,《人民日报》2019年11月1日第9版。

[②] 宋林飞:《新型城镇化的几点思考》,《观察与思考》2014年第1期。

量，鼓励、引导非营利性组织、志愿性组织充分发挥作用，弥补政府失灵和市场失灵，推动形成政府主导、公众参与、社会监督的格局，强化政务信息公开的制度约束的同时，让民众充分参与城镇规划、建设、发展、治理等问题，发挥民众主体地位，增强社会活力，促进市场发育和多元主体共治体系的建立。

第三要尊重人民。新型城镇化的主体是人民，最终目的是要人民享受社会进步的利益，因此，从始至终都需要尊重人民的主体地位。首先，在重视中央政府总体规划和宏观指导的同时，鼓励地方政府因地制宜地探索创新，涉及规划、环境、社保等与民众密切相关的重大决策时，则需在听取、吸纳人民意见的基础上推行。其次，对城镇化的社会管理要与人民有共识，有共同的价值观念，能够充分反映人民的利益要求。最后，要以法制为保障，依法推进城镇化进程，依法处理城镇化进程中涉及民众利益的经济、社会结构及其调整等事项，依法处理各类矛盾。

第二节 新型城镇化的理论基础

城镇化是涉及经济学、社会学、地理学、人口学等多学科的一个研究领域，不同学科从不同角度给予解读，属于跨学科的综合性含义。新型城镇化是对城镇化的进一步提升与拓展，与城镇化理论一脉相承。学者们对城镇化问题的理论研究众多，与本书主题有关的主要涉及以下内容。

一 城镇化动力机制与发展阶段理论[1]

（一）城镇化动力机制理论

城市经济学研究显示，城镇化的直接动力是生产力的发展。生产力的发展可以提高第一产业即农业的生产效率，使所需农业生产人员减少，多余的农业生产人员则逐步转变为第二产业、第三产业的从业人员。这是城镇化的内在特点。同时，第二产业生产力和生产效率的

---

[1] 高鹏、刘赚：《新型城镇化研究及理论基础初探》，《才智》2017年第15期。

不断提高，直接促进社会再生产的发展，间接提高城市城镇化水平。第三产业的逐步完善，则使城镇化质量更高。

（二）城镇化阶段理论

20世纪70年代末，学者Northam总结城镇化发展的过程近似"S"形曲线，并将其划分为三个阶段。第一阶段为城镇化初始阶段，特点是城镇化水平较低，发展平稳而缓慢。此时生产力和生产效率相对低下，农村人口占有较大优势，居民点和经济聚集以农村形态为主，城市零星布局、规模不大，缺少联系点。第二阶段为快速城镇化阶段，特色是城镇化水平急剧上升、快速发展，第二、第三产业发展迅猛并居主导地位，大城市发展快，但出现两极分化的趋势，区域间的经济差异进一步推动资本的快速积累和生产力的快速发展。第三阶段是城镇化水平较高且发展较为完善和平缓的阶段，此阶段多数区域已基本完成城市化进程，城市化速度较为稳定。

二　区域空间结构理论[①]

（一）典型的区域空间结构模式

由于各种经济活动的经济技术特点以及由此而决定的区位特征存在差异，所以在地理空间上所表现的形态不一样，这些经济活动在区域内的空间分布状态及空间组合形式就构成区域空间结构，包括点、线、网络和域面四个基本要素。目前较为典型的区域空间结构有三种。一是极核式空间结构。主要由资源、区位的促成点发展而成，反映过程集中在增长极的形成阶段，使该区域成为经济活动和社会发展的中心地区，对周边区域起到主导作用，并逐步出现了非均衡的空间特征。二是点轴式空间结构，这种结构以极核式体系为基础，即增长极在自身发展和完善过程中，因极化效应和扩散效应会对周边落后区域产生不同等级的影响，进一步加剧了非均衡状态，但同时逐步形成点与轴的合理分布。这些区域相互连接，构成以点带线的点轴式空间结构。三是网络式空间结构。点轴式空间结构发展的方向是点带线式的空间结构。多个点、轴线进一步发展，不同等级的点之间便会建立

[①] 高鹏、刘赚：《新型城镇化研究及理论基础初探》，《才智》2017年第15期。

多种联系方式，功能增强，最终形成纵横交错的网络，从而形成网络式的空间结构，而空间特征也从非均衡转变为高水平均衡。

（二）区域空间结构演变理论

区域空间演变与工业化有着密切关联。根据工业化不同时期，大致可分为四个阶段。一是前工业阶段。即工业化之前的社会时期，这一阶段因生产力不发达，散落的农村是居民点空间结构的主要表现形式，城市作为区域中心并未完全形成，作用亦不明显；而地区之间相对封闭，联系较少。二是工业化初期的过渡阶段。该阶段因工业化发展需求，某些区域的生产力和经济飞速发展，逐步对周边地区形成吸引，这种作用逐渐凸显，进而形成区域中心，周边地区则因有利要素被集聚而日益落后。三是工业化阶段。工业化进程中经济不断发展，经济中心地位的区域作用更加显著，再加上工业化的复杂性和关联性，与周边地区的互联互通日益明显。既体现为不同经济中心之间的联系加强，彼此相辅相成、形成体系，也体现为经济中心与周边落后地区的联系更加紧密，带动周边落后地区在自身水平不断提高、功能日益明确的同时，各类经济和社会活动与经济中心的联系也日趋紧密，彼此互相配合，形成了关系明确的配套体系，并更好地为经济中心服务。四是后工业化阶段。即以资本经济、知识经济为主导，区域与区域之间的经济和空间联系不断强化，并出现城市群、区域一体化的趋势。不同区域经济中心之间的功能也存在不同程度的协调与互补。

（三）区位理论

区位理论主要由德国经济学家杜能、韦伯等提出，并分为农业区位论、工业区位论、中心区位论、市场区位论、现代区位理论、现代集聚理论等。城镇作为一种社会生产方式，以社会生产的各种物质要素和物质生产过程在空间上的集聚为特征，由不同的城镇个体及子系统组成并存在相互作用。城镇的集聚性可以引发规模经济、外部性、向心力或离心力以及区位竞争，这些社会经济效应大于分散系统的社会经济效益，是城镇化的动力。弗里德曼提出的"核心—边缘"理论更是指出城市作为空间经济结构的核心，在不完全竞争、收益递增、运输成本、要素转移等因素彼此互动的过程中，聚集了资本、知识、信息等各种要素，并处于城乡系统支配地位，小城镇、乡村等边缘地区则不断输出各种资源并逐步出现衰退或相对停滞状态。但工业化发展到一定阶段日趋成熟时，各种资源要素会出现从中心向边缘扩散的格局，从而逐步达到平衡发展，实现区域经济一体化。

三　城乡转换理论

（一）城乡二元论

城乡二元论主要指城乡二元结构，即社会化生产中城市经济和农村经济并存的经济结构。城市经济以现代化的大工业生产为主，基础设施发达，人均消费水平相对较高；农村经济则以典型的小农经济为主，基础设施相对落后，相对城市人均消费水平较低、人口众多。我国的城乡二元结构形成于20世纪50年代中期，基于当时特殊的历史背景、政策原因，以二元户籍制度为核心，形成包括二元粮食与燃料供给制度、教育制度、就业制度、医疗制度、养老保险制度、劳动保障制度、人才制度、兵役制度、生育制度等在内的一整套社会制度体系。该制度人为地从政治、经济、文化等方面把统一的中国社会分割为城市和农村，将工农、城乡区别对待。在中华人民共和国成立初期，城乡二元结构具有经济发展的导向和示范作用，为国民经济发展、推动社会主义现代化建设发挥了积极意义，但随着经济发展，城乡差别、工农差别日益扩大，并导致城乡发展不平衡、贫富差距扩大、收入分配不平等等负面效应，亟须转换。

（二）城乡结构转换论

以刘易斯、费景汉、拉尼斯、乔根森、哈里斯、托达罗等为代表的学者从城乡二元结构角度出发，对农村富余劳动力转移和城乡结构的融合进行了分析，探讨了城镇化的动力机制和发展道路的结构理论。提出发展中国家在工业化进程中存在现代部门与传统部门、工业部门与农业部门之间的明显差别，具体体现为产业部门的发展趋势、劳动力转移方向等的不同，即技术层次不同使得农业产业和农业劳动力向工业部门的转移非同步，农业部门除向工业部门提供扩张所需的廉价劳动力外，还会提供劳动剩余。但哈里斯—托达罗模型认为城市存在大量失业人口，农村剩余劳动力过度流向城市将加剧城市失业。

只有全面考虑城市就业预期和城乡收入差距，才能准确判断农业劳动力的转移问题。

(三) 人口迁移理论

城乡人口迁移理论主要围绕城乡之间、地区之间的劳动力流动问题进行系统分析。目前具有代表性的理论和模式主要有"推—拉理论"、"成本—效益理论"、托达罗劳动力迁移模型等。"推—拉理论"认为迁移是迁出地和迁入地的推、拉力共同作用的结果，"推力"是迫使农村居民迁出的社会、经济和自然压力，"拉力"即吸引其他地区居民迁入的社会、经济和自然引力，这些因素的共同作用促使人们向其他地区迁移。"成本—效益理论"则认为人口迁移主要由迁移效益与迁移成本决定，只有迁入地与迁出地的收入差距大于迁移成本时，才会实现迁移。托达罗劳动力迁移模型认为农村人口向城镇迁移的主要决定因素是预期的城乡收入差距。

第二章　精准扶贫概述

2013年11月，习近平总书记在湘西考察时作出了"实事求是、因地制宜、分类指导、精准扶贫"的重要指示；2015年6月18日，习近平总书记在部分省区市党委主要负责同志座谈会上强调"扶贫开发贵在精准，重在精准，成败之举在于精准"，并在当年中央扶贫开发工作会议上指出要解决好"扶持谁""谁来扶""怎么扶"的问题。自此，我国精准扶贫工作从政府层面的顶层设计转为具体实施，各级政府纷纷设定时间表，通过有序退出的安排落实精准脱贫任务，这也成为确保我国如期完成脱贫攻坚目标任务、确保全面建成小康社会的关键。

第一节　精准扶贫的内涵

一　精准扶贫的界定

精准扶贫是粗放扶贫的对称，是指针对不同贫困区域环境、不同贫困农户状况，运用科学有效程序对扶贫对象实施精准识别、精准帮扶、精准管理的治贫方式。其政策含义即地方要优化整合扶贫资源，针对长期扶贫中扶贫对象基层估算、扶贫资金"天女散花"、扶贫项目粗放"漫灌"，以及人情扶贫、关系扶贫、应扶未扶等的低质、低效问题，以解决钱和政策用在谁身上、怎么用、用得怎么样等为出发点，强调扶贫政策和措施要针对真正的贫困家庭和人口，以"谁贫困就扶谁"的精细化扶贫资源配置实施有针对性的帮扶，从根本上清除导致贫困的原因和障碍，达到可持续脱贫的目标。精准扶贫是新时期党和国家扶贫工作的精髓和亮点，是我国扶贫开发政策的重大战略转型，也是全面建成小康社会、实现中华民族伟大复兴中国梦的重要保障。

二 精准扶贫的政策体系

（一）精准扶贫的宏观体系

我国目前已构建起包括精准识别、精准帮扶、精准管理、精准考核在内的精准扶贫政策体系。精准识别是实施精准扶贫政策的基本前提，主要通过申请评议、公示公告、抽检核查、信息录入等步骤落实，并建立贫困户和贫困人口档案卡，摸清致贫原因和帮扶需求。精准帮扶是核心，是在准确识别贫困居民的基础上归类整理致贫原因，以便采取差别化、针对性的精准帮扶措施对症下药，把扶贫资源真正有效地分配到贫困人口的真实脱贫需求上，精准到户、到人确保帮扶效果的关键。精准管理是实施精准扶贫政策的重要保障，重点在于扶贫对象、项目安排、资金使用、措施到户、因村派人、脱贫成效等六个精准，强调"滴灌式"的精准帮扶。精准考核是提升精准扶贫工作成效的重要手段，通过贫困人口脱贫退出和返贫再入机制、贫困县考核与退出机制，加强精准扶贫工作的量化考核和政策实施效果（见图2-1）。

资金使用精准强调扶贫资金与扶贫成效挂钩，加强财政涉农资金的整合，严格遵守扶贫资金管理办法，规范使用范围、报账程序、操作流程，建立扶贫资金信息披露制度及扶贫对象、扶贫项目的公告公示公开制度，强化资金监管，保证财政专项资金在阳光下进行，同时引入第三方监管，确保扶贫资金使用过程全监督。

措施到户精准强调扶贫措施应当紧密结合贫困户致贫原因，因人因户梳理制订帮扶计划，落实帮扶措施，从小处着手切实惠及最基层的贫困百姓。

因村派人精准是指组织部门要加强指导调研，结合基层组织建设、社会治理和产业发展情况，围绕乡村需求，选派政治素质高、工作能力强、担当意识高的干部担任驻村干部，切实推进扶贫工作，使驻村干部成为知晓当地情况，有办法、有动力的工作主体。

```
精准识别  →  贫困标准与规范
              识别贫困村贫困户
              建档立卡信息库
   ↓
精准帮扶  →  发展生产脱贫一批
              易地搬迁脱贫一批
              生态补偿脱贫一批
              发展教育脱贫一批
              社会保障兜底一批
   ↓
精准管理  →  扶贫对象精准
              项目安排精准
              资金使用精准
              措施到户精准
              因村派人精准
              脱贫成效精准
   ↓
精准考核  →  贫困县考核与退出
              贫困户口退出机制
              贫困人口退出机制
```

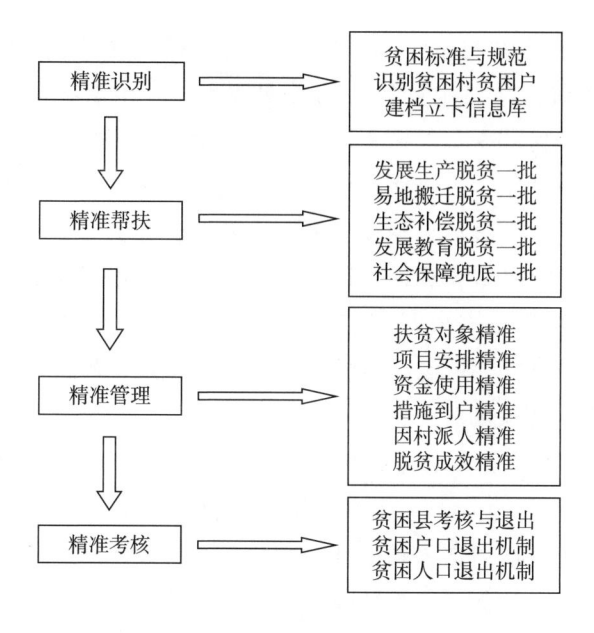

图 2-1　我国精准扶贫宏观体系

脱贫成效精准强调要巩固精准扶贫成果，坚持因地制宜、因户施策，通过精细精确精微式扶贫，将地方脱贫工作与脱贫攻坚战的总要求、总任务对接，推进脱贫攻坚工作纵深开展的同时，增强脱贫实效，确保脱贫成效的可持续。

（二）精准扶贫的实施战略——"五个一批"

"五个一批"包括发展生产脱贫一批、易地搬迁脱贫一批、生态补偿脱贫一批、发展教育脱贫一批、社会保障兜底一批。这"五个一批"的实施战略结合我国贫困治理的长期实践，切中要害地针对贫困问题发生的两个关键——贫困地区的资源禀赋、贫困人口的人力资本，旨在将"大水漫灌"式扶贫转变为"精准滴灌"式扶贫，不断提高扶贫质量。其中，发展生产脱贫一批强调产业扶贫，即以发展生产为脱贫主旋律，结合当地资源禀赋，尊重、把握、利用市场规律，开发特色农业和服务业，从而提高地区整体发展水平，解决贫困户就业、增收问题。易地搬迁脱贫一批既要解决"一方水土养不了一方人"的生存性制约，也要解决住房、教育和医疗条件较差的发展性约束，在实际中通过将资源禀赋枯竭地区的贫困地区人口搬迁至更好条件地区来实现脱贫目的，要求既要解决"搬出去"的短期性工作，更要做好"留得住、能致富"的长期性工作。生态补偿脱贫一批是指挖掘贫困地区的生态保护资源，坚持走绿色发展道路，将生态治理与脱贫攻坚有效结合，进而提供就业岗位实现脱贫。发展教育脱贫一批强调扶贫的长期效应，即通过教育有效改善人力资源状况，阻断贫困代际传递，将教育资源向贫困地区倾斜，改善办学条件，提高贫困人口素质，实现"志智双扶"。社会保障兜底一批是充分发挥社会保障的"安全网"作用，对因老、病、残而无法改善的贫困人口，通过政府作用兜底扶助。

（三）精准扶贫的工作原则——"六个精准"

"六个精准"包括扶贫对象精准、项目安排精准、资金使用精准、措施到户精准、因村派人精准和脱贫成效精准。

具体而言，扶贫对象精准强调切实可靠地识别扶贫对象，从而扶助到真正贫困的对象。这是精准扶贫取得良好成效的前提，要按照标准严格遵循农村村级重大事项的"四议两公开"程序原则，保证扶贫对象的确认程序严谨、结果准确。整个过程要求充分发扬基层民主，发动群众参与，透明程序、公开公平。

项目安排精准强调在深入调查研究、征求群众意愿的基础上，扶贫项目应当因地制宜、科学安排，严格按照程序标准实施，着力破解"造血功能"不足的难题。

（四）精准扶贫的实施保障——"五个坚持"

精准扶贫工作离不开马克思主义理论的指导，也蕴含着马克思主义理论思想。例如习近平总书记强调脱贫攻坚"贵在精准，重在精准，成败之举在于精准"，扶贫要扶到"点子上""根子上"，就是结合贫困地区实际、区别不同情况而做出的针对性策略安排，符合历史唯物主义原则。习近平总书记着眼从"平均数"到"每一个"，从"输血"到"造血"，从"反复扶"到"防返贫"，从"单打独斗"到"兵团作战"，正确处理全面小康和脱贫标准的关系，精准到户与整体推进的关系，政府、市场和社会的关，扶贫开发与环境保护的关系，等等，都是马克思主义辩证法思想的体现。实践中形成的整个精准扶贫重要论述则与马克思主义反贫困理论中的资本及其扬弃思想一脉相承，既强调资本在增进贫困地区群众福祉方面的作用，又强调平抑其负面作用，与马克思的反贫困理论具有内在一致性。①以马克思主义理论为指导，精准扶贫工作提出了"五个坚持"作为实施保障。

一是坚持扶贫攻坚与全局工作相结合，走统筹扶贫的路子。扶贫攻坚和国家的全局工作相互促进、不可分割，必须坚持统筹兼顾。目前我国正在进行的扶贫开发工作既是全面建成小康社会和"十三五"规划收官之年，也是脱贫攻坚的最后阶段和最难阶段。这就要求将扶贫攻坚与全面建设小康社会结合起来，在关注贫困人口收入增长同时，更要考虑生存环境、生态保护、能力建设等综合指标，通过统筹扶贫实现全部人口共同进入小康社会的宏伟目标。政策顶层设计还应与世界执行进程有效对接，致力于构建长期的动态贫困治理体系。在具体的扶贫工作中，要重视解决摸清底数、目标衔接、投入倾斜、力量调整、对口帮扶、产业培育、交通建设、安全饮水、危房改造、移民搬迁、技能培训、学前教育、基层医疗、因病返贫、文化服务、村容整洁、金融支持、基层建设等 18 个重点问题，在有效推进其他重点行动中带动和促进扶贫攻坚，引导各类建设项目向贫困地区倾斜和布局、各方力量向扶贫攻坚集中和汇聚，切实做到以产业化提升农业、以工业化致富农民，真正形成全面小康引领、多维联动攻坚的新局面。

二是坚持连片开发与分类扶持相结合，走精确扶贫的路子。精准扶贫不是"单打独斗"，而是要将片、村、户有效结合起来，全面推进、重点突破，战略重点在片，战术关键在村，战果体现在户。这就既要求通过集中连片开发凸显协同发展、优势互补的集约效应，又要求在具体工作中注重分类指导、重心下移，把片区攻坚与扶贫到村到户有效衔接，把贫困村脱贫规划编制和贫困户建档立卡同步推进，因村施策、因户施法，通过系统分析科学论证的方式深入剖析不同区域和不同贫困人口的致贫根源，并作出针对性的分类帮扶，切实做到贫

---

① 王震：《习近平精准扶贫重要论述的理论构图》，《西南民族大学学报》（人文社会科学版）2020 年第 1 期。

困底数清楚、扶贫规划科学、攻坚措施对头，真正实现对贫困人口的精细化管理，对扶贫资源的精确化配置，对贫困农户的精准性扶持。①

三是坚持行政推动与市场驱动相结合，走开放扶贫的路子。精准扶贫在坚持政府主导地位、行政力量有效推动，不断加大财政投入和政策支持力度的同时，还需要积极引入其他社会成分，注重发挥市场配置资源的基础性作用，更多地运用市场手段安排扶贫项目和资金。贫困地区往往前期开发不足，经深度挖掘后，可充分利用相应的地理优势、特色产业、特殊资源等后发优势，借助资金、技术、人才等市场要素的吸附效应，坚持以开放促开发，在政府行政的推动下，通过招商环境的提质、资源优势的宣传，吸引更多的战略投资者参与扶贫开发，并积极探索相互之间的合作模式，力争帮助贫困地区早日脱贫。②

四是坚持"三位一体"与自力更生相结合，走"造血"扶贫的路子。整合扶贫资源，构建专项扶贫、行业扶贫、社会扶贫等多方力量、多措并举有机结合和互为支撑的"三位一体"大扶贫格局是国家扶贫战略之一，该工作格局强化了外界帮扶的必要性，即以统筹区域经济发展为基础，整合资源、集中投入、合力攻坚，充分释放专项扶贫和行业扶贫的叠加放大效应，做好"输血"工作。与此同时，激发贫困地区的自身努力和发展动力，做好"造血"工作也不容忽视。要在强化基础设施和公共服务中不断增强发展后劲，在加快培育特色优势产业和人力资源开发中不断提高自我发展能力。

五是坚持资源开发与生态保护相结合，走生态扶贫的路子。可持续发展是我国当前经济社会发展的主要目标，精准扶贫中也需要贯彻落实，面向长远未来，树立保护生态是脱贫之基、致富之道的理念，注重内生发展、和谐发展、持续发展、科学发展的扶贫开发要求。一方面，注重开发过程中对自然环境的保护，并将工作重点放在贫困人口自我发展能力的内生性培育，注重其短期经济收入提高的同时，积

---

① 《王三运在全省扶贫攻坚推进大会上的讲话》，百度文库，2014-05-21，https://wenku.baidu.com/view/e459396e482fb4daa58d4b55.html。

② 同上。

极探索教育扶贫与产业扶贫等贫困群体能力培育的扶贫模式。另一方面,坚持对历史负责的时代责任观,追求长效发展机制的构建,而非谋取短期一时之效,把项目建设与生态保护、防灾减灾结合起来,全面实施主体功能区规划,大力推行循环生产模式;建立健全项目建设评估制度,积极探索有利于贫困地区、扶贫对象的生态环境保护补偿机制和资源开发收益分配机制,真正做到产业发展与环境保护互利双赢,经济效益与生态效益有机统一,人口、资源与环境良性循环;完善科学合理的动态管理考评机制,实现扶贫管理的上行下效,并在此基础上推进精准扶贫工作的规范化转型,以实现以人为本与可持续发展的良好结合。

第二节 精准扶贫的相关理论

一 贫困的相关理论

从国际上看,贫困研究经历了收入贫困、能力贫困、权利贫困以及多维贫困的范式,贫困理论也由最初的绝对收入贫困理论到相对收入贫困理论,再发展到以阿玛蒂亚·森为代表的能力贫困理论,以及多维贫困理论。贫困理论的不断发展演化,指导着政府的反贫困政策,对世界各国的扶贫起着重要指导作用,也对我国社会主义市场经济的发展和中国特色社会主义的建立有着积极作用。

(一)贫困的制度理论[1]

"贫困"最初被研究时,以制度、文化为视角的贫困形成机制为重点,拓宽人们对贫困现象认知的同时,形成了贫困研究的社会结构范式。马克思最早在批判马尔萨斯人口学说的基础上从制度层面探讨了贫困形成的原因。

20世纪50年代以前,西方社会的贫困理论以马尔萨斯的人口学说和马克思的无产阶级贫困理论为主。马尔萨斯从人口规律出发探讨

---

[1] 黄承伟、刘欣:《"十二五"时期我国反贫困理论研究述评》,《云南民族大学学报》(哲学社会科学版)2016年第2期。

贫困理论，认为人的本性决定了人口增殖，人口的几何级数率增长使得以算数级数率增长的生活资料无法与其匹配，人的增殖、繁衍能力无限并需要食物，但自然界提供食物的能力有限，必然会因无法满足所有人的需要而产生贫困。由于人口现象是自然现象，人口规律是超越社会制度的永恒的自然规律，因此，马尔萨斯提出贫困问题是任何社会都不可避免的。在解决对策上，提出以抑制人口增长尤其是穷人的人口增长为重点，增加生活资料绝对数量，"鼓励人们开垦新土地，尽最大可能鼓励农业而不是制造业，鼓励耕种而不是畜牧"[1]，并主张为极端贫困人口设立济贫院，帮助穷人的同时强迫有能力者都参加工作。马尔萨斯的人口论虽然存在一定缺陷，但贫困作为人类社会发展中的顽疾，人们难以辩驳；其提出的帮助贫困人口同时强迫有能力者都去工作的"输血"理念，事实上与我们今天所主张的扶贫理念一致。

19世纪40—60年代，马克思、恩格斯在对空想社会主义者贫困理论与马尔萨斯贫困理论进行批判的基础上，形成了系统的马、恩无产阶级贫困理论，并对贫困理论首次进行了制度上的深入分析。首先，认为贫困是一种社会现象，不是自然现象，尤其是"工业在资本主义基础上的迅速发展，使劳动群众的贫穷和困苦成了社会的生存条件"。其次，从资本主义生产方式的内在矛盾角度，指出资本主义社会贫困产生的根源是资本的积累。资本原始积累过程中，资产阶级通过不断增加生产资本而增强对工人的统治，将社会生产、生活资料转化为资本的同时，使小生产者转化为雇佣工人，即"劳动贫民"。资本主义生产关系建立后，资产阶级为追求剩余价值，通过增加资本、加大对新技术和生产方式的运用等手段，使生产资料增长速度快于劳动力，并产生出超过资本增值需要的过剩人口，造成大量失业者。这种过剩人口作为资本主义积累的产物、杠杆，随着社会财富和资本增长规模、能力的扩大而不断递增，进而形成贫困积累。最后，马、恩提出资本主义生产规模的扩大会形成国际垄断，并使贫困成为资本主

---

[1] 张静:《马尔萨斯的贫困观——评马尔萨斯的〈人口原理〉》，《赤峰学院学报》（汉文哲学社会科学版）2010年第7期。

义各国的共存现象。因此，资本主义生产方式即为贫困的根本原因，解决贫困，需从根本上改变资本主义生产方式、消灭私有制，在劳动者共同占有生产资料的基础上解决贫困问题。马克思、恩格斯对资本主义社会贫困的分析属于典型的制度贫困分析，将贫困与资本主义社会制度的形成及运行根本相结合，使贫困的解决对策从单一形式上的限制人口转变为深层次的资本主义生产方式的制度变革。

（二）资本短缺的贫困理论

继马克思、恩格斯之后，纳克斯、纳尔逊、莱宾斯坦、缪尔达尔相继将贫困的分析原因聚集到资本视角，并提出"贫困的恶性循环""低水平均衡陷阱""临界最小努力""循环积累因果关系"等理论，开始从资本短缺方面解释贫困产生的机理，为日后反贫困研究奠定了基础，也使发展经济学成为反贫困理论研究的主要领域。

1953年，罗格纳·纳克斯在《不发达国家的资本形成》一书中提出了贫困恶性循环理论，指出由于发展中国家的人均收入水平低，投资、储蓄、需求、消费都不足，进而限制了资本形成，使发展中国家长期陷于贫困之中。供给层面，发展中国家人民的低收入水平产生低储蓄力，导致低资本、低生产率和低产出，低产出又进一步引发低收入；同时，低收入导致低购买力，对投资引诱不足，进而形成低资本、低生产率、低产出、低收入的恶性循环。要打破这种恶性循环，须大规模增加储蓄、扩大投资，形成各行业的相互需求，进而实现"供给创造需求"。该理论对贫困地区金融资源配置的扭曲与贫困地区的贫困恶性循环有积极意义，可通过加大对贫困地区的扶贫力度、完善金融市场体系、提高金融资源配置效率、健全金融生态环境建设等手段提升扶贫效率。[①]

1956年，美国经济学家纳尔逊发表了以"不发达国家的一种低水平均衡陷阱"为题的论文，提出"低水平均衡陷阱"理论，指出发展中国家人口过快增长是阻碍人均收入提高的"陷阱"，须通过大规模资本投资使投资和产出的增长超过人口增长，从而实现人均收入

[①] 楚永生、石晓玉：《宏观视角下贫困理论的演进及其意义》，《理论学刊》2008年第2期。

的大幅度提高和经济增长。该理论提出资本稀缺是发展中国家和地区经济发展缓慢的主要障碍和关键所在。

基于上述理论，1957年，美国经济学家莱宾斯坦在扩展和概括低水平均衡陷阱模型的基础上提出"临界最小努力"理论，认为发展中国家贫困的根源是人均收入过低、资本形成不足，存在"贫困恶性循环"和"低水平均衡陷阱"。要摆脱这种困境，必须做出一个临界最小努力，即在投资水平或投资率大到足以使国民收入的增长超过人口增长水平后，人均收入的增长不会被人口增长的负作用所抵消，从而形成"临界最小努力"，实现长期、稳定的经济增长。但须具备诸如激发群众的经济增长动机、创造适宜的投资盈利环境、形成有创新能力的企业家群体、鼓励人们敢于冒险和追求利润的精神等条件。

同期，缪尔达尔用"循环积累因果关系"理论来解释发展中国家经济增长缓慢的困境。认为社会经济的发展变动包括整个社会、经济、政治、文化和制度方面的发展，其中，产出与收入、生产条件、生活水平、对待工作与生活的态度、制度和政策六大因素是造成贫困的关键因素。

（三）"经济溢出"视角的贫困及反贫困理论

在资本短缺的贫困理论形成机制中，学者们以经济增长与减贫关系为核心，形成了"经济溢出"的反贫困理论，提出以工业化、市场化推动经济增长是各国解决贫困问题的主要途径，并形成涓滴理论、益贫式增长理论、包容性增长理论、绿色增长减贫理论以及多元发展理论等。涓滴理论主要阐释了经济增长对区域发展的两面性，指出经济发展初期，发达地区的经济增长将产生区域发展差异扩大的"极化效应"，但长远来看，经济增长能够为落后地区带动投资、就业及财政收入的增加，产生缩小区域发展差距和减少贫困的"涓滴效应"。益贫式增长理论主要强调经济增长能够给穷人带来收入增长，而该增长比例通常大于平均增长率，因此会使相对不平等下降。包容性增长理论则提出通过扶贫、益贫、生产性就业、提升人力资本能力和加强社会保障等途径，使贫困人口在国家政策扶持和自身能力提高中均衡分享社会财富，提高生活质量和水平。绿色增长减贫理论强调在保护贫困地区生态环境的前提下，有限度地开发和利用自然资源，从单纯追求经济增长转向追求整体的、与生态结合的现代化发展,从单纯追求物质发展到实现人的全面发展,从而达到全面脱贫。在此基础上,学者们进一步提出具有地理空间差异性、特殊性以及由此产生的不同时空组合的发展道路、扶贫方式的组合,强调需要多方面考虑、全方位入手解决。

(四)社会文化层面的贫困理论[①]

除了从政治、制度、资本、经济层面关注贫困外,20世纪60年代以后,贫困从个体经济问题拓展为个人能力和社会权利的不平衡。结合社会学,舒尔茨把人力资本纳入分析视角,认为小农生产者也可以成为自我生计维持和发展的积极力量。刘易斯在20世纪60年代研究墨西哥贫困过程以及阐述贫困代际传递时提出贫困文化理论,认为贫困是经济、社会、文化的综合现象,是因物质资源匮乏而导致的阻碍穷人改变自身境遇的文化价值观。处于贫困文化中的穷人会有一种强烈的宿命感、无助感和自卑感,这种文化一旦产生,就会生生不息、难以消灭,并代际传承,从而根本上影响着贫困的蔓延。80年代,阿玛蒂亚·森将社会排斥纳入贫困分析,提出了基于能力、权利和福利的能力贫困理论。认为贫困的实质是可行能力的贫困,是社会生存、适应及发展能力的低下与短缺。而发生在多个领域的社会排斥会限制贫困人口的生活机会,并使其受到其他方面的剥削,由此形成了权利贫困理论。该理论不仅包括收入贫困,还包括能力剥夺及社会排斥,因此也被学界称为全面贫困理论,反映出贫困的多元性、动态性和可缓解性。

与此同时,国内学者则从经验和概念上进行讨论,认为贫困文化是一种现代社会的亚文化现象、贫困阶层的生活方式以及促使经济贫困的文化,与中国传统文化、农耕文化具有密切关系。同时,基于我国社会发展及贫困对象的特殊性,提出包括妇女研究中的时间贫困、婚姻贫困、老龄人口的健康贫困等贫困概念,拓展了多维贫困理论的研究维度。胡鞍钢等也提出包括"收入贫困、人类贫困、信息贫困及

---

① 黄承伟、刘欣:《"十二五"时期我国反贫困理论研究述评》,《云南民族大学学报》(哲学社会科学版)2016年第2期。

生态贫困"① 在内的多维分析框架,以体现新时期贫困的结构性、权威性、多元性及衍生性特征。

(五) 区域、空间贫困理论②

区域发展和空间发展也逐渐成为反贫困研究的基本视角。早期贫困理论中的增长极理论、涓滴理论、包容性增长理论、大推动理论都被视为区域经济增长理论,此外还包括地域系统理论及区域产业结构理论。宏观来看,区域经济发展不平衡是世界各国普遍存在的共性问题。20世纪五六十年代,区域组织的形成和发展推动了区域主义理论研究,随后,出现以强调新产业空间开拓、地区合作强化、创新及制度支持供给为核心的新区域发展观。在区域贫困理论基础上,学者们结合生物学研究中的"系统论",提出系统贫困理论,即将贫困作为整体或系统来研究,指出贫困是由诸多综合因素系统运行的结果,并形成贫困的区域经济社会系统。

20世纪90年代以来,学者们进一步将贫困问题从平面扩展到空间、从局部拓展到整体,提出空间贫困理论。该理论将贫困与空间地理因素联系在一起,主要关注贫困地区、贫困人口的分布以及空间与贫困之间的关系。强调贫困的衡量及发生与自然地理要素紧密相关,即贫困和不平等由多维因素造成,在城乡二元经济明显的发展中国家,教育、机会获得、卫生设施等因素都与空间地理位置因素挂钩,这种同时包含环境和社会结构因素而形成的贫困即为空间贫困。由于自然、地理禀赋等空间要素不易改变,包括地理特征、公共服务和协变冲击在内的空间特征在贫困发生过程中占决定性和统治性地位。理论工作者也越来越多地将贫困分布、生态气候、环境、距离、基础设施和公共服务等众多内容综合汇集在空间分布地图上,形成"贫困地图",为穷人空间分布的理解和贫困与地理环境因素之间关系的调查提供了方便,也给决策者提供了"看得见"的政策建议。

国内学者在改革开放初期就注意到东、西部的协调发展问题,并

---

① 丁一文:《生态抑制型贫困研究文献综述》,《中国环境管理》2014年第4期。
② 黄承伟、刘欣:《"十二五"时期我国反贫困理论研究述评》,《云南民族大学学报》(哲学社会科学版) 2016年第2期。

形成"梯度理论"与"反梯度理论"两种代表性观点。这种对贫困问题的区域研究为我国正在推进的集中连片贫困地区的扶贫开发提供了有益启发,即连片贫困地区扶贫开发应注重产业升级和新兴产业的发展,注重加强区域的协同和经济合作,注重增强贫困人口的学习创新能力,以及注重建构地方发展的制度环境与设施等。

二 贫困的多维研究理论

传统的贫困维度研究通常从贫困人口发生率指数和度量贫困缺口指数两个方面展开。在阿玛蒂亚·森的多维贫困理论基础上,Alkire和Foster提出多维贫困的测度方法,包括确定具体维度、确定剥夺临界值向量、构建剥夺矩阵、赋予各维度不同权重、判断对象是否贫困、计算贫困测量指标、对多维贫困测度指标按照维度进行分解几个步骤。而我国目前正在推行的精准扶贫要求按照精准识别、精准帮扶、精准管理、精准考核的步骤推行,与多维贫困测度方式有着理论的一致性和方式的共同性,因此,贫困的维度研究是精准扶贫的前提和基础,也是推进民众切实脱贫的关键。

贫困维度的确定中,阿玛蒂亚·森指出人的贫困除收入外,还包括饮用水、道路、卫生设施等其他客观指标的贫困和对福利主观感受的贫困。之后,联合国开发计划署发布了人类贫困指数HPI,并将其细化为读写能力、预期寿命和生活质量三个维度指标。其中,读写能力指标主要用于描述属于文盲的成年人口数占总人口的比重,即文盲率;预期寿命用于描述预期寿命小于等于40岁的人口占总人口的比重;生活质量包括拥有清洁饮用水的人口占总人口的比重、无法获得医疗保险的人口占总人口的比重,以及5岁以下儿童营养不良的数目占总儿童数目的比重。之后,又创立了由寿命、受教育年限以及人均国民生产总值构成的人类发展指数——HDI,涵盖教育、健康和生活标准三个维度的多维贫困指数——MPI,以及FGT模型、AF模型等,用来进行多维贫困的度量。FGT指数是由Foster等(1984)提出的测量贫困的指数,以个体收入、贫困线为基础进行测量。在此基础上,2010年,Alkire和Santos构建起以HDI指数为标准的多维贫困测度体系,并提出A-F多维贫困分析方法,该测度体系具体由三个维度构成,即出生时的预期寿命、预期受教育年限(包括成人识字率),以及购买力平价(PPP)折算的实际人均国内生产总值。A-F多维贫困分析方法则已成为多维贫困测度的主流方法,受到一些国际组织或政府的认可和采纳,用于贫困的测度和减贫政策的评估,该方法在前面的基础上,从教育、健康和生活标准等三个维度、10个指标构建起多维贫困指数。之后,学者们继续完善,提出MPI指数,其指标体系包含教育、健康和生活标准三个维度,受教育年限、儿童失学、营养、有儿童死亡、是否通电、清洁设备、清洁水源、地板、做饭燃料以及资产共计十个指标。

总体上,按照多维贫困理论的体系,包括经济环境、自然条件、制度安排、结构变化、人口变动、文化水平等多层体系,在具体维度上,可以细化为以人均纯收入为指标的收入维度;以适龄儿童和家中劳动力最高学历为内容的教育水平指标为教育维度;以家庭成员是否患有严重疾病和是否购买医疗保险为指标的健康维度;以住房、饮用水、是否通电、做饭燃料、卫生设施、耐用消费品为指标的生活水平维度。学者们还将结构设定为货币维度、非货币维度和基础维度,其中,基础维度分为教育、健康两项指标,货币维度界定为收入,非货币维度界定为资产和生活质量两项,其中,资产包括一般资产和住房;生活质量包括饮用水、卫生设施。

三 精准扶贫理论

精准扶贫是指针对贫困区域环境和贫困农户的具体特殊状况,运用科学程序实施精确识别、精确帮扶、精确管理的反贫困方式,是"多维贫困理论"与我国农村贫困治理实践的有效结合。

由于贫困除受增长速度影响外,还受到诸如经济环境、自然条件、制度安排、结构变化、人口变动、文化水平等诸多因素的影响,在阿玛蒂亚·森提出多维贫困理论后,学者们从区域经济增长战略和经济增长涓滴效应角度予以细化,提出政府再分配和政策干预的反贫困思想,即政府的政策和所制定的发展模式应使低收入生产者可以看到增进机会,同时又能得到必需的资源以获得利益。在贫困问题的解决中,区域发展只是解决手段之一,终极目标是要精准解决人的发展，除收入外，还要包括饮用水、道路、卫生设施等其他客观指标的贫困和对福利的主观感受的贫困。要从可行能力视角来衡量并评价个人实际生活状态，包括突发性、短期的能力贫困和持续性、长期的能力贫困。这种因可行能力及其剥夺带来的贫困比在收入空间表现出来的贫困在显著程度上更加严重，由于人们不大可能在能力贫困方面作假，相对于收入贫困，更能减少扭曲程度，也更加精准，因此需要将收入转化为可行能力的困难，未成年人死亡、营养不良和文盲是可行能力贫困需要特别关注的三个内容。其中，包括贸易交易权、生产权、自己劳动权和继承转移权在内的权利贫困则是能力贫困的根本原因。这种以人为对象分析贫困原因的理论体系被国内外诸多学者不断发展完善，2008年提出了计算多维贫困指数的"Alkire – Foster方法"，用于实现对多维贫困的识别、加总和分解，并被联合国开发计划署所采用，成为当前最为成熟、应用最广的量化模型。这种多维贫困指数可以从多个维度对贫困人口精细瞄准，对贫困状况进行全面测量，为减贫提供更为精准的对策建议。

我国的精准扶贫对策经历了"由粗到细""由区域到个体"逐步细化的过程。1994年起实施《国家八七扶贫攻坚计划（1994—2000年）》后，开始推行以贫困县为扶贫对象的县级区域性扶贫战略；2001年6月印发《中国农村扶贫开发纲要（2001—2010年）》，从县级区域扶贫过渡到贫困村的村级区域性扶贫战略；2011年11月印发《中国农村扶贫开发纲要（2011—2020年）》，针对14个集中连片特困地区进行重点扶贫；2013年12月中共中央办公厅、国务院办公厅印发《关于创新机制扎实推进农村扶贫开发工作的意见》，强调要建立精准扶贫工作机制，识别贫困人口，做到"真扶贫"，并印发《建立精准扶贫工作机制实施方案》，提出"六个精准"和"五个一批"要求，对精准扶贫工作模式进行了顶层设计；2015年11月23日，中共中央政治局召开会议通过了《中共中央、国务院关于打赢脱贫攻坚战的决定》，强调把精准扶贫、精准脱贫作为基本方略，坚决打赢脱贫攻坚战。从扶贫攻坚计划到扶贫开发纲要再到脱贫攻坚，从贫困县、贫困村的区域扶贫逐步发展到以贫困人口为扶贫瞄准对象的精准扶贫，既标志着我国扶贫脱贫工作已开启从资金、项目倾斜的"粗放式"扶贫转向瞄准农户的微观精准式扶贫，也是富有中国特色扶贫开发模式的战略深度调整和贫困治理能力现代化的有效实践变革路径，理论上体现出充分的因地制宜性和创新性。

四 社会精细化治理理论[①]

精细化治理与精准扶贫具有内在一致性，精准扶贫也被视为"社会精细化治理"理念的创新性实践。"精细化"理念源于 20 世纪 50 年代的日本，当时私人企业旨在通过改进生产技术、实施流程再造来降低成本投入，随后被引入政府管理、社会管理领域。社会精细化治理是指引入精细化的理念与原则，通过规则的系统化和具体化，运用程序化、标准化和数据化的手段，使组织管理各单元精确、高效、协作和持续运行，从而实现更能体现细节、更加优质和人性化的社会治理效果。其实现途径主要有战略设计系统化、执行框架标准化、评估指标数据化、责任管理明确化和管理技术信息化，从而实现精准维系秩序，精准保障权利，精准改善民生的目标。从价值取向来看，社会精细化治理重在"人的精准管理与服务"，具体包括精准识别人的需求，尊重人的主体角色和地位；精准区分不同群体的利益，更关注弱势人的利益分配；提供精准管理与服务，实现人的全面发展三个层次。从政策设计的本质上看，"精准扶贫"即要求从制度设计、政策运行、扶贫体系、实现手段等方面来开展，如建档立卡与信息化建设，建立干部驻村结对帮扶制度，实行因地制宜、因人制宜的个性化帮扶任务，建立精准考核机制，等等，这些做法是将精细社会"精、准、细、严"的核心思想内化为我国贫困治理工作在新形势下改进和完善，也是社会精细化理论在贫困治理领域的创新性实践，二者一脉相承。

五 共同富裕理论[②]

共同富裕是人类描述的理想社会特征之一，实现全体劳动人民的

[①] 王鑫、李俊杰：《精准扶贫：内涵、挑战及其实现路径——基于湖北武陵山片区的调查》，《中南民族大学学报（人文社会科学版）》2016 年第 5 期。

[②] 同上。

共同富裕，是社会主义的本质规定、奋斗目标和根本原则，也是中国特色社会主义理论的重要内容和改革成功的标准之一。参考马克思"绝对贫困化与相对贫困化"等论述，结合我国目前生产力发展阶段、改革进行状况、社会文明程度等，共同富裕包含如下具体目标：消除贫困，尽快消除绝对贫困现象；改善民生，使大多数人从小康生活逐步提高；缩小两极分化，限制既得利益集团垄断社会资源。党的十八大立足党和国家事业发展全局，既把"逐步实现全体人民共同富裕"纳入中国特色社会主义道路的基本内涵，又将"必须坚持走共同富裕道路"纳入夺取中国特色社会新胜利的基本要求，并强调以经济建设为中心，快速发展生产力，保障和改善民生，走共同富裕道路，完全符合马、恩理论。牢牢把握共同富裕这一基本原则，逐步解决城乡区域发展差距和居民收入分配差距较大的问题，充分发挥中国特色社会主义优越性，极具战略意义。精准扶贫是一种精细化的、将具体问题及其分析思路贯入工作机制的新型扶贫方式，在机制上由主要依赖经济增长的"涓滴效应"转变为更加注重对目标人群进行"靶向性"直接扶贫干预。可以说，精准扶贫就是在新形势下用一种更为有效的方式瞄准和消除贫困，这正是"共同富裕"理论的发展与延伸。

第三章 新型城镇化与精准扶贫协同发展的可行性

新型城镇化和精准扶贫是当前我国的两大发展战略,这两大发展战略为落后地区的发展提供了重要的政策支撑和发展机遇。西北地区城镇化发展水平较低同时又是贫困问题较为突出的地区,一方面要促进新型城镇化的发展,另一方面要实现精准扶贫精准脱贫,这两个方面在发展目标、发展内容、发展思路等方面具有高度一致性。因此,将新型城镇化与精准扶贫协同发展,是西北地区两大发展战略的必然治理。新型城镇化与精准扶贫的协同发展不仅是由西北地区发展基础决定的,同时具有相应的理论支撑和内在联系。

第一节 新型城镇化与精准扶贫协同发展的理论基础

一 协同效应理论

协同效应是对不同的事物具有相近功能或行为的不同系统通过协同发展所产生的大于各个子系统单独发展所产生的效应。1971年,德国物理学家赫尔曼·哈肯首次提出了协同的概念,他认为整个环境中的各个系统间存在着相互影响和相互合作的关系。基于他的理论研究,协同效应被广泛应用在社会经济等各个领域。系统论告诉我们,任何系统都是开放的,需要与外界进行物质、能量、信息的交流,通过这些交流才能使自身不断发展,进而促进整个系统的有序发展;否则，系统是一个封闭系统，不与外界进行相应的物质、能量、信息等的交流，在耗散结构的影响下，该系统必将走向消亡。协同效应正是充分利用了系统论的相关理论，从系统的角度研究社会经济各个子系统的发展，在分析各个子系统自身发展的同时将其置于一个更高一级的系统进行分析。它强调了各个子系统间的相互关系，进而使各个子系统能够形成合力，发挥比单个系统更强的功能。

协同效应具有多种类型，在社会科学研究中我们更加注重不同子系统的静态协同效应和动态协同效应。静态协同效应主要是指协同各子系统现有的资源和条件，充分发挥不同系统发展的特点，同时要协同各子系统的运行，使各子系统自身发展的同时与其他子系统协同，形成协同效应。动态协同效应主要是指各子系统的协同不仅要以当前各子系统的资源和条件为基础，同时要注重未来各子系统发展的协同，也就是说，动态协同效应是以各子系统的发展协同为核心，将各子系统的发展过程中的协同作为协同的重点，充分关注各子系统间发展变化过程中的协同。动态协同效应更加符合社会经济系统发展的协同特点，因为社会经济系统是不断变化和发展的，在发展过程中各子系统之间是相互促进、相互影响、相互制约的，因此，社会经济系统的协同效应必然是一种动态协同过程，建立各子系统之间的动态协同效应是社会经济系统发展的必然选择。但是社会经济系统的协同也离不开静态协同效应，各子系统的现状及条件是其协同发展的基础，建立其协同发展必须以现状为基础，只有建立在各子系统现状基础上的协同才具有协同发展的可能性，并且形成协同发展的长效机制。因此，社会经济系统的协同效应是静态协同效应和动态协同效应的统一。

二 开放性原理

开放性原理是指系统与外界进行物质、能量和信息的交流，这是系统稳定和发展的条件。一个系统只有与其他系统进行这种交流，才能对自身进行改进并不断发展；如果一个系统是封闭的，与其他系统不进行物质、能量、信息等的交流，那么这个系统就失去了发展的基础，必将走向消亡。

任何系统都会随着时间的变化而变化，系统的发展变化是绝对的，不变是相对的。任何系统都是开放的，因为事物是发展变化的，事物的发展变化不仅由事物本身所决定，同时受到环境的影响，也就是受到其他系统的影响，这是因为系统是相对的，一个系统向下可以分为不同的子系统，向上和其他系统综合为一个更大的系统，因此系统的发展变化必然受到其他系统的影响。系统的发展变化是通过两个途径实现的。一是通过系统内部的自组织。任何系统都具有自组织功能，即系统内部各元素的数量、质量、相对比例、排列等的变化，这些变化使得系统能够维持自身特点的条件下发展变化。二是通过系统之间的影响。系统在与外界进行物质、能量、信息等交流过程中，通过信息反馈作用于自身，一方面通过信息反馈强化自身的结构和功能，维护自身的特征，并且促进自身的发展；另一方面通过信息反馈系统对自身的组织、结构、功能等进行调节，使其能够适应环境，并且向有序性和稳态进行转变。

社会经济系统同样是开放系统，符合系统发展变化的各种特征。社会经济发展的各项战略也不是独立运行的，它们之间有着必然的联系，因此会形成一个相互影响、相互制约的系统关系。应该充分考虑社会经济各项发展战略与其他战略的关系，既要按照既定的发展战略实现战略目标，同时也要协同其他发展战略，使相关发展战略能够形成一个更高一级的系统，使各系统能够实现相互影响、相互促进，进而使各战略目标实现。社会经济系统的运行本身是复杂的，很难区分各系统的边界，它们必然是交织在一起的，因此，社会经济发展也就是各个方面相互协同发展的过程，这更需要我们从开放系统的角度去分析问题，进而实现各系统的共同发展。

三　结构和功能理论

结构和功能是系统的、既相联系又有区别的两个基本属性，任何系统都具有一定的结构和功能，这也是某事物区别于其他事物的重要因素。事物的结构就是组成事物的各要素的特定组织形式，它是事物的各组成要素之间的相对稳定的联系方式、组织形式、布局结构、数量比例等内在的表现形式，决定了事物的特征以及与其他事物的关系。事物的结构具有稳定性，这是系统通过自我强化，排除外界干扰、维持自身特征的结果，任何系统都具有维护自身结构稳定性的功能；事物的结构又具有动态性，虽然事物能够维护自身系统的稳定性，但是这种稳定不是一成不变的，它是动态变化的，因为系统与外界进行物质、能量、信息交流维持自身的发展，同时随着环境的变化，在与外界进行交流的过程中，要适应外部环境，促进自身的变化，进而表现为发展，特别是有时候受外界的影响产生突变，这样就促进了事物的变化发展。事物的功能是事物在与外部环境相互联系相互作用的过程中所表现出来的性质、作用等，事物的功能有多种，大概有元功能、加功能、构功能。元功能是指构成事物的每一个元素的功能，这是事物功能的基础，事物的其他功能都是建立在元功能基础之上的；加功能是指构成事物各元素功能相加所形成的功能，以元功能为基础，同时大于元功能的简单相加；构功能是指构成事物各元素按照一定的顺序组合而形成的结构所具有的功能，这种功能基于元功能和加功能，但是又不同于元功能和加功能，是它们重新组合后形成的新功能。

四　演化经济理论[①]

演化理论是纳尔逊和温特在20世纪60年代初提出的。该理论最早是对新古典经济学的"市场选择理论"进行反驳，到了1982年，二人合著了《经济过程的演化理论》一书，在该书中对演化理论进行了系统阐述。他们认为，演化是沿着惯例进行的，而不是沿着理性的方向进行。纳尔逊和温特先后通过早期的集合论模型（1964）及后期有限的马尔可夫链和计算机仿真技术的演化模型，试图处理的核心问题是：是不是选择动力学的一个"现实的"演化模型，产生了经济主体坚持最优化的正统决策规则的这种均衡状态？他们给出了一个否定的答案。进而证明了，尽管经济主体在均衡中必须充分使用各种要素和资源，但仍可能在非均衡的状态下采取非理性行为。由此，一个选择均衡未必肯定对应一个正统的市场均衡，但选择被证明是可

[①] "演化理论"，搜狗百科，https://baike.sogou.com/v70887034.htm。

以引致在"正统的"均衡方向上的运动。并且，演化过程的选择均衡不会导致一个起初就处于正统均衡的主体在面对环境变化时，通过理性最大化的正统动机而向新的正统均衡方向运动；相反，这种过程更大可能是在一种"沿着惯例的、适应环境变化"的方向上实现。

第二节　新型城镇化与精准扶贫的内在联系

一　城乡关系理论

城市和乡村是社会经济发展的产物，随着社会经济的发展，城市逐步形成，城乡分离的问题也随之产生，那么城乡关系的研究也就逐步成为热点。纵观已有的研究成果，对于城乡关系的研究中，具有代表性的有马克思和恩格斯的城乡关系理论、城乡二元结构理论以及我国当前的城乡融合发展理论。

（一）马克思恩格斯城乡关系理论

马克思和恩格斯对城乡关系进行了深入的研究，在工业革命的影响下，城乡关系发生了重大变化，他们从生产力和生产关系的角度对城乡关系进行了分析，认为城乡之间呈现混沌一体、分离对立和融合发展三个阶段。

第一阶段，城乡之间的混沌一体阶段。在社会生产力比较落后、社会分工尚未形成的时候，城市和乡村的差异也没有出现，城市和乡村在城乡关系上呈现混沌一体发展，没有明显的城乡差异的形成。

第二阶段，城乡分离对立阶段。随着社会生产力的发展，农业生产开始出现剩余，这为社会分工的发展奠定了基础。首先是手工业和商业从农业中分离出来，社会分工初步形成。这一阶段由于农业的基础地位尚未动摇，因此农村在整个城乡关系中仍然处于主体地位，城市在城乡关系中没有形成明显的影响。随着社会生产力的进一步发展，特别是工业革命的进行，社会分工也相应地深入发展，使得机器大工业逐步取代了工场手工业。机器大工业是一种高度分工和协作的生产组织形式，这种生产模式的发展使得大量的劳动力、资本以及其他生产要素向城市集中，共同推动了城市经济的迅速发展。由于农业生产本身的特点，无法实现像当时城市工业那样的快速发展，再加上各种要素的向城市集聚，使得城乡差距逐步形成。城市的发展速度远远超过了农村，城市在经济、政治、文化等各个方面的影响也相应扩大，在城乡关系中逐步居于统治地位，农村由于生产力进步缓慢，再加上各种要素流向城市，发展日趋落后，最终形成了城乡二元对立的新格局。这种城乡二元对立局面的形成是社会生产力发展的必然过程，也是城乡社会经济发展所必然经历的过程。随着城乡二元对立的进一步发展，城乡之间的这种对立不再是促进资本主义社会经济的发展，反而在一定程度上制约了社会经济的发展。因为随着工业化的进一步发展，城市的集聚功能也进一步强化，各种要素都向城市集聚。但是当这种集聚发展到一定阶段，要素的集聚在促进城市社会经济发展的同时也带来一系列的问题，例如随着人口的集聚导致成本上升、城市生态环境恶化、交通拥堵、生产利润下降等城市病；农村同样受城市发展的影响呈现日渐衰落的局面，主要表现为农村生产要素流失、农业生产技术进步缓慢、农业生产条件恶化、农村社会发展滞后等。这种城乡发展局面不仅制约了农村的发展，也限制了城市的发展，因此其必然是不可持续的，必然会进入下一阶段，即城乡融合发展阶段。

第三阶段，城乡融合发展阶段。随着城乡差异的扩大，农村各种要素缺乏，资本逐利的本性必然会向农村流动，随之各项技术、生活方式、社会文化等也逐步向农村扩散，促进农村生产方式的根本性变革，城乡之间形成新的分工，城乡对立关系也逐步消除，转化为城乡融合发展。马克思和恩格斯认为城乡融合发展只有在社会生产力高度发达、生产资料共有制的共产主义社会中才会实现，可见，城乡融合发展必然是建立在生产力水平高度发达的基础上，同时其他社会条件也发生重要进步才会出现。

（二）城乡二元经济结构理论

二元经济结构理论是发展经济学中的一个重要理论。最早提出"二元经济结构"的是荷兰社会学家伯克（Burke, J. H.），他的理论是建立在对印度尼西亚社会调查研究的基础上的。他通过实地调查发现，印度尼西亚在脱离荷兰的殖民统治之后，城乡之间形成了明显区分的二元社会，其主要表现为农村发展落后，生产过程主要依靠的是劳动力的投入；城市发展相对较好，在生产过程中主要依靠的是机器生产，他把这种城乡差异称为城乡"二元结构"。① 该理论的提出对发展经济学起到了重要的促进作用，后来的发展经济学家主要将该理论用于研究发展中国家的城乡关系。具有代表性的理论有刘易斯（Lewis，W. A.）的二元结构理论、古斯塔夫·拉尼斯（Ranis，G.）和费景汉（Fei，C. H.）的二元经济发展模型，以及后来的乔根森模型、托达罗模型等，这些理论和模型为分析发展中国家的城乡关系提供了重要的借鉴和指导。

1. 刘易斯二元结构理论②

美国著名发展经济学家刘易斯在其论文《劳动无限供给条件下的经济发展》中系统论述了城乡二元结构，后来被称为刘易斯模型，由于该模型中有一个假定为无限过剩劳动力供给，所以该模型又被称为无限过剩劳动力发展模型。他在构建该理论时首先做了两个假设。假设一，两部门经济。他认为发展中国家存在两个部门，一个是以现代生产方式进行生产的资本主义部门，即城市工业部门，该部门劳动生产率较高，因此工资水平也相对较高；另一个是以传统生产方式进行生产的传统部门，即农村农业部门，该部门由于采用传统生产方式，生产效率较低，相应的工资水平也较低。假设二，无限劳动力供给。刘易斯认为，经济的发展主要依靠现代工业部门的扩张，传统农业部门主要是为工业部门提供大量的、廉价的劳动力。在大多数的发展中国家，劳动力资源十分丰富，在经济发展过程中，资本是相对短缺的，由于城市工业部门的工资高于农村农业部门，所以在这种工资差异下，城市工业部门的扩张可以在现行工资水平下得到无限数量的劳动力，也就是说在现行工资水平下，工业部门劳动力的供给是具有完全弹性的。在这两个假设的基础上，刘易斯认为发展中国家由于土地、资本等要素稀缺，劳动力要素丰富，农业劳动力的收入相对较

---

① Burke, J. H., *Economics and Economic Policy of Dual Societies as Exemplified by Indonesia*, New York: Institute of Pacific Relation, 1953.

② Lewis, W. A., "Economic Development with Unlimited Supply of Labor", *The Manchester School of Economic and Social Studies*, 1954 (5).

低,仅能够维持最低的生活水平;而城市现代工业部门不同,由于城市生活成本高以及其他因素的影响,城市工业部门的工资要高于农村农业部门,这样两部门之间就存在一定的工资收入差距,只要这个差距存在,农村劳动力就会源源不断地流入城市工业部门,同时城市工业部门由于其发展特点,对资本和技术不断进行积累,它的规模也会不断扩张,因此可以充分吸纳转移来的劳动力,这一阶段属于古典经济学阶段。但是,这样的劳动力流动不会一直持续下去,会进入第二阶段,即新古典经济阶段,在这一阶段,资本供给超过了劳动力的供给,城市工业部门的工资不再是不变的。

但是,有人对刘易斯的模型提出了异议,主要有以下三个方面。一是认为劳动力无限供给的假设不成立。即使城市工业部门和农村农业部门存在工资差异,但是农村劳动力不可能无限制地流入城市工业部门中去,劳动力的无限供给不可能实现。二是认为城市工业部门对劳动力的吸纳不是无限的。根据刘易斯的理论,在第一阶段城市工业部门可以在工资不变的条件下吸纳所有的从农村转移来的劳动力,但是这与现实不符,在现实中即使工资不变、工业部门在发展,它对农业部门转移劳动力的吸纳也不是无限的。三是刘易斯模型的重要缺陷是忽视了农业部门自身的发展。刘易斯模型中假定农业部门和工业部门存在工资差异,并且工业部门扩张能够吸纳无限劳动力,但是忽视了农业部门自身的发展,随着农业部门的发展,农业部门的收入也会增长。虽然对刘易斯模型提出了一些异议,但是他的理论对发展中国家具有重要的借鉴,特别是对发展中国家农业的发展具有重要的理论指导意义。

2. 拉—费模型[1]

刘易斯提出的二元结构理论,对发展经济学的研究有重大的启发,特别是为发展中国家城乡经济发展方面的研究提供了重要的理论基础。在刘易斯理论的基础上,发展经济学家古斯塔夫·拉尼斯和费景汉于1961年发表了论文《一个经济发展理论》。在该文中他们对刘

---

[1] Fei, C. H., Rains, G., "A Theory of Economics Development", *American Economic Review*, No. 9, September 1961.

易斯模型进行了补充和修正，提出了二元经济发展模式，称为"拉—费"模型。

拉尼斯和费景汉在模型中对农业部门和工业部门的关系做了进一步阐释，他们认为农业部门不是单纯为工业部门提供劳动力的，还为工业部门提供剩余产品；工业部门的扩张受到农业部门发展的影响，如果农业部门发展缓慢，不能为工业部门提供所需的剩余产品，那么工业部门的发展就会受到影响，进而农业部门向工业部门的劳动力转移就会停止。他们进行了假设：农业部门存在着不变的维持生计工资或制度性工资。在此分析基础上，他们认为发展中国家二元经济结构的转换应该经历三个阶段。第一阶段：劳动力无限供给阶段。这一阶段类似于刘易斯模型，他们也认为在这一阶段农业部门存在大量剩余劳动力，在工业部门和农业部门工资差异的条件下，农业部门会向工业部门提供无限的劳动力，即无限劳动力供给阶段。第二阶段：从农业部门转移到工业部门劳动力的边际生产率大于零但是小于不变制度工资。农业部门劳动力向工业部门的转移，最初转移的是边际生产率小于零的那部分劳动力，随着转移人口的增加，转移的这部分人口劳动边际生产率大于零但是小于不变制度工资，由于劳动力的边际生产率大于零，人口的转移降低了农业部门的产出，由于农业部门为工业部门提供剩余，产出的减少使得农产品的价格上升，工业部门的贸易条件恶化，这个时候开始进入下一阶段。第三阶段：农业商业化阶段。农业部门的剩余劳动力全部转移到了工业部门，农业部门劳动力的边际生产率上升，一直上升到不变制度工资之后，工业部门如果想再吸纳农业部门的劳动力，那么就必须提高工资水平，直到工资水平达到劳动力在农业部门的边际生产率水平，这时候两个部门的工资水平就应该由市场竞争决定，此时农业部门完成了从传统农业向现代农业的转变。拉尼斯和费景汉认为，发展中国家发展的关键是前两个阶段，因为到了第三个阶段现代农业已经形成。那么如何才能完成前两个阶段的转换，他们认为要有以下两个条件。一是工业部门生产率和农业部门生产率必须平衡增长。因为工业部门和农业部门的发展是相关的，如果农业部门的生产率不提高，那么就无法满足工业部门对农业剩余的需求，并会因此制约工业部门的发展，只有二者的生产率都提高，才能相互满足，协同发展。二是工业部门的劳动增长率要大于人口增长率。发展中国家发展初期农业部门存在剩余劳动力，但是工业部门缺乏劳动力，因此农业部门的劳动力可以转移到工业部门中去，随着劳动力的转移，工业部门吸纳劳动力的能力降低，这就需要提高工业部门劳动增长率，使其能够进一步吸纳农业部门的劳动力，只有工业部门的劳动增长率超过人口增长率，使得新增人口量全部转移到工业部门中去，农业部门才不会出现边际生产率低于不变制度工资的情况，两部门通过市场竞争共同发展。

拉—费模型在刘易斯模型的基础上进行了改进，一是改变了刘易斯的农业部门单纯为工业部门提供剩余劳动力的假设，他们认为农业部门不仅向工业部门提供劳动力，还提供农业剩余，因此农业部门的发展会影响工业部门的发展，即工业部门的扩张会受到农业剩余的影响；二是他们提出了工业部门劳动增长率与人口增长率的关系，根据他们的理论，发展中国家必须实现一个临界最小努力，就是工业部门劳动增长率要超过人口增长率，否则无法进入第三个阶段。但是，后来的学者也认为拉—费模型存在几点不足。一是假定工业部门充分就业与客观现实不符。拉—费模型暗含一个假设是工业部门的劳动力是充分就业的，所以只要存在工资差异，农业部门的劳动力就会转移到工业部门中去，但是现实中不是这样的，工业部门也存在剩余劳动力。二是假定农业部门的工资不变。拉—费模型中暗含一个假定是第一、第二阶段农业部门的工资不变，这不符合现实，农业部门的劳动生产率也是变化的，其工资水平并不是一成不变的。尽管拉—费模型的假定与现实存在一定的不符，但是该模型为发展中国家劳动力的转移提供了重要的借鉴，为发展中国家人口发展也提供了一定的指导。

3. 乔根森模型[1]

1961年，美国经济学家乔根森对刘易斯模型和拉—费模型进行了深入思考，发表了论文《二元经济的发展》，在该文中他对二元经济结构进行了新的解释，通过采用新古典经济分析框架，构建了他的

---

[1] Jorgenson, D. W., "The Development of a Dual Economy", *Economic Journal*, No.11, November 1961.

二元经济模型，后来被称为乔根森模型。

乔根森在构建二元经济模型时首先做了四个假设。一是假设发展中国家存在农业部门和工业部门。他同样假定在发展中国家存在两个部门：一个是农业部门，它是传统部门的代表；一个是工业部门，它是现代部门的代表。二是假设农业生产只需投入土地和劳动两种生产要素。由于假设农业生产中不需要投入资本，只需要投入劳动和土地两种要素，但是土地要素又是相对固定的，所以农业产出只有劳动一种要素影响，即农业产出是劳动的函数。三是假设工业生产只需要投入资本和劳动两种生产要素。他假设工业生产中土地不作为要素，只需要投入资本和劳动两种生产要素，因此工业产出只受劳动和资本两种要素的影响，所以工业产出是劳动和资本两种要素的函数。四是农业部门和工业部门的产出都会随着时间的增加而增加。

在以上四个假设的条件下，乔根森得出了以下几个结论。一是人口增长受到粮食供给的影响。他认为粮食供给会影响人口的增长，如果粮食供给足够充分，那么人口增长也会达到最大值。二是如果粮食供给不能满足人口需要，那么人口增长也会相应降低。如果粮食产出不能满足人口增长达到最大值所需的粮食量，这时人口增长和粮食产出成比例增长，经济处于低水平均衡陷阱，因为当粮食产出增加时，这些增加的粮食会被人口的增加所消耗，农业部门不存在剩余劳动力，因此，也不会有劳动力从农业部门转移到工业部门，工业部门由于缺乏劳动力也就无法发展；当人口的增长达到最大值但是粮食的增长超过了人口的增长时，农业会出现剩余，为工业部门的发展奠定基础。三是农业部门剩余劳动力向工业部门转移。当农业部门出现剩余，农业部门的剩余劳动力就会向工业部门转移，工业部门有了农业剩余的保障同时又有农业劳动力的转移，具备了发展的条件，因此工业部门开始发展。四是农业剩余与工业发展密切相关。他认为农业剩余的产生是工业部门形成的充要条件，只有足够的农业剩余的形成，才能为工业部门的发展提供粮食资源，工业部门才能发展，同时农业剩余劳动力对工业部门的发展也有重要影响，农业部门的剩余劳动力越多，能够转移到工业部门的劳动力就越多，进而工业部门的发展也就会越快。

乔根森模型主要有以下两个特点。一是他认为二元经济的解决是建立在农业剩余基础上的。根据他的结论可以看出，他认为农业剩余是影响工业部门的产生和发展的重要因素，只有农业剩余产生了，工业部门才会产生；农业剩余劳动力越多，工业发展速度越快，由此可见，工业部门的发展主要取决于农业剩余。因此，二元结构的解决主要依赖于农业剩余。二是他认为工资水平是上升的。因为当农业部门不存在剩余劳动时，就不会出现不变工资，因此，不管是农业部门还是工业部门，工资水平都取决于各自的技术进步和资本积累率，但是现实中技术进步总是在提高，而资本积累率同样会不断提高，因此工资水平总是在上升。乔根森模型应用新古典经济学分析了城乡二元经济模式，充分重视了农业发展对解决该经济模式的重要性。

4. 托达罗模型[①]

到了 20 世纪六七十年代，发展中国家呈现出城市失业和农业劳动力向城市转移并存的现象，美国发展经济学家托达罗（Todaro, M. P.）在 1970 年发表了《人口流动、失业和发展：两部门分析》等论文，在这些论文中他针对发展中国家的这一矛盾，构建了二元经济结构模型。

托达罗认为，发展中国家的农业部门不存在剩余劳动力，因此农业劳动力的边际产出是正值。农业劳动力向城市转移时，不是仅仅考虑城乡工资收入差异，同时要考虑城市失业率或者就业率，即农村劳动力向城市转移首先要考虑二者之间的收入差异，收入差异越大，那么从农村流入城市的劳动力也就越多；反之，则农村流入城市的劳动力就越少。同时，还要考虑城市的失业率。如果城市的失业率较高，那么农村劳动力流入城市的就少；相反，如果城市的失业率较低，那么农村劳动力流入城市的就多。托达罗模型解释了在城市存在失业的情况下城乡人口流动的影响因素，他认为当城市实际收入水平提高时，农村劳动力就会流入城市，由于农村劳动力的流入，城市的失业率将会进一步提高，过高的失业率会影响城市的发展，因此城市的失

---

① Harris, J. R., Todaro, M. P., "Migration Unemployment and Development a Two – Sector Analysis", *American Economic Review*, No. 3, March 1970.

业率必须保持在一个稳定的水平上。城市为了保持一定的失业率水平，就要一方面增加就业机会，另一方面减少农村劳动力的流入。减少农村劳动力流入的一个办法就是降低城市收入水平，否则城市的失业率就很难下降。

托达罗模型强调了通过降低农村劳动力流入城市的规模和速度，以此来解决城市的失业问题或者降低城市的失业率，同时他指出，发展中国家城市的高失业率问题不能单纯依靠城市工业的发展，同时要发展农业，发展农村经济也是解决城市失业问题的重要途径。

（三）城乡融合发展

党的十九大明确提出实施乡村振兴战略，走城乡融合发展之路，加快推进农业农村现代化。城乡融合发展是我国多年来处理城乡关系的经验总结，也是对"城乡统筹发展""城乡一体化发展"战略的继承和深化，是新时代对城乡关系全面分析基础上，科学处理城乡二元结构、全面建成小康社会的重要战略部署。城乡融合发展具有丰富的理论内涵，对未来我国处理城乡关系具有重要的指导意义。

城乡融合发展是解决当前我国社会主要矛盾的重要举措。改革开放以来，我国市场经济体系逐步建立，城镇经济快速发展，使得我国的社会产品极大丰富，城乡居民收入大幅增长，人民生活水平稳步提高，在取得这些成果的同时，城乡关系成为需要我们重点关注的问题。改革开放初期，发展的重点在南方、在城镇，而农村仍然为城镇提供劳动力、原材料，随着城镇的发展，城乡差距逐步扩大，这引起了党中央的高度重视。进入21世纪后，党中央为了缩小城乡差距，使城乡居民共享发展成果，采取了一系列的宏观战略，主要有统筹城乡发展、新农村建设、城乡一体化、新型城镇化等，对农业"多予少取""工业反哺农业""城市反哺农村"等，推动农村基础建设和基本公共服务水平的提升，通过这些战略的实施使得农村有所发展，但是城乡二元结构没有从根本上消除。因为这些战略主要是中央政府或者城市对农村的支持，也就是农村只是各种支持政策的接受者，没有从根本上激发农村自身活力。新时代我国的主要矛盾已经转化为人民日益增长的美好生活需要和不平衡不充分的发展之间的矛盾，而城乡不平衡是我国当前最大的不平衡。解决城乡不平衡就要激发农村的发展活力，发挥农村的主动性、积极性和主体性，而城乡融合发展就是解决这一问题的关键举措。

第一，城乡融合发展的基础是资源要素的融合。

要实现城乡融合发展，首要的是实现城乡资源要素的融合发展。在改革开放以来，城乡要素流动加速，但是这种流动主要是一种单向流动，即农村资源要素向城镇的流入。大量的农村劳动力、农产品等要素流向城市，对我国城镇四十多年的快速发展起到了积极的促进作用。但是随着城镇化的进一步发展，第二、第三产业的生产技术水平显著提升，对生产要素的需求也发生了根本性改变。城乡资源要素的收益率逐步扩大，形成了城乡分化的要素市场，城乡资源要素流通渠道不畅，人、财、土地等各种要素无法在城乡之间自由流动，这使城乡二元结构难以从根本上解决。城乡融合发展首先要建立资源融合的体制机制，促进城乡资源要素的双向顺畅流动。促进城乡资源要素的融合，关键要从以下几个方面进行。一是城乡资源要素流动的体制机制。资源要素的城乡自由流动是建立在市场规律基础之上的，但是多年来形成的相关制度和措施在一定程度上制约了资源要素的城乡自由流动，因此需要建立能够促进城乡资源要素自由流动的体制机制，使城乡资源要素能够根据市场的需求进行配置，使各要素的收益率能够实现均等。二是建立城乡资源要素自由流动的规划。城乡资源要素的自由流动是建立在市场机制基础之上的，但是政府的宏观规划具有重要的指导意义，因此政府层面应该建立城乡资源要素流动的规划，引导资源要素的合理流动，防止一哄而上的非理性行为。三是建立城乡资源要素资源流动的相关平台。城乡资源要素的自由流动除了相应的体制机制的保障外，还需要一定的平台，资源要素自由流动是通过平台实现的，因此要建立园区、企业等平台，促进城乡资源要素的自由流动。

第二，城乡融合发展的主体是人的融合发展。

不管是过去的城乡统筹发展、新农村建设、城乡一体化、新型城镇化还是当前的城乡融合发展，其本质上都是为了促进人的自由全面发展。因此城乡融合发展就是要实现城乡人口双向流动。我国的户籍制度实施以来，很大程度上制约了人口的自由流动，特别是农村人口向城市的流动。虽然后来实施了户籍制度改革、新型城镇化等，在一定程度上促进了农村人口向城市的流动，但是仍然没有从根本上解决城乡人口自由流动的问题。可以说这些措施主要是促进了农村人口向城市的流动，但是随着我国社会经济的发展，农村特有的生态环境、发展条件以及农村第二、第三产业的发展，应该有城镇人口向农村流动的可能。因此，城乡融合发展中促进人口的城乡自由流动要兼顾以下两个方面。一是促进农村人口向城镇转移。随着社会经济的发展，一个国家或地区的城镇化水平必将逐步提高，那么人口也必将从农村流向城市，特别是我国的新型城镇化战略，农村人口向城镇转移仍有很大的空间。尽管之前我国已有大量的农村人口转移到城市，但是很多人并未享有和城市居民同样的基本公共服务，这在很大程度上制约了农村人口向城市的进一步转移。因此，需要建立健全农业转移人口市民化的体制机制，特别是从创业、医疗、教育、社会保障等各个方面保障农业转移人口能够和城市居民享有相同权利，实现城镇基本公共服务对所有城镇居民的全覆盖，为农村人口向城市转移提供保障。二是促进城市人口向农村转移。城乡融合发展中人口流动是城乡双向流动，在当前农村发展的现实条件下，需要城市人口向农村转移。我国农村自实行家庭联产承包责任制以来，取得了长足的发展，但是当前的农业生产方式、经营模式也难以适应城乡居民的需求。农村产业结构需要进行调整，新的业态需要形成，农村第一、第二、第三产业需要融合发展，这些都需要相应的人力资本，但是农村人力资本缺乏是一个不争的事实，因此必须建立促进城市人口向农村转移的体制机制。建立支持城市人口向农村转移的政策体系，从技术支持、金融保险、创新创业、土地流转、社会保障等各个方面创造条件，便于立志成为职业农民的城市人口能够顺利向农村流转，特别是那些具有一定农业经营能力，在农村能够进行产业创新、促进农村新业态形成的专业人才向农村的转移，进而提高农村人力资本水平，激活农村资源，实现城乡融合发展。

第三，城乡融合发展的途径是产业融合。

二元经济结构是制约发展中国家经济发展的重要因素，我国的城乡二元经济结构同样制约了我国社会经济的发展。当前城乡差距的存在很大程度上是受二元经济结构的影响造成的，因此，城乡融合发展就要打破这种二元结构，其重要途径就是实现城乡产业的融合发展。城乡二元结构的典型表现就是城市现代工业部门和农村传统农业部门共存，虽然与理论上所论述的二元经济结构不同，但是我国农村的第二、第三产业发展滞后，与城市产业发展形成鲜明的对比。城乡融合发展的重要途径就是实现城乡产业的融合发展，只有产业实现了融合发展，资源要素、社会、文化等各个方面的融合发展才有基础。当前我国农村产业单一，产业结构滞后，传统农业生产方式仍然占主体地位，特别是农业经营方式四十多年来变化较小，这使得农村经济发展越来越缓慢，难以满足当前社会经济发展的需求。在我国社会主要矛盾发生转变的前提下，亟须改变当前的产业结构，促进农业农村的全面发展。城乡产业融合发展就是要改变当前农业分散、孤立的产业结构现状，随着城市第二、第三产业向农村的延伸，建立符合产业发展需求的产业结构。这就需要深入分析当前农村能够融入城镇的产业以及融入的方式，进而改变农村的产业结构，特别是引导农村新业态的形成，使农村产业和城市产业形成有机统一的整体，这样才能真正实现城乡融合发展。

第四，城乡融合发展要协调城乡功能。

城乡融合发展的关键是融合，所以不是城乡同质化，城镇和乡村的区别依然存在。城镇和乡村各具有自身的特点和优势，城镇的显著特点是聚集功能和规模效应，城镇是现代生产技术的发源地和集中地，随着人口、资本、企业等向城镇集聚，城镇的集聚功能和规模效应逐步形成，生产生活成本下降，随着城市文明的形成，现代社会经济活动日渐丰富。城市是一个地区经济的集聚地，通常是当地经济发展最好的地区，现代生产技术和组织形式在这里形成，并且引领区域经济的发展。城镇也是区域社会发展的中心。城镇是各种要素的集聚地，特别是人口的集聚，使得社会关系较为复杂，各种交往形成了一定的社会关系，这种社会关系的逐步演化促进了城市文明的形成，城市文明的发展会向乡村扩散，从而带动乡村文明的发展。城镇是各种服务的集聚地，由于具有规模效应，各种社会公共服务相对完善，同时服务业也集中于城镇，为社会经济活动提供了极大的便利，进而促进了社会经济的发展。城镇也是创新的中心,城镇通常人力资本水平较高,同时对创新的需求也较为强烈,因此往往成为创新的中心,带动区域创新发展。乡村在城乡融合发展中同样具有自身的功能,它有别于城镇,又和城镇相互协调、互相促进。农村为城镇提供粮食等物质资源,这为城镇的发展提供了必要条件,同时它也会影响城镇的发展。在当前城镇居民消费观念发生转变的条件下,即城镇居民对田园生活、回归自然的需求等,能够通过农村独特的生态环境满足,进而促进农村产业结构的优化。农村为城镇第二、第三产业提供原材料等,促进城镇经济的发展。在城乡融合发展过程中,城乡功能差异依然存在,但是二者功能之间的互补增强,并且会进一步融合,有些功能会出现相似性,如发展第二、第三产业,随着城乡融合发展,城镇第二、第三产业必将向农村延伸;同时有些功能差异会进一步强化,如农村的生态休闲功能。总之,城乡融合过程中,城镇和乡村的功能是互相补充、互相促进的,要正确处理二者的功能,促进二者之间的融合发展。

总之,城乡融合发展是当前我国社会主要矛盾发生转变的条件下正确处理城乡关系、破解城乡二元结构的科学选择。城乡之间在经济、社会、文化等各个方面融合发展,实现二者之间的互补,最终使二元结构消除,实现城乡之间的完全融合。

二 新型城镇化与精准扶贫的关系

我国新型城镇化的建设起点是2014年3月发布的《国家新型城镇化规划(2014—2020年)》,规划主要对有序推进农业转移人口市民化、优化城镇化布局和形态、提高城市可持续发展能力、推动城乡发展一体化、改革完善城镇化发展体制机制等内容作了详细的阐述,指出新型城镇化作为解决农业农村农民问题的主要途径,是推动区域协调发展的有力支持,是扩大内需和促进产业升级的重要抓手,努力走出一条以人为本、四化同步、优化布局、生态文明、文化传承的中国特色新型城镇化道路。由此可见,新型城镇化与农业农村农民问题是密切相关的,是发展新型城镇化和解决"三农"问题的重要抓手。

精准扶贫是我国从1982年开始的"三西"扶贫战略以来不断调

整的结果，是在我国新形势下，针对贫困的新特点、新问题提出的新思路。从 1982 年开始实施扶贫以来，贫困状况发生了根本性变化，大体上经历了普遍贫困、插花贫困、区域贫困、片区贫困等，相应地在扶贫措施中也采取不同的瞄准方法，如瞄准片区、瞄准省、瞄准县、瞄准村、瞄准贫困人口等。这些措施的实施，使我国的贫困人口大幅度减少。但是，在以往的扶贫过程中，仍然存在一系列的问题，例如瞄准误差、扶贫资金"撒胡椒面"、扶贫措施不到位等。这些问题的出现表明已有的扶贫战略已经与我国的贫困状况不相适应，需要对扶贫措施进行新的创新。2013 年 11 月，习近平总书记在湘西调研扶贫工作时首次提出"精准扶贫"后，对精准扶贫的内涵、措施、机制等进行了深入研究；2015 年 6 月，习近平总书记在贵州就大力度推进扶贫开发工作提出"六个精准"；2015 年中央政治局会议将精准扶贫上升到国家战略。由此可见，这六个精准涉及了人口、产业、措施等，最终目标是使贫困地区的贫困人口能够完全脱贫，并且建立起稳定脱贫的产业支撑。

由此可见，新型城镇化和精准扶贫有着共同的特点，都是以人为中心的，都是以促进农村社会经济发展为一个重要目标，同时将城乡的产业发展作为重要途径，进而实现人的全面发展。新型城镇化和精准扶贫具有密切的关系，主要表现在以下几个方面。

(一) 新型城镇化有助于促进贫困人口向城镇转移

新型城镇化的核心是"人的城镇化"，其关键是农业转移人口市民化。我国由于受户籍制度的影响，改革开放以来大量从农村转移到城镇的人口并没有实现市民化，他们只是在城镇的务工人员，没有和城镇居民享受同样的社会保障、子女教育、就业福利等。这部分人工作、生活在城镇，收入水平相对较好，而户籍在农村，但是农村的发展条件使他们又不愿意返回农村。因为在贫困地区农村中，农业生产方式落后、收益较低，基础设施建设滞后、社会保障等公共服务不完善，这些问题导致农村的生活条件较差。新型城镇化建设就是要使转移到城镇的人口能够享受城镇居民的平等待遇，实现完整意义的市民化，使他们能够离开农村，融入城镇。在新型城镇化过程中，城镇产业的发展也是一个重要内容，城镇发展第二、第三产业一方面是调整城镇产业结构，提高城镇经济发展能力；另一方面是提高城镇吸纳就业能力。可见，通过发展城镇第二、第三产业，使农村贫困能够在城镇实现就业，是新型城镇化的一个重要目标。精准扶贫是在贫困地区产业发展滞后、产业结构单一、依托传统农业生产技术的背景下，改变农业经营方式，提高农业收益，特别是提高劳动者就业能力，拓宽增收渠道，提高收入水平，实现稳定脱贫。除了在农村发展养种植业、提高农牧业经营收入，还有一个重要途径就是农村贫困人口向城镇转移。农村贫困人口向城镇转移的一个途径就是向城镇第二、第三产业转移。农村贫困人口通过精准扶贫技术培训专项等学习一定的劳动技能，凭借此技能在城镇第二、第三产业实现稳定就业，进而实现市民化。可见，新型城镇化和精准扶贫在促进农业转移人口市民化及发展第二、第三产业增加贫困人口收入等方面有很多共同性，通过新型城镇化可以促进农村贫困人口向城镇转移，从而实现精准扶贫目标。

（二）新型城镇化有助于贫困地区产业结构调整

新型城镇化的一个基本原则是：四化同步，统筹城乡，推动信息化和工业化深度融合、工业化和城镇化良性互动、城镇化和农业现代化相互协调，促进城镇发展与产业支撑、就业转移和人口集聚相统一，促进城乡要素平等交换和公共资源均衡配置，形成以工促农、以城带乡、工农互惠、城乡一体的新型工农、城乡关系。可见，新型城镇化过程中实现城镇化和农业现代化是一个重要原则，以此形成新型工农、城乡关系。在城镇化过程中调整产业结构是一项重要内容，城镇要依托资源优势和比较优势，对传统产业进行改造升级、淘汰落后产能，积极发展绿色产业，特别是发展新能源、新材料、新技术产业，构建现代产业体系。同时，在城镇化过程中加强产业链条向农村的延伸，特别是建立农牧产品加工产业，将产业链条延伸到农牧业生产中，带动农牧业生产的发展；此外，积极发展农村服务业。随着农村社会经济的发展，农村居民的生产生活需求也更加多样化，城镇化过程中要通过发展服务业，根据城乡居民的需求变化，满足这种多样化的需求，促进城镇产业结构优化的同时也促进农村的发展，为贫困人口的脱贫创造条件。可见，新型城镇化过程中，通过产业结构的调整和新型产业的发展，紧密结合贫困地区的发展需求，实现城乡产业的协同发展。精准扶贫过程中，产业结构调整是其中一项重要途径。贫困地区农村经济发展落后的一个重要原因就是产业结构不合理，传统产业占主体，产业发展与当前的社会经济发展需求不适应，因此调整产业结构是一个重要途径。因而，在贫困地区实施精准扶贫过程中产业扶贫是其中的重要举措，产业扶贫就是要从贫困地区的资源和贫困人口的基本条件出发，通过产业调整和创新，改善贫困地区农业产业结构，特别是将农业产业向第二、第三产业延伸，使第一产业的生产和第二、第三产业融合，提高农民收入水平；此外，要创新农村产业，例如生态农业、休闲农业、观光农业等，提升产业的收益水平，同时可开辟贫困人口的就业途径，改善收入结构，实现精准脱贫。由此可见，新型城镇化和精准扶贫都将产业结构调整和新型产业发展作为重要途径，二者可以促进城乡产业结构调整，将新型城镇化和精准扶贫战略协同推进。

（三）新型城镇化有助于城乡基础设施的建设

《国家新型城镇化规划（2014—2020年）》中明确指出"优化城镇化空间布局和城镇化规模结构""增强中心城市辐射带动功能，加快发展中小城市，有重点地发展小城镇，促进大中小城市和小城镇协调发展"的战略。由此可见，在新型城镇化过程中，合理布局城镇空间结构、优化城镇功能是一项重要内容。合理布局城镇空间结构，不仅是要协调大中小城镇的空间布局，更重要的是优化城镇和农村之间的空间布局。城镇与农村由于在分工上的差异，其在空间功能上也不同，因此在布局中要充分考虑各自的功能。城镇作为连接农村的节点，它是政治、经济、文化、社会中心，同时它的各个功能又不是单纯局限在城镇自身，在很大程度上与农村密切相关，因此新型城镇化过程中要增强城镇的辐射带动功能，必须加强城镇基础设施的建设。在基础设施中，道路是首要的基础设施，城镇要将其功能延伸到农村，首先要通过道路将城镇和农村连接，为城乡的人员、产品、货物、服务等的流通创造条件。同时，在城镇化过程中不仅仅是加强城镇和城乡之间的基础设施，为了实现城镇对农村的辐射功能，农村也要有相应的基础设施的配套，这样才能保障城镇和农村融合，形成一个整体。精准扶贫的一项重要内容是加强农村基础设施建设。当前贫困地区农村发展滞后的一个重要原因就是基础设施落后，自我发展能力有限，特别是一些偏远农村，基础设施落后使其形成了相对独立的空间格局，与外界交通联系不便、各种资源要素的配置受到限制，社会经济的发展相对滞后。所以加强农村基础设施建设、提高农村自我发展能力是精准扶贫的重要手段。由此可见，新型城镇化和精准扶贫都把基础设施的建设作为一项重要手段，通过加强基础设施建设，重构城乡空间结构，实现精准脱贫。

第三节　新型城镇化与精准扶贫的协同发展

一　新型城镇化与精准扶贫协同发展的基础

新型城镇化与精准扶贫是我国当前社会经济发展的两大重要战略，这两大战略虽然在战略重点、战略目标等方面有一定的差异，但是又存在许多共同的方面，因此将新型城镇化与精准扶贫协同发展资源整合，促进战略目标的实现。二者的协同发展具有一定的基础，主要表现在以下几个方面。

（一）新型城镇化与精准扶贫协同发展的背景基础

新型城镇化是在我国全面建成小康社会的决定性阶段、城镇化深入发展时期提出的重大战略。城镇化是随着工业化的深入发展，农村人口向城镇转移的过程中出现的自然过程。我国的城镇发展水平不高，城镇的产业结构不合理，特别是在西部地区的城镇，自身的结构、功能不完善，对农村的辐射带动作用不强。城镇化的发展与工业化、信息化、农业现代化等各个方面的协调性较差，因此新型城镇化发展要促进"四化同步"，增强城镇的辐射带动功能，将农村的产业发展融入城镇，形成城乡一体化的经济体系，带动农村社会经济的发展。精准扶贫是在我国扶贫取得了明显成效的条件下，扶贫的难度更大、发展条件更加脆弱，扶贫开发进入啃硬骨头、攻坚拔寨的冲刺期提出的重大发展战略。贫困地区发展动力不足，内生增长缺乏支撑，贫困人口没有相应的就业机会，增收困难，同时社会公共服务发展滞后，各类社会保障水平低，社会发育程度低，因此精准扶贫是在贫困地区社会经济发展水平低、反贫难度大的背景下的新的扶贫战略。

(二) 新型城镇化与精准扶贫协同发展的目标基础

新型城镇化的发展要稳步提高城镇化水平和质量，使城镇化能够健康有序发展。在新型城镇化过程中，不断优化城镇空间格局，使小城镇化的布局更加合理、服务功能更加强大，成为带动农村社会经济发展的中心。加强城镇绿色发展，使城镇的生产生活走节约、绿色之路，发展节能产业，特别是发展农产品的深加工，改善城乡产业结构。完善城镇教育、就业、医疗卫生、社会保障、住房等各项公共服务，为农业转移人口市民化创造条件。新型城镇化过程中加强基础设施和公共服务设施建设，进一步改善生态环境，提高空气质量和饮用水安全水平，使城乡居民生产生活更加便利。贫困地区农村的发展条件滞后，基础设施和各种社会公共服务水平较差，对贫困人口脱贫致富的支撑条件不足；贫困人口自身脱贫能力不足，缺乏一定的生产技术或者发展农牧业的资本，有的贫困人口是因病致贫、因残致贫、因学致贫等，这些贫困人口的脱贫需要从政府层面进行帮扶，尤其是健全基本公共服务体系，提高贫困人口的脱贫保障。可见，新型城镇化和精准扶贫都是要改善发展条件，改善居民生产生活条件，提高社会经济发展水平。

(三) 新型城镇化与精准扶贫协同发展的体制机制基础

新型城镇化要改革完善城镇发展的体制机制，从人口制度、土地制度、财税金融、城镇住房、行政管理、生态环境等方面入手，形成有利于城镇健康发展的制度环境。城镇应用现代科学技术，改革人口管理制度，减少各种人口统计，将城镇人口的就业、社会保障、房产、税务、银行等个人信息全部归口在居民身份证下，为城乡人口流动和城镇人口管理提供便利。在城乡土地制度方面，在城镇要做好土地使用规划，根据城镇发展规划和未来城镇空间布局，坚持节约集约用地原则，优化城镇土地利用；在农村强化耕地保护制度，在农村土地确权登记的基础上，完善各项土地全能。加快财税和投融资改革，为城镇投融资提供资金保障；推进绿色循环低碳发展，加强生态环境保护，构建环境友好和资源节约的生产、生活方式。精准扶贫过程中要提高贫困人口的就业能力,增加他们融入城镇的机会;改善农村产业结构,加快土地流转,促进农业生产的规模化、集约化,提高土地利用效率;完善农村社会公共服务,提高贫困人口的社会保障水平,使他们能够共享发展成果。总之,新型城镇化和精准扶贫在体制机制方面存在许多共同的方面,并且一些体制机制是相互影响的,这为新型城镇化与精准扶贫的协同发展奠定了体制机制基础。

(四)新型城镇化与精准扶贫协同发展的考核评价基础

新型城镇化建设成效主要从以下几个方面评价。一是经济发展。经济发展是新型城镇化建设的重要内容,只有经济发展了才能为其他方面的发展奠定基础,保障其他方面的顺利发展,经济发展一方面是经济总量的发展,另一方面就是经济结构的优化,绿色发展水平的实现。二是社会发展。新型城镇化建设的一个重要方面就是提高社会发展水平,增加教育支出,提高居民教育水平;完善各项社会保障制度,提高居民社会福利水平;健全各项公共服务,改善居民生活条件;等等。三是民生发展。新型城镇化过程中要加强基础社会建设,改善生产生活条件,加强生态环境建设,建立绿色和谐的发展环境;实施节能减排,减少空气污染,建立良好的人居环境;等等。精准扶贫的发展同样是要发展经济,虽然精准扶贫的经济发展重点是在农村,但是农村的经济发展和城镇是相互协同的,所以二者之间是有机统一的整体。精准扶贫在经济发展过程中要促进农村社会发展,提高农村居民各项福利水平;发展民生工程,改善人居环境;等等。可见,新型城镇化和精准扶贫在考核方面具有众多的相似点,这也为其协同发展奠定了基础。

二 新型城镇化与精准扶贫协同发展的路径

新型城镇化与精准扶贫作为我国的两项重大发展战略,具有协同发展的基础。因此,在发展过程中,从二者的共同特征出发,从以下几个方面协同二者之间的发展。

(一)新型城镇化与精准扶贫的人口发展协同

新型城镇化的核心是人的城镇化,人的城镇化不仅要提高城镇人口的就业、教育、医疗卫生、住房等各项基本社会服务,同时要提高人口的集聚。人口向城镇的集聚是城镇化发展的基本条件，只有人口集聚到一定规模，城镇的功能才能有效发挥。在新型城镇化过程中，城镇的空间布局就尤为重要，合理的城镇空间布局可以充分实现新型城镇化的目标，在贫困地区新型城镇化过程中要将就地城镇化作为一个重要原则。就地城镇化过程中，就要让周边农村地区人口向该城镇集聚，使人口达到一定的规模。精准扶贫过程中人口转移扶贫是一项重要措施，当前贫困地区人均耕地较少，农业生产呈现典型的分散经营特征，无法实现规模化、集约化和产业化经营，大量的贫困人口滞留在有限的耕地上，生产效率低下，难以摆脱贫困的困境。人口转移扶贫中，对这些贫困人口进行一定的培训，使他们具备一定的劳动技能并向城镇进行转移，从而可以将耕地进行流转，促进贫困地区农业的规模化经营。因此，将新型城镇化和精准扶贫在人口发展方面进行协同，在实现精准扶贫目标的同时能够促进新型城镇化的发展。

（二）新型城镇化与精准扶贫的产业发展协同

新型城镇化的一个重要方面就是发展城镇第二、第三产业，并且使城镇第二、第三产业与农村第一产业融合发展，带动周边农村地区经济的发展。新型城镇化过程中的四化同步，即新型城镇化、新型工业化、信息化和农业现代化的同步发展，对城镇第二、第三产业的发展提供了支撑，特别是依靠信息化发展第二、第三产业，提高产业发展的信息化水平，进而使城镇产业结构高级化、合理化，实现城乡三次产业的融合。在精准扶贫过程中，产业扶贫是其中一项重要措施。产业扶贫主要是对贫困地区传统农业进行产业结构调整，通过发展绿色产业、生态产业、休闲产业等，实现农业产业的转方式、调结构，提高贫困地区自我发展能力，构建贫困地区的现代农业生产体系。作为一种内生发展机制，产业扶贫能够从根本上提高贫困人口持续脱贫的能力，是增加贫困人口收入的有效途径。在实施产业扶贫战略过程中，从贫困地区可发展产业的实际出发，同时与其周边城镇第二、第三产业的发展相结合，将农村产业积极融入城镇产业中，形成区域三次产业的协同发展。总之，将新型城镇化与精准扶贫的产业发展进行协同，形成城乡协同发展的产业体系，可以促进城乡经济的发展。

(三) 新型城镇化与精准扶贫的基础设施建设协同

新型城镇化建设中基础设施建设是重要内容。加强基础设施建设，改善城镇生产生活条件，可以提高居民的获得感和幸福感。城镇基础设施建设是一项系统工程，需要把生产、民生等各项基础设施系统发展。生产基础设施包括道路、通信、水等，这些基础设施的建设为第二、第三产业的发展提供基本的条件，同时在城镇化过程中依靠这些基础设施加强与农村的联系，将农村的社会经济发展融入城镇化中来。生活基础设施主要包括医疗卫生、教育、公共交通、休闲等，这些基础设施的建设使城镇居民能够分享城镇化的成果，改善生活条件，提高生活水平。精准扶贫过程中基础设施的建设同样是重要内容，农村基础设施的滞后制约了农业的发展以及农业和城镇第二、第三产业的融合，因此必须加快贫困地区农村基础设施的建设，促进农村经济的发展。贫困地区农村社会公共基础设施落后，特别是教育、医疗卫生等，这些基础设施建设的滞后性，使得贫困人口的教育水平、医疗卫生水平较低。同时，农村的环境卫生等基础设施也需要加强建设，特别是污水、垃圾等的处理，促进农村环境的优化。可见，新型城镇化和精准扶贫具有众多的基础设施建设方面的共性，将城乡基础设施建设协同，形成城乡基础设施体系，是新型城镇化和精准扶贫的必然选择。

(四) 新型城镇化与精准扶贫体制机制的协同

新型城镇化是在城镇化发展滞后、城镇的产业结构水平较低、体制机制不完善，同时城镇的辐射带动作用不强、与农村在经济社会等各个方面的协同性较差的基础上进行的。因此，在新型城镇化过程中要完善各种体制机制，主要包括人口制度、土地制度、财政金融制度、就业制度、住房制度、教育制度、医疗卫生制度等，这些制度都是关系到城镇社会经济发展的基础性制度，也是关系到城镇居民美好生活的基本制度。只有这些制度不断完善，才能保障新型城镇化过程中农业转移人口市民化、空间规划的实施、产业结构调整、社会经济发展的资金等，同时保障城镇居民各种公共服务和社会福利水平的提高。精准扶贫过程中同样需要构建相应的体制机制，主要包括农村土地制度、教育制度、医疗卫生制度、社会保障制度、生态环境制度等，加快农村土地流转，实现农业生产的规模化、集约化，提高农业的产业化水平；发展农村的各项社会公共服务，使贫困人口能够享受较好的教育、医疗等公共服务；完善城乡统筹的各项社会保障制度，提高贫困人口的社会保障水平。可见，新型城镇化和精准扶贫在体制机制上存在相互影响、相互配套的方面，因此二者之间协同发展，能够形成城乡统一的制度体系，保障新型城镇化和精准扶贫目标的实现。

总之，新型城镇化和精准扶贫作为国家层面的两大战略，二者之间不是相互独立的，而是具有千丝万缕的联系，并且是相互影响、相互制约的。因此，将二者协同推进，构建城乡全面发展战略，才能保证新型城镇化和精准扶贫的顺利实现。

第四章 西北地区新型城镇化发展现状

西北地区主要包括陕西、甘肃、青海、宁夏和新疆五省区，土地总面积约311万平方公里，占全国土地总面积的32.39%；人口约1亿人，占全国总人口的7.3%，是我国七大经济区域中土地面积最大而人口数量最少的一个地区。长期以来，西北地区深居内陆，地形以高原、盆地和山地为主，降水量少、干旱缺水，荒漠广布、风沙较多，生态脆弱、人口稀少，资源丰富、开发难度大，经济社会发展明显落后于中东部发达省份。与此同时，西北地区的国家边境线漫长，交通地位重要，是"一带一路"建设中丝绸之路经济带的重要组成部分，地缘优势突出，再加上又是我国少数民族聚居最为集中的地区之一，在促进区域协调发展，维护国家生态安全、边疆稳定、民族团结，促进向西开放、推动边境贸易等方面具有重要作用。因而，克服资源条件的限制，促进新型城镇化和新农村建设协调推进，实现贫困人口全面脱贫，对西北地区乃至全国来说，意义都非常重大。

就新型城镇化建设来看，西北地区成效显著，人口城镇化率从2013年的46.68%提升至2018年的53.54%，国内生产总值从2013年的37692.61亿元增长至2018年的53471.88亿元，增长了41.86%。同时，基础设施建设、社会保障、公共服务等都有了极大的改善。但是，西北地区的城镇化率相比全国及其他地区，还存在着很大的差距，2018年低于全国平均水平（59.58%）6.04个百分点，并且西北五省区之间的差距也非常大。推进西北地区新型城镇化建设进程，缩小东、西、中部地区的差距，是当前工作中的重要任务。

第一节 西北地区人口城镇化现状

2013 年以来,西北五省区人口城镇化率均呈现上升趋势,但亦低于同期全国城镇化率,并且地区间的差异也比较大。除甘肃省以外,陕西、青海、宁夏、新疆四省区 2018 年的人口城镇化率均超过 50%。其中,宁夏城镇化率水平最高,为 58.88%,仅比全国城镇化率低 0.70 个百分点,全国排名第 15 位。甘肃省城镇化率水平最低,为 47.69%,比同期全国城镇化率低 11.89 个百分点,全国排名第 29 位。陕西省的城镇化率相对较高,在西北五省区中仅次于宁夏,比全国城镇化率低 1.45 个百分点。青海、新疆的城镇化率则分别为 54.47%、50.91%(见表 4-1)。

表 4-1　　　　西北五省区 2018 年城镇化率

省份	城镇化率(%)	排名	与全国水平差距(个百分点)
陕西	58.13	17	-1.45
甘肃	47.69	29	-11.89
青海	54.47	23	-5.11
宁夏	58.88	15	-0.70
新疆	50.91	26	-8.67

资料来源:《中国统计年鉴(2019)》。

一　陕西省人口城镇化现状

2018 年末,陕西省常住人口 3864 万人,较 2013 年的 3764 万人增加了 100 万人,增长了 2.66%。其中,城镇人口 2246 万人,占年末常住人口的 58.13%,相比 2013 年的 1931 万人,增长了 16.31%,增加了 315 万人。城镇人口的增长速度明显快于总人口的增速(见表 4-2)。

陕西省人口城镇化率经历了如图 4-1 所示的稳步提升的过程,自 2013 年的 51.31% 增长至 2018 年的 58.13%。

表 4-2　　　　　　陕西省 2013—2018 年人口分布　　　　单位：万人

年份	年末常住人口	城镇人口	乡村人口
2013	3764	1931	1833
2014	3775	1985	1790
2015	3793	2045	1748
2016	3813	2110	1703
2017	3835	2178	1657
2018	3864	2246	1618

资料来源：《陕西省统计年鉴》（2014—2019）。

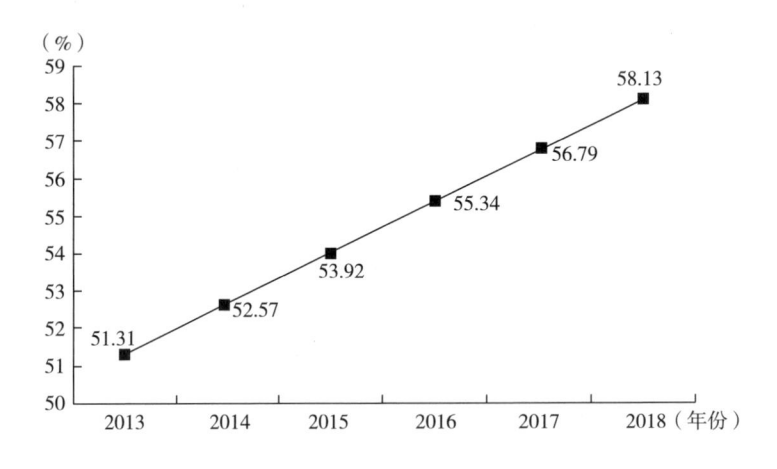

图 4-1　陕西省 2013—2018 年人口城镇化率

说明：数据为年度人口抽样调查推算数据。
资料来源：《中国统计年鉴》（2014—2019）。

从全国排名来看，陕西省 2013 年位列第 18 名，自 2017 年起上升至第 17 名。但是直至 2018 年，依然是低于同期全国平均水平的，尽管差距在逐步缩小，从 2.42 个百分点降至 1.45 个百分点（见表 4-3）。

表 4-3　　　　　　陕西省 2013—2018 年排名情况

年份	陕西排名	全国城镇化率（%）	与全国水平差距（个百分点）
2013	18	53.73	-2.42
2014	18	54.77	-2.20

续表

年份	陕西排名	全国城镇化率（%）	与全国水平差距（个百分点）
2015	18	56.10	-2.18
2016	18	57.35	-2.01
2017	17	58.52	-1.73
2018	17	59.58	-1.45

资料来源：《中国统计年鉴》（2014—2019）。

二 甘肃省人口城镇化现状

2018年末，甘肃省常住人口2637万人，相比2013年的2582万人，增长了2.13%，增加了55万人。其中，城镇人口从2013年的1036万人增加至2018年的1258万人，增长21.43%，明显快于总人口的增长速度，这几年间，共增加了222万城镇人口（见表4-4）。

表4-4　　　　甘肃省2013—2018年人口分布　　　　单位：万人

年份	年末常住人口	城镇人口	乡村人口
2013	2582	1036	1546
2014	2591	1080	1511
2015	2600	1123	1477
2016	2610	1166	1444
2017	2626	1218	1408
2018	2637	1258	1379

资料来源：《甘肃统计年鉴》（2014—2019）。

甘肃省城镇化率增速平稳，如图4-2所示，自2013年的40.13%增长至2018年的47.69%。

从全国排名情况来看，甘肃省排名始终靠后，2013—2018年均排名第29位，与全国平均水平的差距比较大，基本在12%—14%之间，2018年有所下降，为11.89%（见表4-5）。

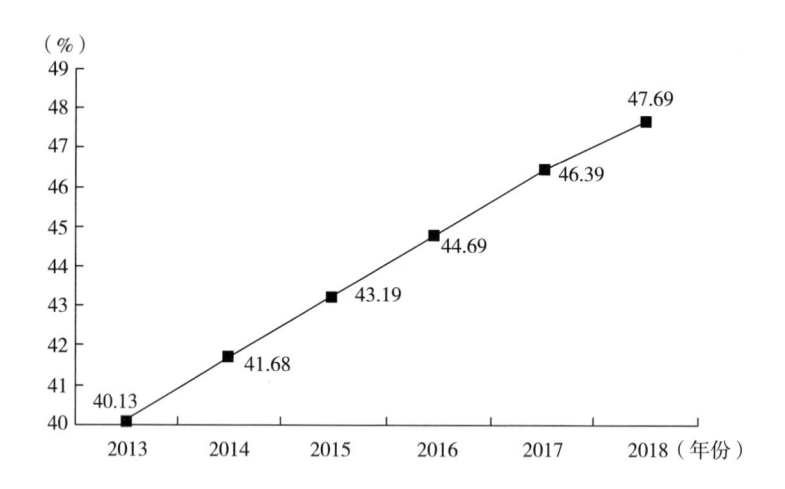

图 4-2　甘肃省 2013—2018 年人口城镇化率

资料来源：《中国统计年鉴》（2014—2019）。

表 4-5　　　　　　　甘肃省 2013—2018 年排名情况

年份	甘肃排名	与全国水平差距（个百分点）
2013	29	-13.60
2014	29	-13.09
2015	29	-12.91
2016	29	-12.66
2017	29	-12.13
2018	29	-11.89

资料来源：《中国统计年鉴》（2014—2019）（全国城镇化率数据表 4-3 已述，此处省略，以下同）。

三　青海省人口城镇化现状

2018 年末，青海省常住人口 603 万人，较 2013 年的 578 万人增加了 25 万人，增长了 4.33%。其中，城镇人口从 2013 年的 280 万人增加至 2018 年的 328 万人，增加了 48 万人，增长高于总人口，为 17.14%（见表 4-6）。

青海省城镇化率在 2014—2015 年提升比较慢，增长了 0.52 个百分点，其余年份增长基本维持在 1.4 个百分点左右，2018 年城镇化率为 54.47%，如图 4-3 所示。

表 4-6　　　　　青海省 2013—2018 年人口分布　　　　单位：万人

年份	年末常住人口	城镇人口	乡村人口
2013	578	280	298
2014	583	290	293
2015	588	296	292
2016	593	306	287
2017	598	317	281
2018	603	328	275

资料来源：《青海统计年鉴》（2014—2019）。

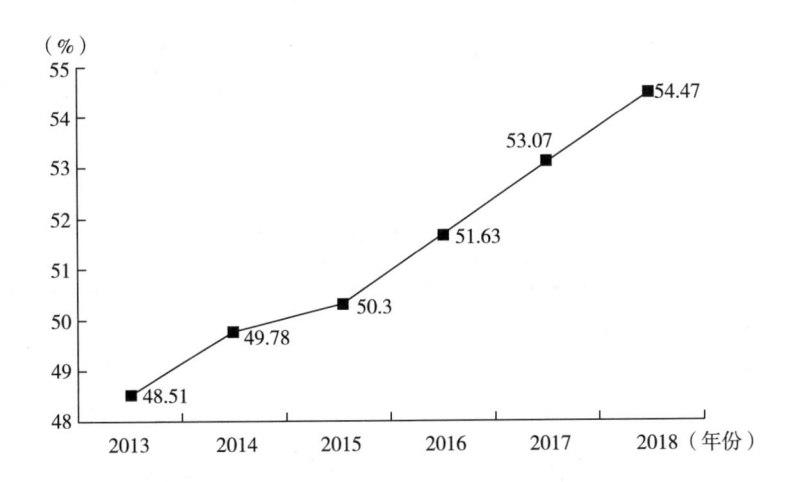

图 4-3　青海省 2013—2018 年人口城镇化率

资料来源：《中国统计年鉴》（2014—2019）。

从全国排名情况来看，青海省呈下降状态，2013 年排名第 20 位，2015 年跌落至第 23 位，并持续到 2018 年。与全国平均水平的差距维持在 5 个百分点左右，2018 年为 5.11 个百分点（见表 4-7）。

表 4-7　　　　　青海省 2013—2018 年排名情况

年份	青海排名	与全国水平差距（个百分点）
2013	20	-5.22
2014	20	-4.99

续表

年份	青海排名	与全国水平差距（个百分点）
2015	23	-5.80
2016	23	-5.72
2017	23	-5.45
2018	23	-5.11

资料来源：《中国统计年鉴》（2014—2019）。

四 宁夏回族自治区人口城镇化现状

2013 年末，宁夏回族自治区常住人口 654 万人，2018 年末增加至 688 万人，增长了 5.20%，增加了 34 万人。其中，城镇人口从 2013 年的 340 万人增加至 2018 年的 405 万人，增加了 65 万人，增长速度是 19.12%，明显快于总人口的增长速度（见表 4-8）。

表 4-8　　宁夏回族自治区 2013—2018 年人口分布　　单位：万人

年份	年末常住人口	城镇人口	乡村人口
2013	654	340	314
2014	662	355	307
2015	668	369	299
2016	675	380	295
2017	682	395	287
2018	688	405	283

资料来源：《宁夏回族自治区统计年鉴》（2014—2019）。

宁夏回族自治区的城镇化率也是经历了一个比较平稳的增长期，2013 年为 52.01%，2018 年增长至 58.88%，如图 4-4 所示。

从全国排名来看，宁夏回族自治区从 2013 年的 17 名上升至 2015 年的 15 名，并保持到 2018 年。与全国平均水平的差距也比较小，从 2013 年的相距 1.72 个百分点，增长、回落，最终 2018 年与全国均值相差 0.70 个百分点（见表 4-9）。

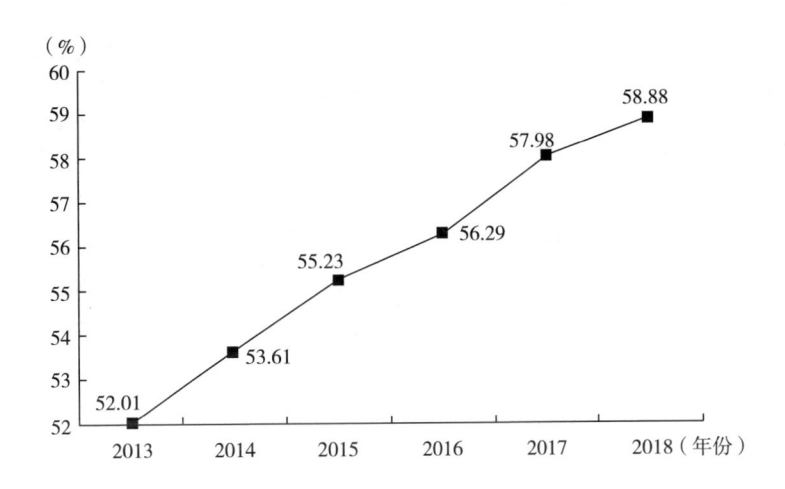

图 4-4　宁夏回族自治区 2013—2018 年人口城镇化率

资料来源：《中国统计年鉴》(2014—2019)。

表 4-9　宁夏回族自治区 2013—2018 年排名情况

年份	宁夏排名	与全国水平差距（个百分点）
2013	17	-1.72
2014	17	-1.16
2015	15	-0.87
2016	15	-1.06
2017	15	-0.54
2018	15	-0.70

资料来源：《中国统计年鉴》(2014—2019)。

五　新疆维吾尔自治区人口城镇化现状

2018 年末，新疆维吾尔自治区常住人口 2487 万人，相比 2013 年末的 2264 万人，增长了 9.85%，增加了 223 万人。其中，城镇人口从 2013 年的 1007 万人增加至 2018 年的 1266 万人，增加了 259 万人，增长 25.72%，相比于总人口，明显更高速，在西北五省区中，也是排在首位（见表 4-10）。

新疆维吾尔自治区的城镇化率在 2013—2014 年和 2017—2018 年

分别提升了 1.60 个、1.53 个百分点，其余年份增速基本平稳，增长维持在 1.1 个百分点左右。城镇化率从 2013 年的 44.47% 增长至 2018 年的 50.91%（见图 4-5）。

表 4-10　　新疆维吾尔自治区 2013—2018 年人口分布　　单位：万人

年份	年末常住人口	城镇人口	乡村人口
2013	2264	1007	1257
2014	2298	1059	1240
2015	2360	1115	1245
2016	2398	1159	1239
2017	2445	1207	1238
2018	2487	1266	1221

资料来源：《中国统计年鉴》（2014—2019）。

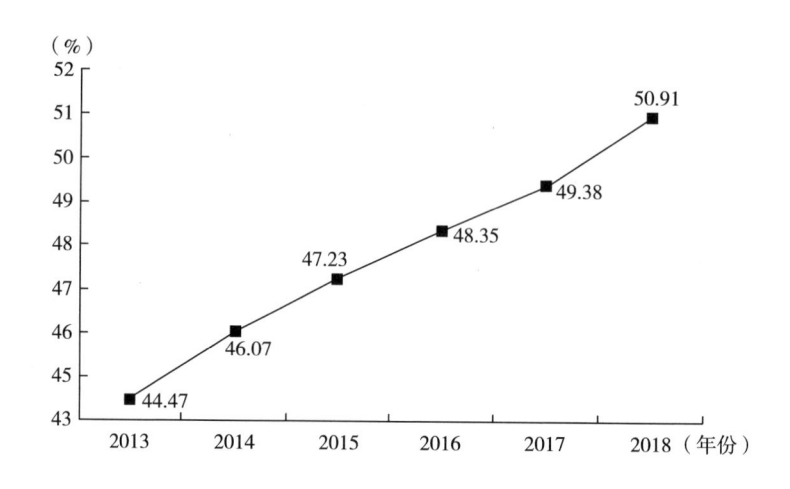

图 4-5　新疆维吾尔自治区 2013—2018 年人口城镇化率

资料来源：《中国统计年鉴》（2014—2019）。

从全国排名来看，新疆维吾尔自治区 2014 年、2015 年排名第 25 位，其余年份一直稳定在第 26 位。与全国平均水平的差距从 2013 年的 9.26 个百分点下降至 2018 年的 8.67 个百分点。

表4-11　　新疆维吾尔自治区2013—2018年排名情况

年份	新疆排名	与全国水平差距（个百分点）
2013	26	-9.26
2014	25	-8.70
2015	25	-8.87
2016	26	-9.00
2017	26	-9.14
2018	26	-8.67

资料来源：《中国统计年鉴》（2014—2019）。

第二节　西北地区经济发展现状

一　国民经济稳步提高

（一）国内生产总值绝对值增加但增速低于全国均值

西北地区在国家西部大开发和"一带一路"倡议推动下，经济社会发展迅速，但与同期全国增长速度相比，仍存在差距。不考虑物价等影响因素，仅从国内生产总值统计值来看，西北五省区从2013年的35679.61亿元增长到2018年的51113.55亿元，增长了43.26%；从增速来看，以2012年为基期，2013—2018年六年间，西北地区GDP平均增速为8.26%，比全国平均增速9.28%低1.02个百分点。从国内生产总值的全国排名来看（表4-12），除陕西省2013年、2018年在31个省区市中位列第16名、第14名，属于全国中位外，其余四省区则排在全国后几名。

分省区来看（图4-6），陕西省国内生产总值绝对值从2013年的16205.45亿元增长到2018年的23941.88亿元，增长了47.74%，平均增速是8.84%，低于全国平均增速0.44个百分点，是西北五省区中经济总量基数最大、增速较快的省份。甘肃省国内生产总值从2013年的6330.69亿元增长到2018年的8104.07亿元，增长了28.01%，平均增速为6.27%，比同期全国平均增速低3.01个百分点，是同期西北地区增速最慢的省份，主要原因是2015年出现了-0.68%的增长率。青海省国内生产总值从2013年的2122.06亿元增长到2018年的2748.00亿元，增长了29.5%，平均增速是6.45%，比同期全国平均增速低2.83个百分点。宁夏回族自治区国内生产总值从2013年的2577.57亿元增长到2018年的3510.21亿元，增长了36.18%，平均增速是7.02%，比全国平均增速低2.26个百分点。新疆维吾尔自治区则从2013年的8443.84亿元增长到2018年的12809.39亿元，增长了51.70%，平均增速是9.47%，比全国平均增速高0.19个百分点，发展速度在西北五省区中位列第一。

图4-6 2013—2018年西北五省区GDP

表4-12 2013年和2018年全国31个省区市GDP总量及其排名

单位：亿元

排名	省份	2013年GDP总量	省份	2018年GDP总量
1	广东	62474.79	广东	99945.22
2	江苏	59753.37	江苏	93207.55
3	山东	55230.32	山东	66648.87
4	浙江	37756.59	浙江	58002.84
5	河南	32191.30	河南	49935.90
6	河北	28442.95	四川	42902.10
7	辽宁	27213.22	湖北	42021.95
8	四川	26392.07	福建	38687.77
9	湖北	24791.83	湖南	36329.68

续表

排名	省份	2013年GDP总量	省份	2018年GDP总量
10	湖南	24621.67	上海	36011.82
11	福建	21868.49	安徽	34010.91
12	上海	21818.15	北京	33105.97
13	北京	19800.81	河北	32494.61
14	安徽	19229.34	陕西	23941.88
15	内蒙古	16916.50	辽宁	23510.54
16	陕西	16205.45	江西	22716.51
17	黑龙江	14454.91	重庆	21588.80
18	广西	14449.90	云南	20880.63
19	天津	14442.01	广西	19627.81
20	江西	14410.19	内蒙古	16140.76
21	吉林	13046.40	山西	15958.13
22	重庆	12783.26	贵州	15353.21
23	山西	12665.25	天津	13362.92
24	云南	11832.31	黑龙江	12846.48
25	新疆	8443.84	新疆	12809.39
26	贵州	8086.86	吉林	11253.81
27	甘肃	6330.69	甘肃	8104.07
28	海南	3177.56	海南	4910.69
29	宁夏	2577.57	宁夏	3510.21
30	青海	2122.06	青海	2748.00
31	西藏	815.67	西藏	1548.39

资料来源：根据国家统计局官网统计数据整理。

(二) 人均GDP增长的同时与全国差距日益增大

在国民生产总值增长的同时，西北五省区人均GDP绝对值也呈上涨趋势，但均低于同期全国水平，并且差距日益增大。如图4－7所示，2013—2018年，陕西省人均GDP在西北五省区中最高，分别为43117元、46929元、47626元、51015元、57266元、62195元，但比同期全国人均GDP约低0.04个百分点，差额依次为567元、

244元、2611元、3124元、2748元、3811元。甘肃省人均GDP在西北五省区中最低，2013年以来的六年分别为24539元、26433元、26165元、27643元、28497元、30797元，仅相当于全国人均GDP的一半，差额依次为19145元、20740元、24072元、26496元、31517元、35209元。青海、宁夏、新疆介于二者之间。其中，青海省2013—2018年的人均GDP分别为36875元、39671元、41252元、43531元、44047元、45739元，相当于同期全国人均GDP的84.4%、84.1%、82.1%、80.4%、73.4%、69.3%，差距从15.6个百分点扩大到30.7个百分点。宁夏人均GDP相对较高，西北五省区中仅次于陕西省，2013—2018年分别为39613元、41834元、43805元、47194元、50765元、51248元，相当于同期全国人均GDP的90.7%、88.7%、87.2%、87.2%、84.6%、77.6%。新疆2013—2018年的人均GDP分别为37553元、40648元、40036元、40564元、44941元、51950元，相当于同期全国人均GDP的86.0%、86.2%、79.7%、74.9%、74.9%、78.7%，差距从14.0个百分点扩大到21.3个百分点。由此可见，西北地区整体经济社会发展水平仍显落后。这既是其贫困的体现，又制约了脱贫的步伐。

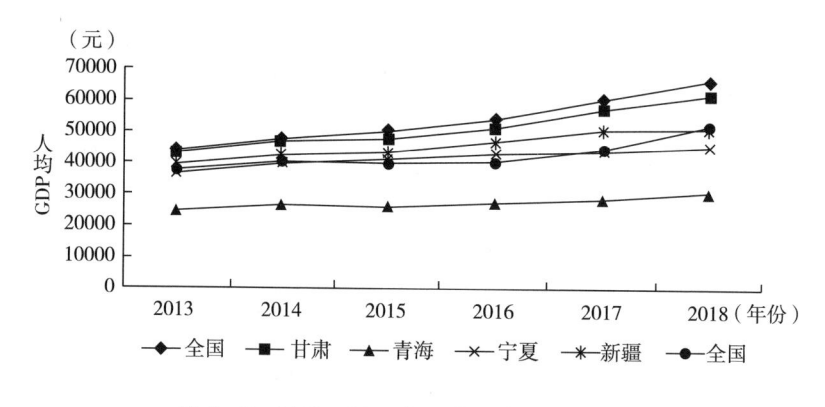

图4-7 2013—2018年西北五省区人均GDP

二 产业结构调整缓慢，有待继续优化

产业结构是一个地区发展水平的重要标志，按照产业结构演进规律，一个地区产业结构的优化不仅实现了产业结构的合理化和高级

化，也促进了地区经济健康、可持续发展。自改革开放以来，西北地区产业结构得到了长足发展，也实现了一定的优化，但与全国其他省份相比，产业结构仍然不合理，第一产业比重偏高，第二产业长期以来以资源开发等产业为主，第三产业发展缓慢。从表4-13可以看出，西北五省区的三次产业结构比重从2013年至2018年有变化，但相对而言仍然缓慢，特别是第一产业的比重变化更小。这种不合理的产业结构不仅制约了西北地区经济的发展，也影响着其贫困状况及脱贫进展。

表4-13　2013年和2018年中国31个省份三次产业构成统计　　单位:%

省份	2013年 第一产业	第二产业	第三产业	省份	2018年 第一产业	第二产业	第三产业
北京	0.8	21.7	77.5	北京	0.4	18.6	81.0
天津	1.3	50.4	48.3	天津	0.9	40.5	58.6
河北	11.9	52.0	36.1	河北	9.3	44.5	46.2
山西	5.9	52.2	41.9	山西	4.4	42.2	53.4
内蒙古	9.3	53.8	36.9	内蒙古	10.1	39.4	50.5
辽宁	8.1	51.3	40.6	辽宁	8.0	39.6	52.4
吉林	11.2	52.7	36.1	吉林	7.7	42.5	49.8
黑龙江	17.1	40.5	42.4	黑龙江	18.3	24.6	57.0
上海	0.6	36.2	63.2	上海	0.3	29.8	69.9
江苏	5.8	48.7	45.5	江苏	4.5	44.5	51.0
浙江	4.7	47.8	47.5	浙江	3.5	41.8	54.7
安徽	11.8	54.0	34.2	安徽	8.8	46.1	45.1
福建	8.6	51.8	39.6	福建	6.6	48.1	45.2
江西	11.0	53.5	35.5	江西	8.5	46.6	44.8
山东	8.3	49.7	42.0	山东	6.5	44.0	49.5
河南	12.4	52.0	35.6	河南	8.9	45.9	45.2
湖北	12.2	47.6	40.2	湖北	9.0	43.4	47.6
湖南	12.1	46.9	40.9	湖南	8.5	39.7	51.9
广东	4.8	46.4	48.8	广东	3.9	41.8	54.2
广西	15.9	46.6	37.6	广西	14.8	39.7	45.5

续表

2013 年				2018 年			
省份	第一产业	第二产业	第三产业	省份	第一产业	第二产业	第三产业
海南	23.2	25.1	51.7	海南	20.7	22.7	56.6
重庆	7.8	45.5	46.7	重庆	6.8	40.9	52.3
四川	12.8	51.0	36.2	四川	10.9	37.7	51.4
贵州	12.3	40.5	47.1	贵州	14.6	38.9	46.5
云南	15.7	41.7	42.5	云南	14.0	38.9	47.1
西藏	10.4	35.9	53.7	西藏	8.8	42.5	48.7
陕西	9.0	55.0	36.0	陕西	7.5	49.7	42.8
甘肃	13.3	43.4	43.3	甘肃	11.2	33.9	54.9
青海	9.6	54.3	36.1	青海	9.4	43.5	47.1
宁夏	8.2	48.9	43.0	宁夏	7.6	44.5	47.9
新疆	17.0	42.3	40.7	新疆	13.9	40.4	45.8

资料来源：根据国家统计局官网统计数据整理。

分省区来看，陕西省的产业结构中第二产业始终占比较高，其他四省区则已过渡为"三、二、一"的结构形态。2018年，陕西省三次产业结构为7.5∶49.7∶42.8，与2013年相比，第三产业占比提高了6.8个百分点，对经济社会发展的支撑带动作用与日俱增。同期，陕西经济总量较2013年增加了8000多亿元，其中传统优势产业工业增量2787.39亿元，占比27.9%，而第三产业增量4618亿元，对GDP增量的贡献超过50%，可见，第三产业是陕西近年来经济增长的主要动力。但从总量看，2018年，陕西第三产业增加值总量居全国第17位；从增速看，第三产业增加值增速居全国第10位，相比于GDP增速居全国第5的位次，发展相对缓慢。从占比看，陕西第三产业仅为42.8%，低于第二产业6.9个百分点，居全国末位。从贡献率看，陕西服务业对经济增长的贡献率为46.3%，远远低于发达国家70%左右的平均水平，对经济贡献度偏低。

相比之下，甘肃、新疆两省区的第一产业比重仍然较高，并存在自然生产条件恶劣、生产效率低等问题，需要花大力气提升"三农"

质量。2018年甘肃省三次产业结构为11.2∶33.9∶54.9，与2013年相比，第一产业占比仅下降2.1个百分点，第三产业占比则提高11.6个百分点，同期全省经济总量较2013年增加近2000亿元，其中第三产业增量1790亿元，为GDP增长贡献约80%。2018年新疆三次产业结构为13.9∶40.4∶45.8，与2013年相比，第一产业占比下降3.1个百分点，第三产业占比仅提高5.1个百分点，同期全省经济总量较2013年增加近3745亿元，第三产业增量2150亿元，为GDP增量贡献约57%，农业生产仍是其经济发展的主力之一。

宁夏第一产业占比在西北五省区中占比相对较低，从2013年的8.2%下降到2018年的7.6%，变化较小，第三产业占比仅增加4.9个百分点，2018年全省经济总量较2013年增加1127亿元，第三产业增量667亿元，为GDP增量贡献率59%。

青海省2013年与2018年的第一产业占比变动极小，仅下降0.2个百分点，第三产业占比则增长较多，增长了11个百分点。同期，全省经济总量增加743亿元，第三产业增量584亿元，为GDP增量贡献率79%。

三 财政收入总量低，收支矛盾突出

西北地区经济水平总体上落后于全国平均水平，与其密切相关的财政收入虽然增幅较大，但是总量仍然较小，2013—2018年间西北五省区的财政收入总和仅是全国财政收入的3.00%左右。其中，2014年占比最高，约是全国的3.16%；2016年最低，仅占2.85%；2018年有所增长，也仅为全国财政收入的2.92%。同期财政支出则占全国财政总支出的7.80%左右，其中，2014年西北五省区财政支出占到全国的8.02%，占比最高；2016年最低，占7.70%；2018年则占到全国财政支出总量的7.77%。由此可见，西北地区财政支出在全国的占比是财政收入在全国占比的两倍多，这种财政收入总量偏小、支出需求大、收支矛盾突出的状况，使各省财政运行始终处于捉襟见肘、举步维艰的境地。由于财力所限，社会保障、扶贫救灾、医疗保险、法定支出及公用经费都不能足额安排，住房公积金、职工教育经费、工会会费等财政对个人的补贴无力安排，可集中用于"三

农"建设的资金投入增量十分有限。有限的财政支农资金由于管理分散,难以统筹协调形成合力,资金使用效益并不高。再加上经济发展整体落后,就业渠道狭窄,财政供养人员膨胀较快,致使财政人员供养负担日趋严重,财政赤字挂账数额较大。

分省区来看,从表 4-14 看到,西北五省区 2013 年以来财政收支差额皆呈现明显的增长趋势,入不敷出现象明显。2013—2018 年间,陕西、甘肃、青海、宁夏、新疆五省区财政收支差额增长率的均值分别为 9.81%、11.38%、6.59%、9.95%、12.55%,甘肃、新疆财政收入低、财政支出高的矛盾更是突出。其中,陕西财政收支缺口从 2013 年的 1916.74 亿元增加至 2018 年的 3059.3 亿元,财政收支差额增长率的均值为 9.81%。甘肃财政收支差额从 2013 年的 1702.35 亿元增加至 2901.18 亿元,差额增长率的均值为 11.38%,虽然财政收支差额在西北地区次于新疆、陕西,但差额增长率均值仅次于新疆。青海财政收支差额从 2013 年的 1004.19 亿元上升至 2018 年的 1374.54 亿元,差额增长率的均值为 6.59%,是西北地区差额增长率最低的省份。宁夏财政收支差额从 2013 年的 614.14 亿元上升至 2018 年的 982.54 亿元,是西北五省区中差额绝对值最小的省份,但同期差额增长率的均值为 9.95%。新疆财政收支差额从 2013 年的 1938.63 亿元上升至 2018 年的 3481.03 亿元,差额增长率的均值为 12.55%,是西北地区差额绝对值最大、增长率最高的省份。这种财政收入总量低、入不敷出现象直接影响扶贫配套资金的支付,制约其扶贫效率。

表 4-14　　　　2013—2018 年西北五省区财政预算收支状况　　　单位:亿元

省份	收支情况	2013 年	2014 年	2015 年	2016 年	2017 年	2018 年
陕西	财政预算收入	1748.33	1890.40	2059.95	1833.99	2006.69	2243.14
	财政预算支出	3665.07	3962.50	4376.06	4389.37	4833.19	5302.44
	差额	-1916.74	-2072.10	-2316.11	-2555.38	-2826.50	-3059.30
甘肃	财政预算收入	607.27	672.67	743.86	786.97	815.73	871.05
	财政预算支出	2309.62	2541.49	2958.31	3150.03	3304.44	3772.23
	差额	-1702.35	-1868.82	-2214.45	-2363.06	-2488.71	-2901.18

续表

省份	收支情况	2013年	2014年	2015年	2016年	2017年	2018年
青海	财政预算收入	223.86	251.68	267.13	238.51	246.20	272.89
	财政预算支出	1228.05	1347.43	1515.16	1524.80	1530.44	1647.43
	差额	-1004.19	-1095.75	-1248.03	-1286.29	-1284.24	-1374.54
宁夏	财政预算收入	308.34	339.86	373.40	387.66	417.59	436.52
	财政预算支出	922.48	1000.45	1138.49	1254.54	1372.78	1419.06
	差额	-614.14	-660.59	-765.09	-866.88	-955.19	-982.54
新疆	财政预算收入	1128.49	1282.34	1330.90	1298.95	1466.52	1531.42
	财政预算支出	3067.12	3317.79	3804.87	4138.25	4637.24	5012.45
	差额	-1938.63	-2035.45	-2473.97	-2839.30	-3170.72	-3481.03
西部五省区	财政预算收入	4016.29	4436.95	4775.24	4546.08	4952.73	5355.02
	财政预算支出	11192.34	12169.66	13792.89	14456.99	15678.09	17153.61
全国	财政预算收入	129209.6	140370.0	152269.20	159605.0	172592.8	183359.8
	财政预算支出	140212.1	151785.6	175877.8	187755.2	203085.5	220904.1

资料来源：根据国家统计局官网统计数据整理。

四 居民人均收入、消费支出偏低，城乡差距大

整体经济水平的落后使西北地区城乡居民收入也明显偏低。2013—2018年，西北五省区居民人均可支配收入以平均9.5%的速度递增，分别为13301.84元、14678.77元、16172.49元、17606.55元、19236.80元、20934.91元，但仅是同期全国居民可支配收入的72.6%、72.3%、73.6%、73.9%、74.1%、74.2%。

分省区来看，如图4-8所示，2013—2018年，陕西居民人均可支配收入以9.41%的平均速度递增，分别为14371.55元、15836.75元、17394.98元、18873.74元、20635.21元、22528.26元，是同期全国居民人均可支配收入的78.49%、78.53%、79.19%、79.23%、79.45%、79.81%。甘肃居民人均可支配收入增速高于陕西，2013年以来平均增速为9.81%，分别达到10954.40元、12184.71元、13466.59元、14670.31元、16011.00元、17488.39元，但与全国均值相差较多，仅是全国的59.82%、60.42%、61.31%、61.59%、61.64%、61.95%。青海居民人均可支配收入增速在西北地区最高，

2013—2018 年平均增速 9.9%，分别达到 12947.84 元、14373.98 元、15812.70 元、17301.76 元、19001.02 元、20757.26 元，是全国居民人均可支配收入的 70.71%、71.27%、71.99%、72.63%、73.15% 和 73.53%。同期宁夏居民人均可支配收入分别为 14565.78 元、15906.78 元、17329.09 元、18832.28 元、20561.66 元和 22400.42 元，始终为全国居民人均可支配收入的 79% 左右，平均增速 8.99%，是西北地区平均增速最低的省份。新疆 2013 年以来居民人均可支配收入平均增速为 9.49%，分别达到 13669.62 元、15096.62 元、16859.11 元、18354.65 元、19975.1 元、21500.24 元，约为同期全国居民人均可支配收入的 76%。

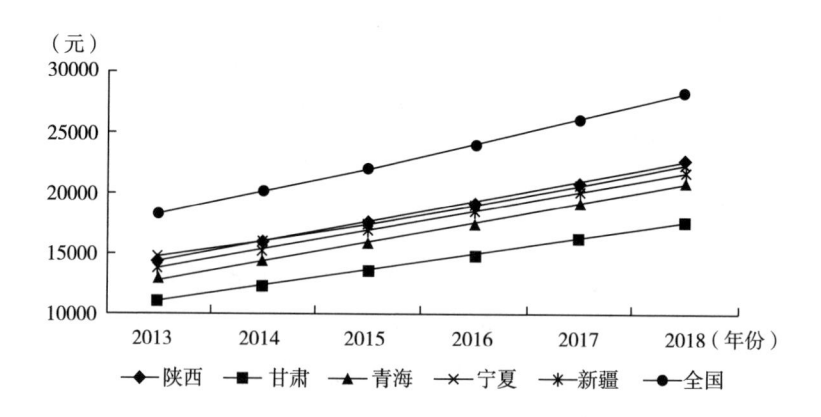

图 4-8　2013—2018 年西北五省区与全国人均可支配收入

细分为城镇居民和农村居民来看，差距更明显，主要原因在于各地区自然条件差异大，广大农村地区经济发展相对缓慢、发展水平很不平衡，城乡差距突出，城市的聚集和辐射功能十分有限，工业反哺农业、城市支持农村的基础条件比较薄弱。农村内在的封闭性以及资源和生产要素流动性差，农业产业化经营水平低，农民收入明显低于城镇居民收入。以 2018 年为例，如图 4-9 所示，陕西城镇居民人均可支配收入 33319.25 元，低于全国平均水平 5931.59 元，居全国第 19 位，处于全国中下游水平；农村居民人均可支配收入 11212.84 元，低于全国平均水平 3404.19 元，在全国 31 个省区市中仅高于云南、青海、贵州及甘肃，位列第 27 位。甘肃城镇居民人均可支配收入 29957 元，低于全国平均水平 9293.84 元，位列全国倒数第二；农村居民人均可支配收入 8804.13 元，低于全国平均水平 5812.9 元，位列全国 31 个省区市最后一名。青海城镇居民人均可支配收入 31514.53 元，低于全国平均水平 7736.31 元；农村居民人均可支配收入 10393.34 元，低于全国平均水平 4223.69 元，分别位于全国倒数第五、倒数第三。宁夏城镇居民人均可支配收入 31895.22 元，低于全国平均水平 7355.62 元；农村居民人均可支配收入 11707.64 元，低于全国平均水平 2909.39 元，在全国 31 个省区市中分别位列第 24、25 位。新疆城镇居民人均可支配收入 32763.55 元，低于全国平均水平 6487.29 元；农村居民人均可支配收入 11974.5 元，低于全国平均水平 2642.53 元，分别位列全国第 22、23 位。

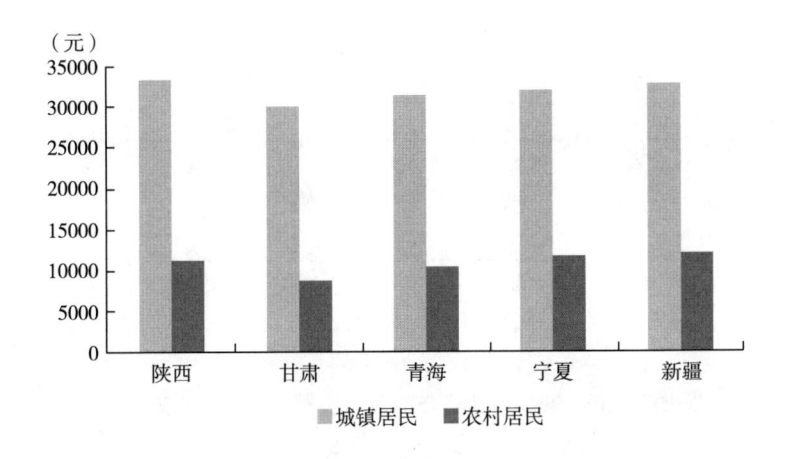

图 4-9 2018 年西北五省区城乡居民人均可支配收入

从 2018 年人均消费支出来看，一方面，不论是城镇居民还是农村居民，人均消费支出均低于全国平均水平。另一方面，城乡居民之间的消费水平差异比较大。其中，陕西城镇居民人均消费支出 21966.43 元，低于全国平均水平（26112.31 元）4145.88 元；农村居民人均消费支出 10070.76 元，低于全国平均水平（12124.27 元）2053.51 元。甘肃城镇居民人均消费支出 22605.97 元，低于全国平均水平 3506.34 元；农村居民人均消费支出 9064.55 元，低于全国平均水平 3059.72 元，在西北五省区排名最末。青海城镇居民人均消费支出 22997.53 元，低于全国平均水平 3114.78 元；农村居民人均消费支出 10352.35 元，低于全国平均水平 1771.92 元。宁夏城镇居民人均消费支出 21976.69 元，低于全国平均水平 4135.62 元；农村居民消费支出 10789.62 元，低于全国平均水平 1334.65 元。新疆城镇居民人均消费支出 24191.39 元，低于全国平均水平 1920.92 元；农村居民人均消费支出 9421.29 元，低于全国平均水平 2702.98 元，在西北五省区中城乡间距最大（见图 4-10）。

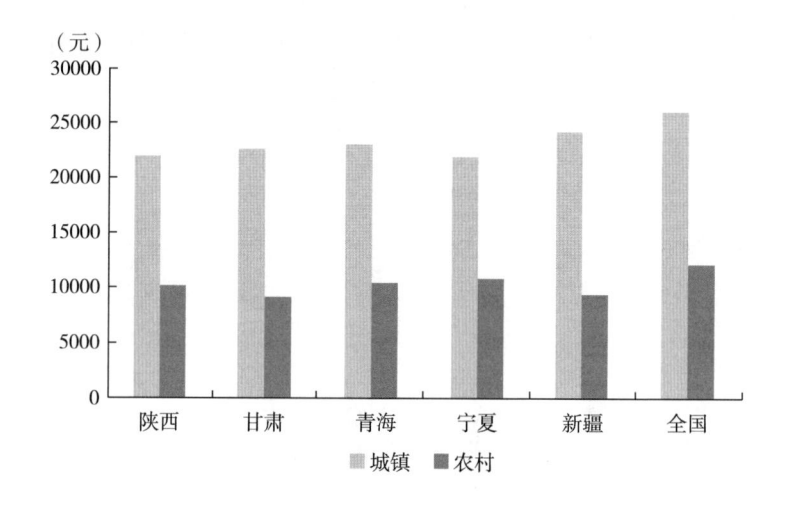

图 4-10　2018 年西北五省区城乡居民人均消费支出

五　地区发展不平衡不充分

从上述分析可以看到，西北五省区之间经济发展存在明显的不平衡。陕西省发展水平明显较高，新疆次之，其余省区则相对落后。而各省区内部也均存在区域经济发展水平差距明显现象。

从主要经济指标看，2018 年，陕西省关中地区的生产总值分别为陕北、陕南的 2.8 倍、4.4 倍；地方财政收入分别为陕北、陕南的 1.8 倍、9.9 倍；社会消费品零售总额分别为陕北、陕南的 8.6 倍、7 倍。从经济结构看，关中第三产业增加值占 GDP 比重达 49.4%，而陕北、陕南分别仅有31.3%和36%。从对外开放水平看，2018年，西安进出口占全省比重达94%，较2017年提升0.2个百分点，而排名第二、第三的宝鸡、咸阳仅分别占1.8%和1.7%，西安对外经济"一枝独秀"，以点带面格局未能形成。

甘肃省根据地貌形态可分为陇南山地、陇中黄土高原、甘南高原、河西走廊、祁连山地、河西走廊以北地带等六大区域。从经济发展水平来看，14个市州自然条件差异很大，地区发展水平差距明显；农村经济发展水平很不平衡，城市近郊和河西地区发展较快，中东部地区和南部的广大农村地区经济发展相对缓慢，城乡差距突出。以2018年为例，兰州市国民生产总值是2732.94亿元，是位居第二的庆阳市的3.86倍，是全省排名最后的临夏州、甘南州的10.70倍和17.55倍。[①] 从人均GDP来看，2018年人均GDP最高的是嘉峪关市，人均119418元，兰州市位列第二，人均73042元，排名最后的是定西市和临夏州，分别为12656元、12447元，约是同期嘉峪关市的1/10。从农村居民人均可支配收入来看，位于全省前三名的分别是嘉峪关市19291元、酒泉市17104元、金昌市14434元，位于后三名的是定西市7492元、陇南市7012元、临夏州6817元，兰州市农村居民人均可支配收入也仅为12367元。城市的聚集和辐射功能十分有限，工业反哺农业、城市支持农村的基础条件比较薄弱。

青海省区域经济发展不平衡现象亦很突出，在青海省的六州两市中，发展最好的是海西州，其次是西宁市、海南州、海东市、黄南州和海北州，最落后的是果洛州和玉树州。以2018年为例，海西州人均GDP为12.06万元，已达到天津市的水平（12.07万元），人均受教育年限较高，农业所占比例低于全国平均水平，是典型的工业社会。西宁市次之，人均GDP为5.43万元。海南州、黄南州、海东市、海北州的人均GDP分别为3.32万元、3.19万元、3.05万元和2.94万元，相当于甘肃省（3.13万元）的平均水平，人均受教育年

---

① 根据《甘肃省发展年鉴（2019）》，2018年兰州市、庆阳市、临夏州、甘南州的国内生产总值分别为2732.94亿元、708.15亿元、255.35亿元、155.73亿元。

限较低，工业化水平较低，还略低于西部平均水平。最落后的是果洛州和玉树州，2018年人均GDP仅有1.99万元和1.29万元，贫困人口集中，人口受教育程度很低，农牧业是主要产业，经济发展落后。海西州的人均GDP已是果洛州的6倍，是玉树州的9倍。

和其他省份一样，宁夏也存在区域经济发展不平衡的问题，各年份统计数据表明，银川市占据宁夏经济体量一半左右的份额，之后是石嘴山市，占到1/6左右，吴忠市占15%左右的份额，中卫市占比10%多一些，而固原市仅占7%左右的份额。以2018年为例，宁夏地区生产总值3748.11亿元，其中银川市1901.48亿元，石嘴山市605.92亿元，吴忠市534.53亿元，中卫市402.99亿元，固原市303.19亿元，固原市仅是银川市的15.9%。从农村居民可支配收入来看，2018年全区农村居民平均可支配收入为11707.6元，其中沿黄地区13711.8元，而中南部地区仅为9298.5元。具体来看，银川市、石嘴山市、吴忠市、中卫市、固原市的农村居民平均可支配收入分别为14160.2元、14000.4元、12045.4元、10236.3元和9556.7元，差距极其明显。

新疆内部则呈现明显的"北高南低、北强南弱"的基本态势。从GDP总量来看，2015年北疆的总人口为1060.47万人，生产总值达5729.24亿元，占全区经济总量的61.44%；南疆的总人口为1261.25万人，比北疆多200.78万人，生产总值仅为3595.54亿元，只占到全区经济总量的38.6%，南疆与北疆GDP之比为1∶1.59。[①] 尤其是以喀什地区、和田地区和克孜勒苏柯尔克孜自治州构成的南疆三地州，占全疆人口比重的31.96%，但GDP比重只有全疆的11.95%。从人均GDP来看，2015年北疆、南疆人均GDP分别为54024.54元、28507.75元，南疆与北疆人均GDP之比为1∶1.90。

---

① 根据2015年《新疆统计年鉴》，南疆包括吐鲁番市、哈密地区、巴音郭楞蒙古自治州、阿克苏地区、克孜勒苏柯尔克孜自治州、喀什地区、和田地区；北疆包括乌鲁木齐市、克拉玛依市、石河子市、昌吉回族自治州、伊犁哈萨克自治州、伊犁州直属县（市）、塔城地区、阿勒泰地区、博尔塔拉蒙古自治州。

第三节 西北地区社会民生发展现状

一 城区建设稳步推进，基础设施有待完善

新型城镇化建设以来，西北五省区城区面积不断扩大。2018年，陕西省城区面积2691.9平方公里，较2013年1555平方公里增长了73.11%，人口密度4450人/平方公里，高于全国平均水平（2546人/平方公里）。甘肃省城区面积1994.5平方公里，较2013年1450.1平方公里增长了37.54%，人口密度3237人/平方公里。青海省城区面积688.2平方公里，较2013年559.8平方公里增长了22.94%，人口密度2804/平方公里。宁夏城区面积2162.3平方公里，较2013年2106.2平方公里仅增长了2.66%，是西北五省区中增长速率最慢的，人口密度1371人/平方公里，低于全国平均水平。新疆城区面积3000平方公里，较2013年1620.2平方公里增长了85.16%，是西北五省区中增长速度最快的，人口密度2525人/平方公里，同样低于全国平均水平。

考察城市的基本生活条件、交通便利性、环境绿化情况等，西北五省区依然和全国平均水平存在差距，从表4-15的七个指标来看，宁夏、新疆分别有两个、三个指标低于全国值，其余三省均有五个指标低于全国值，特别是建成区绿化覆盖率，五省区均达不到全国平均水平。具体来看，一是城市用水普及率，全国平均水平是98.36%，青海、宁夏略高于此，分别为99.00%、98.40%，其余三省区低于此平均值，陕西省最低为95.49%。二是城市燃气普及率，除新疆98.01%高于全国值96.7%外，其余省区均低于全国值，其中甘肃省最低为90.91%。三是每万人拥有公共汽电车辆，陕西、青海、宁夏、新疆高于全国值13.09标台，分别为13.72标台、14.57标台、13.35标台、14.44标台，甘肃为五省区最低且低于全国值。四是人均城市道路面积，陕西、青海分别为16.47平方米和16.19平方米，低于全国值16.70平方米，其余三省区高于全国值。五是人均公园绿地面积，宁夏、新疆值高于全国值14.11平方米，分别为20.38平方米和 14.31 平方米，陕西、甘肃、青海低于全国值。六是建成区绿化覆盖率，西北地区五省区均未达到全国值 41.4%，其中，宁夏指标最高，为 40.5%，甘肃最低，仅为 33.5%。七是生活垃圾无害化处理率，青海、新疆未达到全国值 99%，分别为 96% 和 91.4%，陕西、甘肃、宁夏高出全国值。

表 4-15　　2018 年西北五省区及全国城市建设情况

省份	城市用水普及率（%）	城市燃气普及率（%）	每万人拥有公共汽电车辆（标台）	人均城市道路面积（平方米）	人均公园绿地面积（平方米）	建成区绿化覆盖率（%）	生活垃圾无害化处理率（%）
陕西	95.49	96.19	13.72	16.47	11.76	38.8	99.1
甘肃	97.90	90.91	11.97	17.91	13.65	33.5	99.8
青海	99.00	94.96	14.57	16.19	11.45	33.9	96.0
宁夏	98.40	93.85	13.35	22.94	20.38	40.5	99.3
新疆	97.66	98.01	14.44	20.34	14.31	39.6	91.4
全国	98.36	96.70	13.09	16.70	14.11	41.1	99.0

资料来源：《中国统计年鉴（2019）》。

二　公共服务供给提升，末端有待强化

（一）医疗卫生服务

2018 年西北五省区每千人口医疗卫生床位数均较 2013 年有了很大提升。其中，陕西（8.21 张）、宁夏（8.12 张）每千城镇人口医疗卫生床位数低于全国平均水平 8.70 张；宁夏每千农村人口医疗卫生床位数（4.14 张）低于全国平均水平 4.56 张。合计来看，除宁夏外，其余省区数量均高于全国平均水平。甘肃、青海、宁夏每千农村人口乡镇卫生院床位数低于全国平均水平。

每千人口卫生技术人员数方面，总体来看，甘肃省低于全国平均水平，城镇、农村均是如此。除此之外，陕西城镇每千人口卫生技术人员数低于全国平均水平，其余省份均高于全国平均水平。

表 4-16 2013 年、2018 年西北五省区及全国
每千人口医疗卫生床位数　　　　　　　单位：张

省份	2013年 每千人口医疗卫生床位数 城镇	农村	合计	每千农村人口乡镇卫生院床位数	2018年 每千人口医疗卫生床位数 城镇	农村	合计	每千农村人口乡镇卫生院床位数
陕西	6.85	3.58	4.92	1.21	8.21	4.97	6.57	1.49
甘肃	6.24	3.41	4.49	1.18	8.74	4.59	6.17	1.37
青海	14.02	3.45	5.11	1.30	11.09	4.92	6.49	1.05
宁夏	7.66	2.54	4.76	0.70	8.12	4.14	5.96	0.97
新疆	9.92	5.50	6.06	1.77	11.30	7.12	7.19	1.51
全国	7.36	3.35	4.55	1.30	8.70	4.56	6.03	1.43

资料来源：国家统计局。

表 4-17 2013 年、2018 年西北五省区及全国
每千人口卫生技术人员数　　　　　　　单位：人

省份	2013年 每千人口卫生技术人员 城镇	农村	合计	2018年 每千人口卫生技术人员 城镇	农村	合计
陕西	9.01	4.54	6.04	10.87	6.26	8.49
甘肃	6.76	3.29	4.33	9.31	4.08	5.96
青海	16.44	3.58	5.66	14.38	4.95	7.39
宁夏	9.07	3.11	5.58	11.05	4.88	7.71
新疆	12.88	5.50	6.43	14.46	6.43	7.09
全国	9.18	3.64	5.27	10.91	4.63	6.83

资料来源：国家统计局。其中，卫生技术人员包括执业医师、执业助理医师、注册护士、药师（士）、检验技师（士）、影像技师、卫生监督员和见习医（药、护、技）师（士）等卫生专业人员。不包括从事管理的卫生技术人员。

（二）教育经费投入

教育经费投入持续增加，2018 年，陕西省投入 1054.59 亿元，为西北五省区中最高，甘肃、青海、宁夏、新疆分别为 708.75 亿元、234.35 亿元、228.84 亿元和 846.21 亿元。其中，经费来源包括国家财政性教育经费、民办学校中举办者投入、社会捐赠、事业收入和其他教育经费。但是总体来看，在全国经费总投入中占比较低，西北地区总计占比 7.22%，陕西最高，为 2.48%，宁夏最低，为 0.54%。

第五章　西北地区精准扶贫现状

相比全国经济社会发展水平，西北地区作为欠发达地区，发展相对落后，贫困范围广、程度深，贫困发生率高，涉及人数众多，尤其是少数民族地区因地理条件和民族因素的交汇叠合，贫困问题更是严峻，是我国脱贫攻坚工作的重中之重，也使西北地区的反贫困事业成为举国上下的关注焦点。

第一节　西北地区贫困状况

一　西北贫困地区分布概况

由于自然、历史和现实的原因，西北地区贫困状况突出，贫困人口较为集中。在 2012 年 3 月国务院扶贫开发领导小组办公室公布的 592 个国家级贫困县中，西北地区共 143 个，占全国的 24.16%。其中，陕西省 50 个，在全国贫困县中占比 8.45%，占全省 107 个县级行政区域单位的 46.73%；甘肃省 43 个，在全国贫困县中占比 7.26%，占全省 86 个县级行政区划单位的 50%；青海省 15 个，在全国贫困县中占比 2.53%，占全省 43 个县级行政区域单位的 34.88%；宁夏 8 个，在全国贫困县中占比 1.35%，占全省 22 个县级行政区划单位的 36.36%；新疆 27 个，在全国贫困县中占比 4.56%，占全省 101 个县级行政区划单位的 26.73%。[①]

[①] 县级行政区划单位数量来自 2012 年的中国行政区划统计数据。

（一）陕西省贫困地区分布

陕西省作为我国农业大省，乡村人口数占比较高，2018 年乡村人口 1618 万人，占全省总人口的 41.87%，这也引发全省农村贫困问题突出，贫困面积大、程度深，贫困人口多。整体来看，陕西省贫困人口主要分布在陕南秦巴高寒山区、黄河沿岸土石山区和陕北榆林地区。[1] 在国家确定的 14 个连片特困地区中，陕西省涉及三个国家连片特困区，并且国家贫困县数量居全国第三位。具体来看，根据 2012 年 3 月国务院扶贫办公布的国家扶贫开发工作重点县名单，在陕西省的十市一区中，除西安市、杨凌示范区无国家级贫困县外，其他九市均有县区在列。其中，商洛市所辖一区六县全属于贫困县，安康市所辖的一区九县除平利县外，均属贫困县，比例最高。铜川市、汉中市、榆林市、渭南市分别为 75%、73%、67%、45% 的贫困县比例，数量较多。咸阳市、宝鸡市、延安市贫困县区比例分别为 31%、25%、23%，数量相对较少。按地域分布来看，陕北地区榆林、延安两市共有 11 个贫困县，关中地区西安、咸阳、宝鸡、渭南、铜川、杨凌示范区六地有 15 个贫困县，而陕南地区商洛、安康、汉中三市有贫困县 24 个（见表 5-1）。[2]

表 5-1　　　　　　　　陕西省贫困县地区分布情况

地区范围	贫困县
商洛市	商洛区、洛南县、丹凤县、商南县、山阳县、镇安县、柞水县
安康市	汉滨区、汉阴县、宁陕县、紫阳县、岚皋县、镇坪县、旬阳县、白河县、石泉县
铜川市	耀州区、宜君县、印台区
汉中市	洋县、西乡县、宁强县、略阳县、镇巴县、留坝县、勉县、佛坪县
榆林市	清涧县、子洲县、绥德县、米脂县、佳县、吴堡县、横山县、定边县
渭南市	合阳县、白水县、蒲城县、澄城县、富平县

---

[1] 李鑫侣、刘英、赵李丹、宫敏燕：《陕西省贫困地区精准扶贫问题及对策研究》，《中国商论》2019 年第 5 期。

[2] 马莉：《陕西 50 个贫困县分布 9 市，商洛、安康比例最高》，人民网，2014 年 10 月 17 日，http://sn.people.com.cn/n/2014/1017/c226647-22637264.html。

续表

地区范围	贫困县
咸阳市	永寿县、长武县、旬邑县、淳化县
宝鸡市	麟游县、太白县、陇县
延安市	延长县、延川县、宜川县

资料来源：根据《国家扶贫开发工作重点县名单》（2012年）整理。

（二）甘肃省贫困地区分布[①]

甘肃贫困地区分布面广，全省共有4个县级市、59个县、7个民族自治县、16个市辖区，在这86个县（区市）中有53个县是国列和省列贫困县。其中国家扶贫开发重点县（不含市辖区）41个，占全国592个扶贫开发重点县的6.93%，占甘肃全省县、区的58.57%。按照经济区域划分，大致分布如表5-2所示。

表5-2　　　　　　甘肃省贫困地区分布情况

经济区域	地区范围	县、市（县级市）数量（个）	贫困地区数量（个）	贫困县区占所在地区的比重（%）
陇中经济区	兰州、白银、定西	12	8	66.67
陇东经济区	平凉、庆阳	13	7	53.85
陇南经济区	天水、陇南	14	12	85.71
民族经济区	甘南、临夏	16	12	75.00
河西经济区	嘉峪关、酒泉、金昌、张掖、武威	15	2	13.33
合计		70	41	58.57

资料来源：《甘肃统计年鉴（2010）》和《中国农村扶贫开发纲要》。

从表5-2可以看到，甘肃省41个贫困县（市）绝大部分分布在除河西经济区之外的其他4个经济区，其中陇南经济区贫困县比例最高，占所在地区县（市）总数量的85.71%，陇中经济区、陇东经济

---

① 《甘肃贫困地区发展现状》，百度文库，2011年9月26日，https：//wenku.baidu.com/view/780efef8770bf78a6529542b.html。

区和民族经济区贫困县数量也较多,占所在地区县(市)总数量的比重分别为 66.67%、53.85% 和 75.00%,河西经济区贫困县数量最少。从区域分布来看,甘肃省的贫困县主要在陇南山区、陇中黄土高原以及甘南草原,定西中部地区是甘肃省土地最贫瘠的地方之一。表 5-3 中亦反映出贫困县主要分布在陇南市、临夏市、定西市、甘南州、庆阳市、天水市,兰州市、白银市、平凉市、武威市则明显较少。

表 5-3　　　　　　　　甘肃省贫困县地区分布情况

地区范围	贫困县
兰州市	榆中县
白银市	会宁县
定西市	通渭县、临洮县、陇西县、渭源县、漳县、岷县
平凉市	庄浪县、静宁县
庆阳市	镇原县、华池县、环县、合水县、宁县
天水市	武山县、清水县、甘谷县、张家川县、秦安县
陇南市	宕昌县、礼县、西和县、文县、康县、两当县、武都区
甘南州	临潭县、舟曲县、卓尼县、夏河县、合作市
临夏州	临夏县、和政县、积石山县、东乡县、广河县、康乐县、永靖县
武威市	天祝县、古浪县

资料来源:根据《国家扶贫开发工作重点县名单》(2012 年)整理。

(三)青海省贫困地区分布

青海省的六个州平均海拔在 3500 米以上,还有一部分处于生态恶化区域,而这些生态条件恶劣的区域恰好是贫困问题最严重的地区。其中,高寒区域主要集中在三江源地区,贫困发生率达到 36.7%;干旱地区主要集中在东部山区,贫困发生率达到 33.22%;沙漠化主要集中在西部地区,贫困发生率达到 13.66%。[①] 从地县分布来看,青海省贫困县主要集中在海东地区、玉树州和果洛州(见表 5-4)。

[①] 尕布藏昂青:《青海省各州发展不平衡性分析》,《企业导报》2013 年第 8 期。

表 5-4　　　　　　　　青海省贫困县地区分布情况

地区范围	贫困县
西宁市	大通县、湟中县
海东地区	平安县、民和县、循化县、化隆县、乐都区
黄南藏族自治州	泽库县
果洛藏族自治州	达日县、甘德县、玛多县
玉树藏族自治州	囊谦县、杂多县、治多县、曲麻莱县

资料来源：根据《国家扶贫开发工作重点县名单》（2012 年）整理。

（四）宁夏回族自治区贫困地区分布

宁夏贫困地区主要集中在中南部，即六盘山地区和中部干旱带，由于该区域地处山区、干旱、半干旱区域，自然条件差，基础设施落后，经济基础弱，尤其是水利、交通等基础设施差、产业薄弱、生态脆弱，是主要贫困聚集区，包括盐池县、同心县、原州区、西吉县、隆德县、泾源县、彭阳县、海原县及红寺堡区[①]9 个县区，其中原州区、西吉县、海原县、同心县、红寺堡区和中部干旱带西部片（沙坡头区兴仁镇、香山乡、永康镇、迎水桥镇、常乐镇部分贫困村和中宁县喊叫水乡、徐套乡、太阳梁乡部分贫困村）被确定为深度贫困区，简称"五县一片"，涵盖 170 个深度贫困村。该区域共有贫困人口 7.67 万人，占宁夏未脱贫人口的 32%，贫困发生率 10.5%。[②]

表 5-5　　　　　　　　宁夏贫困县地区分布情况

地区范围	贫困县
中卫市	原州区、海原县
固原市	西吉县、隆德县、泾源县、彭阳县
吴忠市	盐池县、同心县

资料来源：根据《国家扶贫开发工作重点县名单》（2012 年）整理。

---

① 红寺堡区前身为红寺堡开发区，2009 年被批准设立为行政区后管辖区域多次变更，2012 年公布的国家扶贫开发重点县中未包含，但作为生态扶贫移民集中区，属于宁夏回族自治区的贫困集聚区。

② 崔继鹏：《精准扶贫在宁夏深度贫困地区的实践》，《宁夏党校学报》2018 年第 5 期。

(五) 新疆维吾尔自治区贫困地区分布①

根据2012年国家公布的扶贫开发重点县名单，新疆共有30个贫困县，其中国家扶贫开发工作重点县27个，省级扶贫开发重点县3个（见表5-6），占全省县区总数的29.67%。扶贫开发工作重点县总人口为621.58万人，其中少数民族人口达572.44万人，占总人口的92.09%。

表5-6　　　　　　　　　新疆重点贫困县分布情况

分布地州	贫困县（市）
喀什	塔什库尔干塔吉克自治县、岳普湖县、疏勒县、叶城县、英吉沙县、伽师县、莎车县、疏附县
阿克苏	柯坪县、乌什县
和田	和田县、洛浦县、墨玉县、皮山县、策勒县、于田县、民丰县
哈密	巴里坤哈萨克自治县、伊吾县*
克孜勒苏	阿合奇县、乌恰县、阿克陶县、阿图什市
伊犁	尼勒克县、察布查尔锡伯自治县
塔城	托里县、和布克赛尔县*、裕民县*
阿勒泰	青河县、吉木乃县

资料来源：根据《国家扶贫开发工作重点县名单》（2012年）整理。*表示自治州扶贫开发重点县，其余27个为国家级扶贫开发重点县。

从区域上看，新疆贫困地区主要集中在南疆，共含有21个贫困县。其中，喀什、和田和克孜勒苏柯尔克孜自治州三地州更是集中聚集，所含国家级贫困县占全省国家级贫困县总数的70%以上，北疆和东疆的6个国家级贫困县则点状分布在阿勒泰、塔城、伊犁和哈密地区。与此同时，吐鲁番地区、伊犁哈萨克自治州、阿泰勒地区、阿克苏地区、克孜勒苏柯尔克孜自治州、喀什、和田等7个地州作为少数民族主要集聚区，也是主要贫困县，特别是和田县、皮山县、洛浦县、策勒县、于田县、疏附县、英吉沙县、伽师县8个国家级贫困县

---

① 芦玉霞、尚明瑞：《新疆的贫困问题及其反贫困机制创新研究》，《新疆农垦经济》2014年第2期。

的少数民族人口比重都超过了98%。

二 西北农村贫困地区的区域特性

近些年来,西北地区以改善民生为重点的社会建设取得显著成果,但依然是全国区域协调发展和全面建成小康社会的短板,发展问题、民生问题、贫困问题依旧突出,并体现出以下的贫困地区区域特性。

(一)贫困人口规模大,分布面广且程度深

如前所述,西北各省区贫困问题都很突出,由于受自然条件差异及发展起点低等诸多因素的影响,长期以来经济发展始终处于较低水平,贫困地区分布面广、程度深。总体来看,全国592个国家级贫困县中,西北地区共有143个,占全国的24.16%,占西部地区的38.13%。而这些国家级重点扶贫县的贫困发生率更是高达10%以上。从贫困人口绝对数和相对数量来看,西北地区贫困人口总量大、比例高。根据《中国农村贫困监测报告(2018)》显示,2017年中国贫困发生率为3.1%,陕西、甘肃、青海、宁夏和新疆地区的贫困发生率分别为6.3%、9.7%、6.0%、4.5%和9.9%。截至2018年底,西北地区贫困人口总数290.36万人,在全国1660万贫困人口中占比17.49%,陕、甘、宁、青、新五省区的贫困发生率分别为3.2%、5.6%、2.5%、3.0%和6.1%,均远高于全国1.7%的平均水平。[①]

此外,西北地区经济发展水平与全国平均水平的差距正在逐步拉大,这在很大程度上阻碍了西北地区扶贫、脱贫工作的跨越式发展。从GDP比重看,西北五省GDP占全国GDP的比重在逐步下降,由2013年的6.36%下降到2018年的5.82%。从农村居民人均可支配收入来看,2013年西北五省农村居民人均可支配收入在5500—7900元,而全国平均水平是9429.59元,西北地区约低于4000—1500元。然而到2018年,西北五省农村居民人均可支配收入在8800—12000元,此时全国平均水平已经迅速上升到14617.03元,差距也扩大到

---

① 郭俊华、赵培:《西北地区易地移民搬迁扶贫——既有成效、现实难点与路径选择》,《西北农林科技大学学报》(社会科学版)2019年第4期。

5800—2600元。同时，城乡居民收入绝对差距也在不断扩大。2013—2018年，全国城镇与农村居民人均可支配比从2.81∶1逐步下降到2.69∶1，同期西北地区城乡可支配收入比则从3.04∶1下降到2.95∶1，仍高于全国均值。而各省区也存在不同，陕西从3.15∶1下降到2.97∶1，甘肃从3.56∶1下降到3.40∶1，青海从3.15∶1下降到3.03∶1，宁夏从2.83∶1下降到2.72∶1，新疆则从2.69∶1上升至2.74∶1。宁夏、新疆与国家水平靠近，其余三省区则明显高于全国。

对于西北农村的贫困地区和贫困人口而言，这种贫困更多的属于影响农民生存的深度贫困，粮食供应不足、生活燃料短缺、水资源匮乏等问题是一部分生存型贫困的农户普遍存在的问题，还有相当一部分贫困户居住在缺水、高寒、多风沙的地区，土地贫瘠、可耕地面积少、人畜饮水匮乏，居民生产、生活都处在自我封闭状态。而这些农村贫困地区居民的人均可支配收入与全国农村平均水平的差距更是逐年扩大（见表5-7）。[1]

表5-7　西北五省区农村贫困地区人均可支配收入与全国平均水平差距　　单位：元

年份	陕西	甘肃	青海	宁夏	新疆
2013	3268	4943	2968	3590	3444
2014	3526	5383	3206	3934	3854
2015	3730	5640	3489	4167	4081
2016	3939	6040	3699	4426	4308
2017	4135	6464	3970	4623	3447

（二）农村产业结构单一，收入来源单一

受国家梯度发展战略和西部大开发的影响，西北五省区产业结构日益合理，第一产业增加值比重总体演变趋势下降，但相比全国平均

---

[1] 杨如馨：《人力资本对西北农村反贫困的影响研究》，硕士学位论文，山西财经大学，2019年。

水平仍然占比较高。第一产业结构内部，传统的种植业、养殖业占主要地位，其中，青海省的畜牧业占全省第一产业增加值的60%左右；陕西、甘肃、宁夏、新疆四省区的种植业占比均值都在70%左右，属于绝对优势地位。偏远的农村贫困地区，这种种、养单一的农业生产格局更是突出，虽然传统农业经营模式具有稳定性，可以给农牧民带来一定程度上的保障收入，但西北地区农村以旱地为主的耕地占比高，贫困地区的土地质量差、生产条件及方式落后，大部分农民仍处于靠天吃饭的状况，使得生产效益低，这种低收入限制了生产资金的投入，抑制了高层次技术的生产，再加上农业生产资料价格日益提高、创收周期长、增收空间小、受市场影响大，以及缺少工业产业，造成了贫困地区农民收入来源渠道的单一，增收步伐缓慢。

从农民居民人均可支配收入来看，西北五省区农村居民的经营净收入普遍以农、牧业收入为主。2018年，陕西省农村居民人均可支配经营性收入3508元，其中第一、第二、第三产业的经营净收入分别为2581.4元、45.1元和881.6元，而第一产业中的农业、林业、牧业、渔业经营分别收入2254.2元、89.8元、237.7元和-0.3元，农业即种植业收入占经营性收入的64.26%，占第一产业经营性收入的87.33%。甘肃省2018年农村居民人均可支配经营性收入3824元，其中第一、第二、第三产业的经营净收入分别为2992元、34元和798元，第一产业中的农业和牧业经营分别收入2300元、651元，占全部可支配经营性收入的60.15%和17.02%，占第一产业经营性收入的76.87%和21.76%，是农民最主要的经营性收入来源。2017年宁夏全区农村居民家庭经营性收入9361元，其中农业、牧业收入分别为3728元和2484元，占全部家庭经营性收入的39.82%和26.54%。

（三）农业基础设施和经营方式落后

相比发达省区，西北农村贫困地区农业基础设施和经营方式依然落后，农田水利设施不足而且标准低，抵御自然灾害和市场风险的能力十分有限；农民组织化和生产集约化程度低、现代化水平弱。以社会经济状况相对较好的陕西省为例，其农业机械化水平明显滞后。第三次全国农业普查结果显示，陕西省主要粮食作物综合机械化率为

70.2%，其中小麦机耕率89.4%，低于全国平均水平5.1个百分点，小麦机收率87.8%，低于全国4.4个百分点；全省稻谷机耕率、机播率和机收率分别为53.1%、7.1%和53.6%，低于全国平均水平30.2个、21.9个和26.5个百分点。而新疆的南疆四地州，作为新疆的贫困聚集区，因集体经济基础薄弱、农业综合发展实力差，农村劳动力85%以上从事农业，并且农业生产仍使用传统的经营方式，缺乏龙头企业，专业合作组织等市场经营主体的作用发挥不足，组织化、专业化、市场化水平较低，致使农业整体效益低下。这些问题导致农业生产规模的扩大、农业技术的推广、农业技术的使用面临巨大的阻力，极大地影响了当地农业的可持续发展。①

（四）生态环境脆弱

空间层面，西北贫困地区存在自然环境较差、脆弱性明显的共性。主要表现为荒漠化面积不断扩大，土地沙化、草原退化、盐碱化、水土流失等问题严重，水资源短缺、地下水位下降，林草植被覆盖度不高且质量下降、土地投入产出率下降，等等。众所周知，西北地区大多为干旱、半干旱地区，包括新疆全境、青海柴达木盆地和以北地区、甘肃省河西地区、宁夏北部地区的干旱区总面积约占全国干旱地区总面积的90%，占全国国土面积的24.5%；降水少，多者不足400毫米，少者低于40毫米；蒸发多，干燥性强，旱灾频繁而又地域广。这种自然气象使西北地区又是我国荒漠分布面积最广的地区，其中新疆荒漠化面积为104.4万平方公里，荒漠化率达86.07%，宁夏荒漠化率为75.98%，甘肃为50.62%，青海为33.6%，陕西为15.96%。与此同时，宁夏的草地退化率高达97.37%，几乎已全部退化，陕西和甘肃也已分别达到58.55%和45.17%。陕西境内的黄土高原和甘肃陇东黄土高原以及宁夏的南部山区都是水土流失严重的地区。新疆的盐碱化现象堪称全国之最。为满足持续增长人口的生存需要，大量开垦荒地，扩大耕地面积，使耕地表面土壤氧分大量流失和浪费，土壤肥力下降，土地的生产力遭到严重破坏，造成农业发展的资源基础薄弱，生产力水平低下，贫困人

---

① 阿班·毛力提汗：《2018年新疆扶贫攻坚报告》，《新西部》2019年第21期。

口多，严重影响了西北地区农业经济的发展，也制约了城市化的发展。①

导致西北地区环境恶化的原因十分复杂，除了降水量相对减少等自然因素外，人口增长、发展等人为因素影响对生产、生活资源及环境也造成了压力，土地资源、水资源、能源、森林资源等都面临同样问题；西北地区大部分农民的经济收益仍主要依赖于传统农牧业，一些传统、不合理的生产方式影响自然资源的滥采滥用，使环境质量不断下降；管理制度缺位与农民利益最大化追求的共存加速了生态环境的恶化。生态环境脆弱、农业生产条件恶劣致使西北贫困地区人口极易出现返贫状况。

以新疆为例，贫困地区主要分布在边远、闭塞、自然条件恶劣的地区。27个国家级贫困县中北疆和东疆有6个，这些地区都处在天山、阿尔泰山脉的高寒山区，海拔高、冬季寒冷期长，生态环境十分脆弱；南疆21个，有的位于南疆塔里木盆地西南边缘，有的相邻于塔克拉玛干大沙漠，这些地方大多处于干旱半干旱荒漠绿洲地区，土地贫瘠，盐碱化程度高，水资源严重短缺，荒漠化严重。恶劣的生态环境更易引发自然灾害，这种恶性循环对经济发展程度比较落后的贫困地区而言，无异于雪上加霜。以南疆三地州为例，三地州地震、沙尘暴、风暴、干旱、冰雹、山洪和山体滑坡不断发生。根据《新疆调查年鉴2012》显示，新疆2011年贫困地区受到严重自然灾害贫困村的比重为30.7%，南疆地区占到14%。遭受的严重自然灾害都主要为冷冻灾害，全疆受灾比例为46.8%，南疆受灾比例为55.6%。②青海玉树地震灾害导致6.88万人返贫，返贫率高达71%。

（五）思想观念差异较大，开放程度较低

相比东部沿海省区的开放，西北地区的思想相对保守，特别是在农村贫困地区，由于经济文化教育信息落后，人们的传统思想根深蒂固，使得贫困人口自身发展能力不足，不愿创新、不敢创业。西北地

---

① 童玉芬、李若雯：《中国西北地区的人口城市化及与生态环境的协调发展》，《北京联合大学学报》（人文社会科学版）2007年第1期。

② 芦玉霞、尚明瑞：《新疆的贫困问题及其反贫困机制创新研究》，《新疆农垦经济》2014年第2期。

区又是典型的多民族融合区域,有大量少数民族人口,不同的民族又受到不同的宗教信仰约束,加剧了当地贫困人口的思想观念差异,也在一定程度上制约了开放程度。可以得知,西北农村贫困地区除物质贫困以外,还隐含着知识贫困和权利贫困,如文盲半文盲率高、文化素质低、思想观念陈旧、缺乏参与制定制度规则的发言权等。根据国家统计局2015年抽样调查显示,我国6岁及以上未上过学的人口共112.92万人,西北五省区11万人,占总文盲人口的9.7%。以新疆为例,其贫困地区均为少数民族聚集区,在饮食、语言、文字、行为宗旨等方面不仅与外省差异较大,与本区的其他地区也存在难沟通的问题,对外交流的障碍比较大。贫困区农户至少有15%是文盲、半文盲,即不识本民族文字,而90%的农户不会说汉语更不识汉字。现代的信息传媒如电视、收音机在这些贫困区的贫困农户家中普及率低。因与外界沟通少,其社会文化又较传统,观念转化明显较慢。

第二节 西北地区扶贫状况

在国家扶贫开发优惠政策的强力支持下,西北各省区通过整村推进、产业化扶贫、劳动力转移培训、移民搬迁及社会帮扶等方式方法,极大改善了贫困地区和贫困人口的生存状况,贫困人口收入持续提高,数量大幅减少,贫困发生率不断降低。但基于历史原因,扶贫中也存在一些难点。

一 西北地区扶贫成效

如表5-8所示,截至2018年底,西北地区贫困人口总数290.36万人,在全国1660万贫困人口中占比17.49%;累计脱贫1320.27万人,农村贫困人口规模大大缩小,贫困发生率大幅下降。其中陕西省累计脱贫418.5万人,甘肃省累计脱贫478.6万人,贫困发生率由2011年的21.4%、34.6%分别降至2018年的3.2%和5.6%,均实现2/3以上建档立卡贫困户顺利脱贫。自2013年以来,青海省累计减少贫困人口108.3万人,贫困发生率从2011年的28.5%下降至

2018年底的2.5%。2012年以来，宁夏累计减少农村贫困人口83.4万人，贫困发生率从14.2%下降到3%，贫困地区农民人均可支配收入从4856元增加到9298元，年均增长11.4%。新疆从2014年到2018年累计实现231.47万人完全脱贫，农村贫困发生率由18.6%降到6.1%（见表5-9）。从贫困发生率的变化数据来看，西北地区农村贫困发生率下降速度快于全国平均速度，但由于贫困面广、贫困程度深，各省的贫困发生率仍高于全国平均水平，脱贫任务依然十分艰巨。

表5-8　　　2011—2018年西北五省区农村贫困人口规模　　单位：万人

年份 省份	2011	2012	2013	2014	2015	2016	2017	2018
陕西	592	483	410	350	288	226	169	77.55
甘肃	722	596	496	417	325	262	200	111
青海	108	82	63	52	42	31	23	7.7
宁夏	77	60	51	45	37	30	19	12.4
新疆	353	273	222	212	180	147	113	81.71

资料来源：国家统计局住户收支与生活状况调查（2011—2018年）。

表5-9　　　2011—2018年西北五省区农村贫困发生率　　单位：%

年份 省份	2011	2012	2013	2014	2015	2016	2017	2018
陕西	21.4	17.5	15.1	13.0	10.7	8.4	6.3	3.2
甘肃	34.6	28.5	23.8	20.1	15.7	12.6	9.7	5.6
青海	28.5	21.6	16.4	13.4	10.9	8.1	6.0	2.5
宁夏	18.3	14.2	12.5	10.8	8.9	7.1	4.5	3.0
新疆	32.9	25.4	19.8	18.6	15.8	12.8	9.9	6.1

资料来源：国家统计局住户收支与生活状况调查（2011—2018年）。

与此同时，西北地区农村居民人均可支配收入大幅增长。其中新疆增长最快，年均增长达到930元，是西北地区中首个农村居民人均可支配收入超过1万元的省份。宁夏、陕西农村居民人均可支配收入年均增长速度均超过900元,青海、甘肃农村居民人均可支配收入年均增速稍缓,分别为819元和716元。农村人均可支配收入的快速上涨说明西北地区精准扶贫工作成效显著。

以陕西为例,2015年,全省贫困地区农村居民人均可支配收入7692元,同比增长10.5%,扣除价格因素实际增长9.3%。在贫困地区中,扶贫重点县人均可支配收入为7624元,增长11.8%;连片特困地区人均可支配收入为7706元,增长10.1%。贫困地区农村居民人均可支配收入达到全省农村平均水平的88.5%,比2014年提高0.7个百分点。2017年,全省贫困地区农村居民人均可支配收入已增长至9297元,同比增长10.4%,扣除价格因素实际增长9.2%,实际增速高于全省农村平均水平1.1个百分点,比上年实际增速高1个百分点。贫困地区农村居民人均可支配收入达到全省农村平均水平的90.6%,占比较2016年提高1个百分点,与全省农村平均水平的差距进一步缩小。其中国家扶贫重点县的农村居民人均可支配收入9209元,增长9.6%;集中连片特困地区农村居民人均可支配收入达9427元,增长11.6%,收入水平及增速均高于全省贫困地区和扶贫开发重点县。与此同时,贫困地区农村居民收入来源构成也发生变化。2015年,陕西贫困地区农村居民人均工资性收入、家庭经营净收入、财产净收入、转移净收入分别为3130元、2699元、105元、1759元,占比依次为40.7%、35.1%、1.45%和22.8%。2017年,四类性收入依次为3872元、3007元、138元、2280元,比2015年有明显增长,占比依次为41.7%、32.3%、1.5%、24.5%。其中,工资性收入始终是贫困地区农民收入的主要来源;扶贫搬迁、产业扶贫等补贴的发放,以及医疗保障的全面覆盖,使得人均转移性收入增幅最大。

二 西北地区精准扶贫难点及困境[①]

(一)精准性欠缺引发的返贫现象严重

精准扶贫能否将扶贫资源准确定位于真正的贫困地区和真正需要

---

① 郭俊华、赵培:《西北地区易地移民搬迁扶贫——既有成效、现实难点与路径选择》,《西北农林科技大学学报》(社会科学版)2019年第4期。

扶助的贫困人口，关键在于"精"和"准"，但实践中扶贫瞄准机制出现了不同程度的纰漏。其一，在从救济式演变为区域式再演变为精准扶贫的过程中，贫困对象的认定或多或少有一些疏漏。既会因第三方评估和村干部的某些不实，以及不公平事实的存在，使部分真正的贫困户难以确定；也存在某些人为了继续享受扶贫政策，故意弄虚作假，占用真正贫困户扶贫资源的问题。其二，在扶贫项目的确定上，一些地方政府过于强调拉动地方经济的生产性项目，漠视提高农民生活水平的致富项目，还有一些干部在扶贫过程中只做表面工作，未能真正体现项目的精准性。其三，扶贫政策针对性落实时存在漏洞。一些县、乡级干部在扶贫资金下放过程中打"擦边球"，把贫困户的救助款挪作他用甚至中饱私囊，真正到群众手里的扶贫资金少之又少，无法起到扶贫的作用；就算是扶贫资金到位也主要投入其他项目的建设上，真正落实到贫困户手中的少之又少。还有一些扶贫政策欠缺实时变化的灵活性，由于当前的精准扶贫政策仍以传统的财产支出型扶贫为主要趋向，对一些较为特殊、根深蒂固的贫困问题并未起到预想之中的作用，更多的是"扶农"而不是"扶贫"。[①]

（二）区位环境改变难

西北地区的贫困集聚地多是生存环境差、基础设施落后的地区，如甘肃省涉及六盘山、秦巴山和藏族地区三个集中连片特困区；青海省则集西部地区、民族地区、贫困地区于一身，集中连片特困区和国家扶贫开发重点县区域全覆盖，也是全国仅有的两个集中连片特困区全覆盖省份之一。虽然精准扶贫中对一部分高寒山区、偏远村庄的贫困户采用易地移民搬迁的方式消除贫困，防止生态环境进一步恶化，但西北地区独特的地理区位环境和多民族聚居的特点，使移民搬迁面临诸多困难。一是西北地区的地形地貌以高原、山地、荒漠为主，干旱少雨，风沙大、荒漠化问题严重，自然灾害多发，生态环境脆弱、土地承载力较差，使得可供选择的大规模移民安置区较少。二是高寒山区、草原地区、偏远城镇和村庄的居民较少，居住分散，在这些地

[①] 李智愚、崔霞霞：《西北地区贫困特点及扶贫重心——以甘肃省贫困户的"能力"贫困为视角》，《法制与社会》2018年第3期。

区修建电力、公路、学校的成本太高且不具有规模效应，导致基础设施建设不完善，且居民依赖农、牧业生存，维持生计方式单一。三是少数民族聚居地区实行民族区域自治制度，各民族的文化、风俗、生活习惯存在较大差异，文化融合较难。这些问题意味着自然地理环境无法改变，生态环境的修复又是一项长期工程，基本公共服务供给严重不足，基础设施建设需要大量的资金、人力、物力的支持，这些都使西北地区精准扶贫面临较大的阻力。

（三）贫困成因多、程度深

西北地区的精准扶贫面临着极大的考验，贫困成因多、程度深，需同时同步解决多项困难。

一是生产生活条件较为恶劣，基础设施差。由于深度贫困地区大部分处于山大沟深、偏远偏僻、交通不便、信息不畅的地方，基础设施建设滞后，尤其是"水"、"路"和"房"等瓶颈和短板问题依然突出。部分地区饮水困难、无自来水，且安全饮水保障能力不足，导致地方病频发；村镇医疗条件的落后和居民生理健康知识的缺乏，使小病不治拖成大病，进一步增加了因病致贫的概率，造成一人生病全家贫穷的局面。个别地方未通公路、村庄道路没有硬化，住房需要改造，农田实际配套费用标准低，投入不足，土地不平整，渠系配套不完善等问题都直接制约着当地群众生产生活质量的提高。

二是产业发展滞后，大多数贫困家庭的收入来源单一。大多数深度贫困村自然条件恶劣，生态环境脆弱，发展农业生产条件差，靠天吃饭的传统农业思想根深蒂固，产业发展仍处于初始阶段。这种沿袭传统种养殖业的产业脱贫，规模小、模式单一，科技含量和附加值较低，加之受产品认证、市场波动等诸多因素的制约，农户持续增收、发展后劲不足的问题没有从根本上得到解决。与此同时，扶贫产业基础薄弱，没有建立起市场前景好、辐射带动力强的支柱产业，优势不明显；农民专业合作社、家庭农场大多管理不规范、经营效率低；从事产业的农户和从产业项目中受益的农户覆盖面还不够大；农产品市场占有率不高，项目投资意识弱，市场变化引起的产品销路不畅等，浪费了贫困地区农民大量的人力、物力，反而使他们背上更沉重的包袱。家庭成员受教育程度较低，对新生事物的接受能力较差，先进的农用设备不会操作，新的养殖技术无法快速掌握，逐渐陷入贫穷的死循环。

三是特殊困难群体占比大。大多数深度贫困村自然条件艰苦，教育、卫生健康等服务保障相对滞后，加之人居环境、思想观念等因素影响，贫困后遗症较为严重。大病及慢性病患者、残疾人、单老双老户等特殊困难群体占比大。截至2017年底，在宁夏未脱贫农村人口中，有患大病、重病人口2.06万人，残疾人2.98万人，单老双老（60岁以上）2.15万人，贫困发生率高，脱贫难度大。

四是亟待解决的新情况、新问题较多。比如移民安置区的可持续发展问题，贫困边缘人群的返贫问题，扶贫产业的市场适应性及持续性，等等。

（四）项目供给不平衡之难

扶贫项目供给应顺应精准扶贫的要求，根据贫困县（区、村）的贫困程度、致贫原因、贫困特性以及各扶贫项目的特点，瞄准精准识别的目标靶向，因地制宜地提供扶贫支持项目。但实际的项目供给过程存在四大难点。一是许多特困村缺乏扶贫项目实施需要的配套资金及基础设施，导致项目执行能力较差，在扶贫项目申请中往往无法成功，项目反而流向那些相对不贫困的村庄，造成扶贫项目并未使极度贫困地区受惠的现象。二是地方政府向贫困县（区）提供扶贫开发项目时，对各地差异化的致贫原因、资源环境条件、人口因素等考虑不周全，使扶贫项目出现统一化，不符合贫困地区的真实需求，也造成项目供需不平衡、不匹配现象。三是项目执行只注重短期利益和局部问题，缺乏全局性和可持续性。地方政府关注短期的政绩和绩效，不考虑扶贫项目的长期效果以及贫困户是否能持续受益，导致项目未能发挥出应有的功能，贫困农户脱贫又返贫的现象经常发生。四是扶贫项目的部门缺乏协调合作，影响项目正常运行。

（五）扶贫资金整合使用难

扶贫资金的大量需求与资金供给不足的矛盾成为精准扶贫的难点之一。一是大规模的扶贫项目需要中央和省级资金投入、地方政府资金投入、搬迁农户资金投入配套才能完成，尤其是易地搬迁项目。但地方政府资金受财政收入所限投入不足，农户又不愿自行出资搬迁的现状，使得易地搬迁项目无法正常运转。二是部分地区扶贫专项资金不足，难以满足各贫困县、乡、村对扶贫资金的需要，就向各贫困村平均分配现有扶贫资金，这严重违背了精准扶贫的原则。由于管理者缺乏投资意识，在扶贫资金的使用上，存在平均分配的现象，没有把有限的扶贫资金用在刀刃上，致使扶贫资金的总体效益不高。三是西北地区金融扶贫起步较晚，恶劣的自然条件、较差的基础设施、不合理的农村产业结构，以及地方政府认识不足，使得针对西北贫困地区的金融服务和金融产品较少，很多扶贫项目无法得到金融机构的支持，造成扶贫资金全靠国家财政的现象。四是各扶贫单位各自为政，将现有扶贫资金乱撒胡椒面，未能充分整合利用，还有一些负责资金管理的部门擅自改变资金用途，用于维持行政事业费开支和人员工资，以扶贫科技大楼名义建造办公楼，直接把资金投入经济实体进行营利性活动等，大大降低了扶贫资金的使用效率，贫困群众的受益也大打折扣。

（六）体制机制创新难

常规的扶贫机制和手段在脱贫攻坚阶段效果并非最佳，必须结合实际情况创新出更科学、更高效、更可持续的精准扶贫体制机制，但在西北地区扶贫工作中有一定的难度。

一是我国目前实施以行政区域划分为基础的扶贫制度，整体扶贫工作以政府主导为主，由各级政府扶贫办和地方扶贫工作小组负责，该过程中其他政府部门、社会组织和地方私营企业参与度不高，缺乏多方合作协调，导致扶贫工作形不成合力，降低了扶贫效率。

二是在政绩考核体系的压力下，扶贫工作人员在开展工作时将注意力放在贫困指标数据的变化上，只注重短期内给钱、给物，使贫困人口数量快速减少和贫困发生率大幅下降，忽略了对贫困群体脱贫能力的培养，更没有为其制定中期、长期脱贫规划，导致暂时性脱贫。

三是缺乏市场机制的调节作用。市场经济中，用市场机制解决可持续减贫是一项非常重要的机制构建。首先，农业生产作为贫困地区的主导产业，也是农民收入的主要支撑。党的十八大报告指出"要加快发展现代农业，增强农业综合生产能力"，但贫困地区的农业发展往往采用传统化经营手段，加上自身资源的约束，对于市场信息掌握不灵通，发展现代农业难上加难。因此，要想让贫困地区经济可持续发展，引入市场机制是贫困地区脱贫的重中之重。其次，民营经济对地方经济发展、人民生活水平提升都发挥着积极作用。西北地区民营企业数量少、规模小，一些贫困地区虽然设立了种植业、养殖业、农产品加工业等产业化经营企业，并具有一定的辐射带动作用，但这些企业的作用未能覆盖全部的贫困地区，尤其是偏僻地区，仍有待完善。

四是贫困治理本身是一项包含人口学、社会学、经济学、生态学等多学科，有自身动态演变规律的学科，且其理论性、实践性很强，又具有地域特征，极难把握。西北贫困地区无论是城市与农村人才流动机制的缺乏，还是专业扶贫机构和相关人才的稀缺，或是扶贫绩效考评制度的不完善，以及社会组织的扶贫作用未能充分发挥等，都需要因地制宜的创新扶贫体制机制。[①]

（七）贫困户脱贫内生动力不足

深度贫困村群众依然存在"等靠要"思想。一部分贫困家庭地处偏远地区，历代贫穷，习惯于简单、落后的生产方式，务农思想观念难以转变，懒于改变现状，固守传统农业，接受现代农业新技术能力差，既不愿外出打工，也不愿付出更多的劳动，仅依靠农业生存，很容易再次陷入贫困状态。与此同时，绝大多数贫困家庭劳动力普遍文化程度低，最高文化程度多为小学或初中，高中、中专文化程度的较少，大专以上文化程度的极为少见，低下的劳动素质导致主要劳动力知识获取能力、劳动技能欠缺，对政府组织的就业培训和专业技能培训参与积极性不高，缺乏先进的经营管理理念。没有专业知识和专业技能造成在劳工市场上处于劣势，只能从事一些技术含量低且收入较低的工作，就业创业能力不强，不利于长期脱贫。还有一些习惯于贫困生活状态的贫困户甚至不认为自己贫困，没有摆脱贫困的欲望和能力，缺乏脱贫的志气，坦然接受政府的救助和资金补贴。这些落后的思想意识使贫困户很难真正摆脱贫困，呈现出脱贫主动性不足的难点，并使贫困户陷入贫困陷阱。

[①] 芦玉霞、尚明瑞：《新疆的贫困问题及其反贫困机制创新研究》，《新疆农垦经济》2014年第2期。

第六章　新型城镇化下农业转移人口市民化

　　新型城镇化的本质是以人为本，国家发改委《2019年新型城镇化建设重点任务》中指出应，"加快实施以促进人的城镇化为核心、提高质量为导向的新型城镇化战略"，即实现城镇人口规模的有序扩张。在这个过程中，农业转移人口的市民化则是重中之重。此项工作的顺利开展，能够让更多农业人口共享城镇化发展的成果，对培育发展现代化都市圈、推动城乡融合发展具有决定性的意义。近年来，尽管西北地区的新型城镇化建设成效显著，人口的城镇化率逐年上升，但是诸如户籍、土地和财政政策等显性的制度阻碍和文化、生活习惯等隐性的差异却还是为农业转移人口融入城市设置了重重障碍。当前工作任务的重中之重即是解决农业转移人口市民化过程中的制约因素。

第一节　消除制度壁垒，降低转移成本

一　实施户籍制度改革，全面放开落户条件

　　户籍制度一直是阻碍农业转移人口市民化的第一道门槛。我国之前很长一段时间实行了二元制的城乡户籍制度，使得教育、医疗、就业、养老等配套制度往往是和户籍挂钩的，很多在城市生活的农业人口难以享受这些市民化的权益。因而，市民化的第一步应当是破除户籍的限制，深化户籍制度的改革，建立统一的城乡户口登记制度，逐

渐剥离依附在户籍制度上的公共服务例如就业、教育、住房等。依照国家发改委《2019年新型城镇化建设重点任务》的指导意见，"要按照尊重意愿、自主选择原则，以农业转移人口为重点，加大非户籍人口在城市落户推进力度，推动未落户城镇的常住人口平等享有基本公共服务"。考虑到各城镇的综合承载力（包括资源承载力、经济承载力和社会承载力[①]），户籍制度的改革应当分阶段、分人群进行。针对那些在原户籍已无土地或其他权益的农业转移人口，调整大中小型城市落户条件，鼓励尽早在居住地落户；而在原户籍还有权益、暂不能迁出的农业转移人口，在居住地办理居住证，与户籍人口享受同等公共服务或权益。

（一）适时调整特大型、大型城市落户条件

鉴于超大特大城市综合承载压力较大，目前我国此类城市主要采取的是积分落户政策，例如成都市包含缴纳社会保险、合法稳定居住、教育背景、引导人口合理布局、引导人口梯度转移、急需紧缺工种（职业）指标、个人贡献、鼓励创新创业、年龄、个人不良信用记录、个人违法犯罪记录以及违反计划生育政策等12项指标。在积分落户政策实施过程中，应当适度调整和增加落户规模、精简积分项目，确保社保缴纳年限和居住年限分数占主要比例。西北地区城区人口500万以上的特大型城市仅有陕西省西安市，西安市户籍准入条件主要有学历落户、在校大学生落户、人才引进落户、投资创业落户、投靠直系亲属落户、安居落户等[②]。其中，凡居住生活，在公安机关办理居住登记2年以上，并参加当地城镇职工基本养老保险实际缴费满1年以上的人员，可迁入当地落户。可见，西安市落户条件相对来说还是比较宽松的，农业转移人口基本可以依靠居住年限、社保缴纳年限、技能人才落户等方式迁入户口。

（二）全面放宽、放松大型城市落户限制

对于城区常住人口300万—500万人的Ⅰ型大城市要全面放开放

[①] 李长亮：《城镇化视角下城镇承载力问题研究》，《小城镇建设》2010年第10期。
[②] 《西安市人民政府办公厅关于进一步放宽我市部分户籍准入条件的通知》，土流网，2019年2月22日，https：//www.tudinet.com/read/15134.html。

宽落户条件，并全面取消重点群体落户限制。按城区人口这个统计口径，西北地区目前还没有符合标准的大型城市。

对于城区常住人口100万—300万人的Ⅱ型大城市要全面取消落户限制。西北地区Ⅱ型大城市的落户条件目前主要包括学历、住房、投资投靠、人才引进等几方面。例如乌鲁木齐市落户条件为中专毕业生符合条件可落户、购房落户、有固定住所落户、投资落户、投靠落户、人才引进；兰州市户口迁移政策2019年进一步放宽，出台人才引进新政策，中专以上学历或相应专业技术职称人员、国内在校的大中专院校学生、具有合法稳定住所和职业的人员等，均可迁入兰州市落户；银川市大中专院校学生、取得中专以上学历或国家职业资格证书人员，在本市拥有合法、固定职业的，在本市拥有合法房产的，均可迁移入户；西宁市落户条件主要包括高层次学历、专业技术人员，有合法房产，投靠，外来务工人员（被西宁市行政区域内行政、企事业单位聘用满3年，且交纳养老保险3年以上的员工）。这几大省会城市基本已实现"零门槛"落户，即人才引进、投资、有合法住所和职业的人口无门槛落户。相对来说，西宁市落户条件中的社保、工作年限对农业转移人口的户口迁移还具有一定限制，可进一步放开，取消年限、社保等硬性条件，实现"最为彻底的户籍制度改革"。

（三）全面取消中小城市和小城镇落户条件

城区常住人口100万人以下的中小城市和小城镇现已陆续取消了落户限制。农村学生升学和参军进入城镇的人口、在城镇就业居住5年以上和举家迁徙的农牧业转移人口以及新生代农民工，都可在城镇落户。

为引导农村居民进城落户、解决他们的后顾之忧，陕西省在农村地区实行了"来去自由"的落户政策：凡2015年3月19日以后办理了进城落户的农业转移人口，其本人或配偶在建制镇或小城市的农村原籍具备土地承包经营权或宅基地使用权且实际长期居住的，可将户口迁回原籍[①]。

[①] 陕西省公安厅：《陕西省推动非户籍人口在城市落户实施方案》，陕西省公安厅网站，2017年9月29日，http://gat.shaanxi.gov.cn/site/gonganting/s_zcfg/info/2017/16862.html。

（四）全面实行居住证制度，扩大居住证附加权益

除了上述在城镇落户的农业转移人口，针对那些在原户籍还有土地或其他权益的、不愿迁出户口的流动人口，鼓励其在异地申领居住证。居住证申领条件通常设定为：在其他城市居住半年以上，符合有合法稳定就业、合法稳定住所、连续就读条件之一的，即可以在异地申领居住证。例如银川市规定，符合缴纳社保、就学就读、就业创业、与本地户籍人员结婚等情形之一且时间超过 6 个月的居民，可以相应凭社保缴纳证明、就读证明、营业执照（副本）、结婚证等在辖区公安派出所申办居住证；甘肃省按照《甘肃省实施〈居住证暂行条例〉办法》，对离开常住户口所在地、到其他城市居住半年以上，具备合法稳定就业、合法稳定住所、连续就读三者条件之一的，一律可申请办理居住证。

可是即便如此，很多流动人口依然不愿意主动办理居住证。究其原因，主要是城市的基本公共服务往往与户籍挂钩，相比之下，居住证显得没那么重要和必需。因此，为了确保有意愿的未落户常住人口全部持有居住证，鼓励各地以"覆盖基本保障"为原则，按照一定的顺序逐步扩大附加在居住证上的公共服务和权益，由主要向本地户籍人口提供转变为全面向本地常住人口提供。具体至少应当包括这样几个层面，一是在社会保障方面，推进建立统一的城乡居民医保制度，提高跨省异地就医费用结算的便利性，扩大城乡居民基本养老保险的参保，建立待遇确定和基础养老金调整机制。二是教育方面，加大教育资源的供给，确保随迁子女可在迁入地公办学校就读和参加高考。三是就业服务方面，提供面向转移人口或者流动人口的全方位的就业服务，包括职业技能培训、就业辅导和指导等。四是住房保障方面，扩大公租房等保障性住房申请范围，向城市常住人口覆盖。

二　保障农民土地权利，提升市民化动力

土地是农民最基本的生产资料，也是农民眼中最为珍贵的财产；作为代表农民是村集体成员的一项最基本的福利，是以往农民经济利益的主要来源。长久以来，由于深刻的历史、社会因素，农村居民的社会保障和公共服务往往是和土地挂钩的，所以尽管一些农村居民进

城务工，不再继续耕种土地，但是他们并不愿意轻易放弃土地的承包权和经营权。再加上一些限制因素如土地流转困难，即便是流转，价值衡量过低使得补偿标准过低，流转或补偿的收益相对农民举家搬迁进城的成本而言极其微小，甚至考虑到城市生活成本比较高、文化难以融入等阻碍因素，很多农村居民顾虑重重，更是准备将土地作为可能"退出"城市的最后保障。正是因为土地权利难以保障，很多农业转移人口对彻底放弃土地"进城"难以痛下决心。鉴于此，为了提高农业转移人口市民化的动力，建立完备的土地流转制度、补偿制度，确保三权分置、提高农村居民的财产性收入势在必行。

三 构建多元分担机制，合理分摊市民化成本

农业转移人口市民化的成本主要是指"将现在已经在城市居住的农民工纳入城市公共服务体系，使他们'有活干、有学上、有房住、有保障'，以及按照现行政策由政府支付的那部分新增财政资金"[①]。只有在城镇生活的全部居民都能够享受水平基本均等的公共服务，才是衡量城镇化水平高低的硬标准。那么，进城安家落户的成本到底有多大？

当然，成本测算会因尺度不同而有很大差异，但从各界的测算结果来看，都是不小的一笔钱：潘家华、魏后凯（2012）和中国发展研究基金会（2011）测算成本约为10万元/人；国研中心等（2011）对重庆、武汉、郑州和嘉兴算得所需公共支出成本约为8万元/人；杜宇（2013）测算不同类型城市的农业转移人口市民化成本，其中A类城市的市民化成本最高，为36.6万—42.4万元/人，而E类城市最低仅为7.8万—17.6万元/人；丁萌萌和徐滇庆（2014）测算2011年解决户籍所需当期支付公共成本为4024.77元/人，而政府总成本为6408.97亿元，市民化成本仅是现有研究的5%左右。中国社会科学院2012年发布的中国城市蓝皮书《中国城市发展报告 No.5：迈向城市时代的绿色繁荣》更是指出今后20年内，中国将有4亿—5亿农民需要实现市民化。如果按照10万元/人、4亿需实现市民化的农

[①] 冯俏彬：《构建农民工市民化成本的合理分担机制》，《中国财政》2013第13期。

民计算，这笔资金的数额是 40 万亿元。如前所述，户籍制度的改革其实相对来说更好实现，但隐在其背后的公共服务的均等化却是一个耗资巨大的长期工程。若将成本全部放在地方政府身上，对西北地区很多财政收入偏低、没有产业支撑的城市来说，这将给地方财政带来巨大的压力；若由农业转移人口来承担，对那些受教育程度、技能等的影响收入本来就低的居民来说，无疑是难以承受的，这样巨大的成本压力甚至会打消他们进城落户的念头。所以当务之急是建立一个由各级政府、企业、个人组成的多元成本分担机制，引入投融资机制，分摊合理、责权明确，刚性解决市民化的成本问题。

（一）就业服务成本

所谓"有活干"，就是要让农业转移人口能够在城市有稳定、长期的工作。从国家统计局发布的《2018 年农民工监测调查报告》来看，农民工就业集中在第二和第三产业，其中占比前三的是制造业（27.9%）、建筑业（18.6%）及和批发和零售业（12.1%）（见表 6-1）。从月均工资来看，农民工月均收入 3721 元，在东部和中部地区就业的农民工月均收入增速加快，在西部地区①（西北地区包含在内）就业的农民工月均收入 3522 元，比上年增加 172 元，增长 5.1%，增速比上年回落 2.4 个百分点。其中制造业（3721 元）、建筑业（4209 元）、交通运输仓储和邮政业（4345 元）收入增速分别比 2017 年提高 1.9、1.1 和 0.1 个百分点；居民服务、修理和其他服务业收入（3202 元）增速与 2017 年持平；批发和零售业（3263 元）、住宿和餐饮业收入（3148 元）增速分别比 2017 年回落 0.4 和 0.8 个百分点②。

单纯从数字上看，农民工收入略高于城镇居民人均可支配收入（39251 元），但是考虑到建筑业、制造业等农民工集中的行业劳动强度大、工作时间长，收入并不与此相匹配，并且当农民工年纪增长的时候，也很难在这些行业就业。且由于很多农民工没有子女教育、医

---

① 包括内蒙古、广西、重庆、四川、贵州、云南、西藏、陕西、甘肃、青海、宁夏、新疆 12 个省（自治区、直辖市）。

② 国家统计局：《2018 年农民工监测调查报告》，国家统计局网站，2019 年 4 月 29 日，http：//www.stats.gov.cn/tjsj/zxfb/201904/t20190429_1662268.html。

疗及住房相关的保障，这一工资收入要应对家庭的基本生活支出，就显得很微薄了，甚至很难去应对一些诸如意外、重疾之类的突发事件。除此之外，工资被拖欠的事情也时有发生，对农民工来说更是雪上加霜了。

表6-1　　　　农民工从业行业分布　　　单位:％、个百分点

行业分布	2017年	2018年	增减
第一产业	0.5	0.4	-0.1
第二产业	51.5	49.1	-2.4
制造业	29.9	27.9	-2.0
建筑业	18.9	18.6	-0.3
第三产业	48.0	50.5	2.5
批发和零售业	12.3	12.1	-0.2
交通运输、仓储和邮政业	6.6	6.6	0
住宿和餐饮业	6.2	6.7	0.5
居民服务、修理和其他服务业	11.3	12.2	0.9
公共管理、社会保障和社会组织	2.7	3.5	0.8
其他	8.9	9.4	0.5

对西北地区来说，面对的是人数逐年增加的农业转移人口（2018年，在东部、东北地区就业的农民工减少，在中西部地区就业的农民工继续增加，较2017年增加239万人，增长4.2％）。要解决农业转移人口就业的不稳定性和收入低，政府应当在这几方面增加投入，并承担相应的成本支出。一是建立职业教育和培训体系，提高农业转移人口的技能和职业素养——"授之以鱼，不如授之以渔"。适时引入社会力量，大力支持职业教育发展，了解市场及农民工的需求，通过现场培训、微课等网络平台等形式，让广大进城务工人员能够有一技之长，提高农业转移人口在就业市场上的竞争力。也可鼓励农民工积极报考高职院校，例如四川省针对农民工、新型职业农民等群体，组织秋季单独考试，单列计划，单独录取[①]。二是规范劳动力市场，包

---

① 陈健：《四川已有30多万农民工享受住房保障》，新华网，2019-09-05, http://www.xinhuanet.com/2019-09/05/c_1124965488.htm。

括要求工商企业与农民工签订正式的劳动合同，保证同工同酬，按时发放薪酬等，畅通农民工讨薪渠道——加大检察机关对恶意欠薪行为的打击力度，提供劳动仲裁、法律援助等服务，帮助农民工维权。

（二）子女教育成本

"有学上"是广大农民工子女的合法权益，但以往受户籍、学籍、异地入学困难等因素的限制，出现了一大批和父母分开、留在农村就读的"留守儿童"。父母角色的缺失使得这些孩子的身心健康受到了很多不利的影响，性格孤僻、冲动易怒、年幼辍学……为了解决随迁子女的教育问题，教育部已明确要"完善以居住证为主要依据的随迁子女义务教育入学政策"。农业转移人口随迁子女的义务教育成本承担主体应当为各级政府。就地方政府而言，在随迁子女就读人数较多的地区应当增加财政投入，统筹协调解决教育资源短缺问题，适时增加师资力量、扩大校区、增加学位，若还不能满足就近入学的需求，还可以通过政府购买民办学校服务的方式，保证每一名随迁子女都可以"有学上""上好学"。在此过程中，一方面，要注意简化入学手续和流程，以居住证为主要依据，建立统一的学籍管理办法，公办学校不得设置其他附加条件和拒绝接受，不得收取或变相收取借读费用；另一方面，要加大对学校教学活动的监管，保证随迁子女与本地户籍学生统一管理、统一编班、统一安排活动，享受与本地户籍学生同等的参加校内外活动、评优、入队入团的权利。为了帮助随迁子女更快融入校园集体生活、健康成长，学校应当积极鼓励各班以家长会、沟通会等形式，了解他们的思想、学习、生活情况，解决学生在学校生活中出现的困难。

（三）住房保障成本

"有房住"，是让农业转移人口有舒适的居住场所。但是，西安、乌鲁木齐、兰州等一、二线城市动辄过万的房价让人们望而却步，即便是银川、西宁、天水、宝鸡等城市的房价对收入微薄的农民工来说，也不是一个小数目。可若常年居住在隔板间、地下室，如何安居乐业？在"房子是用来住的，不是用来炒的"这一指导原则下，建立多主体供给、多渠道保障、租购并举的住房制度，是解决住房问题的必然选择。具体来看，可采取以下一系列举措：一是政府通过发行债券、PPP模式等筹资以加大公租房建设资金的投入，将农业转移人口纳入公租房保障体系，可将公租房的一定比例（例如四川省定为30%）定向分配给有稳定职业并在城市居住了一定年限的农民工，租金可适当减少；二是通过在用地、政策、资金等方面的措施鼓励那些有条件的、农民工数量较多的企业自筹资金，统一向住房保障管理部门备案，建设公租房或集体宿舍以解决本企业有困难的职工的住房问题；三是向租房农民工提供租房补贴，省市财政根据实际承租或者补贴领取的人数分配相应的补贴资金（2018年，租房居住的农民工占比为61.3%）；四是进一步将农业转移人口纳入公积金覆盖范围，鼓励农民工利用公积金贷款购买普通商品自住住房，有条件的地区对购置首套房的还可给予政策支持；五是鼓励银行等金融机构开发针对农民工群体的住房贷款优惠产品，例如中国农业银行在2016年推出的全国首个专为农民工定制的住房贷款产品"农民安家贷"，降低贷款准入门槛、贷款利率下浮等。通过政府、企业、金融机构及农民工自身的努力，定会圆他们一个"安居梦"。

（四）社会保障成本

"有保障"，是让农业转移人口及其家属有基本生活和生命的保障。城乡二元制的户籍壁垒使得我国的社会保障长期以来也是二元分化。尽管这些年社会保障制度的全面改革，让这条鸿沟慢慢缩小，但是多年的差距很难一刻之间消除。很多农民工难以接受缴纳社保这件事，原因是多方面的：从观念上看，"养儿防老"的观念根深蒂固，对社保的认识还不够深入，薪酬低所以更愿意将收入拿到手里，也担心很多年之后领不回来本金；从现实情况看，很多农民工工作流动性比较大，一年内可能在多个省市打工，也极有可能出现缴费断断续续的情况，社保迁移起来较为烦琐，也有用工单位正是抓住农民工的这种心理，以多给现金的方式达成不缴纳社保的协议。从长远看，社会保障的缺失是有百害而无一利的，如何保障农业转移人口的合法权益？成本的分担应当从以下几个层面考量。

第一，政府应当承担的成本：加快户籍制度的改革；加大对社保的宣传力度，让广大农民工能够正确认识社会保障体系的重要作用，明白个人账户权益的归属；大力贯彻《社会保险法》的实施，用抽查、现场检查等多种方式督促用工单位如实缴纳员工的社保（当然，前述的签订正式的劳动合同必不可少），对这些企业可给予税收上的优惠；地方政府对社会保险基金进行补贴，鼓励个体工商户、灵活就业人员自愿参加社会保险；简化社保迁移流程，有条件的地方可以开通农民工绿色通道，协助农民工快速办理迁移手续。

第二，企业应当承担的成本：企业应当如实申报、按时足额缴纳员工的社会保险费，非不可抗力不得缓缴、减免，不得以任何理由与员工达成不缴纳社保的协议。

第三，个人应当承担的成本：按规定个人承担的部分应该由农民工自己缴纳。个人要承担的成本是农民工最为关心的，包括住房、就业、教育、保障、私人增加的生活成本等，如前文梳理的，除了能够由政府、企业承担的，对于个人而言，在各方力量的保证下，已然有这样的一些收入来源作为支撑：合法工作带来的劳动收入，土地经营权流转带来的资本性收入，可向政府申请的补贴、补助等。

四 优化城市空间格局，提升城镇吸纳能力

《2019 年新型城镇化建设重点任务》中提出，要按照统筹规划、合理布局、分工协作、以大带小的原则，立足资源环境承载能力，推动城市群和都市圈健康发展，构建大中小城市和小城镇协调发展的城镇化空间格局。对西北地区来说，第一，要重点推进关中平原、兰州、西宁等城市群的发展规划实施。例如通过交通基础设施一体化、产业分工协作、市场统一开放、公共服务共建共享等方式培育和发展兰西城市群（是指以兰州和西宁为中心，主要包括甘肃省定西市和青海省海东市、海北藏族自治州等 22 地州市的经济地带）。第二，分类实施中小城市发展策略，例如陕西渭南市、甘肃白银市、青海海东市等在都市圈内的，提高城市产业的支撑能力和公共服务品质，在本地区范围内促进人口就近城镇化；新疆霍尔果斯市、喀什市等边境城市，继续强化它们稳边戍边的重要作用，推动公共资源倾斜性配置，做好对口支援工作。总体来说，即是要继续优化城市空间格局，考虑大城市的承载力，完善公共资源配置布局，同时加大中小城市教育、医疗等资源的供给，促使一部分人口就地城镇化。

第二节　减少文化摩擦，提升身份认同

制度上的樊篱好去除，观念上的沟壑难填平。如前所述，户籍上的限制也好，公共服务的不均衡也罢，各地在新型城镇化建设的大力推进下，较之以往已经有了翻天覆地的变化。但要真正融入城市，由农民转变为市民，由过客转变为主人，与实现经济权益、政治权益、社会权益相比，更为根本的是文化认同和文化融入。因为只有实现了文化认同和融入，才能实现价值观念、行为规则、生活方式的转化[①]，才是农业转移人口市民化的终极目标。农民工自小在乡村文化中成长，习惯了"熟人社会"的交往方式和行为习惯——更多以"地缘""血缘"为纽带、生活节奏缓慢、以信任为基础、人际关系简单，来到城市后面对陌生的环境，更多是"陌生人社会"的交往方式和用法律规范和人文观念为社会体系和价值系统，再加上可能引发市民的文化排斥而受到歧视，与城市文化之间产生冲突甚至是对抗，难以避免。如何减少乡村、城市之间的文化摩擦，让每一个农民工都真正融入城市生活？

一　发挥教育影响力

法国社会学家布尔迪厄认为资本是积累的以物质化的形式或具体化的、肉身化形式的劳动，并将资本划分为经济资本、社会资本和文化资本。文化资本是在文化生产场域中积累的劳动成果，一为身体化形态，即通过接受教育获得的知识、技能、教养等，体现为个体身体和精神中根深蒂固的性情取向；二为客观化形态，体现在个体拥有的文化实物之中，如书籍、名画、机器等；三为制度化形态，是知识和技能获得特定社会制度认可后形成的资本，如学历、文凭等"社会炼金术"。文化资本的积累有助于报酬递增，也有助于社会底层向上流动，是获得社会地位的极其重要的因素，尤其有利于农民工融入城市

[①] 李国新：《文化融入是农民工融入城市的根本标志》，《中国文化报》2011年10月13日第8版。

并完成市民化①。文化资本的再生产主要依靠家庭影响和学校教育，在家庭场域中形成的文化基因关系着对学校教育信息的消化，而在学校场域中获得的文化能力则决定着对社会信息的接收程度②。文化程度越高，越能够接受新的事物和具有更高的心理适应能力。根据国家统计局《2018年农民工监测报告》，尽管新生代农民工中超半数是"80后"，占比为51.55%，但是受教育程度并不高，大专及以上文化程度的仅占10.9%。也就是说，本身来自家庭的文化基因就并不高，又没有在学校获得足够多的文化能力，决定了农民工的文化资本很薄弱。受固于薄弱的文化资本和已经深入骨髓的乡土文化，农民工以各种形式维持自身的亚文化，并与城市文化形成间隔。

考虑到这个阶段的农民工由于生计的需要，很难脱产学习，只能通过各种形式的职业教育，去提升他们的文化资本水平，促进农民工文化与心理的社会融合（消释精神贫困，是职业教育精准扶贫的终极价值逻辑③，尽管在后面章节会详述职业教育对提升农民工技术能力所起到的重要作用）。这是因为职业教育是一个系统的过程，在教学过程中，可以融入价值观和心理健康教育，一方面通过传播现代城市生活的社会规范、价值观念等，促使农民工对城市生活的技能、应当遵守的法律法规、市民的行为习惯有一个全面的了解，改变农民工过去在农村生活时形成的落后的价值观念、以亲缘为基础的人际交往方式和缓慢的生活态度等；另一方面，通过专业的心理疏导，排解农民工在进入城市生活后的孤独感、心理压力和障碍，增强他们在与市民交往过程中的自信，逐步消融落后于市民的心理距离，慢慢地让农民工对城市产生更多的安全感、归属感和认同感。

二 提升社区感染力

在居住条件改善之前，试想长期居住在城中村、地下室的农民

---

① 刘辉武：《文化资本与农民工的城市融入》，《农村经济》2007年第1期。
② 马中红：《文化资本：青年话语权获取的路径分析》，《中国青年社会科学》2016年第3期。
③ 朱德全、吴虑、朱成晨：《职业教育精准扶贫的逻辑框架——基于农民工城镇化的视角》，《西南大学学报》（社会科学版）2018年第1期。

工，居住条件差、环境恶劣，硬件设施可能并不比农村好多少，反而因为脱离了原有的熟悉的环境而缺少交流、没有社交活动，闲暇时只能看电视、打牌、聊天等，更是很难对城市生活产生归属感。所以前述"有房住"的硬件改善之后，要紧跟着优化居住的软条件：构建和谐的居住环境，优化社会网络构建，增强归属感。而社区作为宏观社会的缩影，是社会有机体的最基本的内容，"聚居在一定地域范围内的人们所组成的社会生活共同体"——有密切的社会交往和一定特征的文化。除了工作场所，社区恐怕是农民工活动最多的地方，而且农民工社会融合方面的问题也会首先在社区层面暴露，因而要重视和发挥社区的作用，提升社区的感染力，让农民工可以真正体会到"回家"的感觉。

（一）完善社区服务体系

作为居民自治的基层组织，要逐步增强社区的管理和服务能力，树立以人为本的管理理念。具体来说，履行"一站式"的社会基本管理职能，整合已经延伸到社区的就业、社保、民政、教育、人口、卫生、文化以及维稳、信访、法律服务等社会管理职能和服务资源，简化工作流程。农民工比较集中的社区，有条件的地方可由城市街道办牵头组成农民工管理委员会或者农民工服务站等专门为农民工服务的组织，由社区工作人员兼职或选聘专职工作人员开展服务，下设党支部、妇联、计生、农民工调解组织等部门，协助居委会开展农民工的计生、就业帮扶、妇女维权、暂住证办理等日常管理工作。工作开展的形式可以灵活多样，例如协调社区内的资源，开展心理健康咨询活动、法律知识讲座，普及城市生活中各类信息的获得渠道、公共管理和社会服务体系以及相关组织机构的基本知识等，提供职业技术教育和劳动技能培训等；开通社区微信、微博账号，定时发送相关信息，及时解答农民工的疑问，确保沟通无障碍。

（二）丰富社区文化生活

开展多种形式的文化、体育活动，既能充实农民工的闲暇时间，又能帮助农民工拓宽人际交流的渠道，与社区内其他老居民建立联系纽带。例如，以各种节假日为节点开展一系列的"送温暖"活动：春节，为不能回家过年的农民工准备年夜饭，一起跨年迎新；"三八"妇女节,邀请专家为女性群体举办妇女健康知识讲座;"六一"儿童节,组织社区内儿童开展绘画比赛、书法比赛、趣味运动会等;中秋节,组织社区内的居民吃团圆饭、品月饼、赏明月,或者由居民自己准备节目,开办社区中秋节晚会。还可以鼓励社区内的文体娱乐场所如图书馆、电影院、体育馆等适当组织面向农民工的文化娱乐活动,通过各种形式的文化生活提高农民工的参与感,提升对城市社区的认同感。

三 提高社会包容力

类似"农民工乘坐地铁疑怕弄脏座椅蹲门边"[①]这样的新闻并不少见,传达出了多少农民工在城市生活中受到的歧视和内心的酸楚。他们作为城市的建设者,却很难撕掉被贴上的"外地人"的标签。本节前述两点旨在增强农民工自身对城市生活的认同感,在此基础上,营造一个更有包容性、能够接纳他们的社会氛围也非常重要。在城市文化建设的过程中,广泛利用宣传栏、社区活动等传统形式和互联网这一现代传媒方式,宣传农业转移人口在城市建设和经济发展中所做出的重要贡献,宣传乡土文化中勤俭节约、互助友爱、顽强不屈等优秀的品质,促进城乡文化的有序交流,并"取其精华"(毕竟,融入并不是简单地抛弃乡土文化)。强调公民平等的意识,增进城乡居民之间的相互理解与认同,纠正部分城市人口对农业转移人口"妖魔化"的观念,减少城市居民对乡村文化的误解与歧视,营造和谐包容的氛围,改善农民工生活的软环境,让农民工切实感受到城市对他们的接纳,才能真正培养农民工的主人翁意识。

---

① 《南京农民工乘地铁怕弄脏座椅蹲门边》,搜狐网,2015-11-21,http://news.sohu.com/20151121/n427501432.shtml。

第七章　新型城镇化下土地政策扶贫

　　土地作为人类社会发展亘古不变的物质载体，兼备资源、资产、资本的独特属性，其有效利用既是推动并实现我国新型城镇化的根本，也是区域脱贫攻坚的资源基础，对区域发展和减少贫困有着积极意义。基于新型城镇化与脱贫攻坚的共性，以及我国土地资源客观存在的空间异质性和区域特殊性，西北地区需探究差别化的土地政策扶贫，从而保障土地资源配置效率的全面发挥。

第一节　完善产权体系，差异政策扶贫

　　土地产权是产权的一种，马克思虽然没有明确提出"土地产权"这一范畴，但在《资本论》《剩余价值理论》《政治经济学批判》等经典著作中，对土地产权的内涵与外延进行了充分的论述，构成了完整、科学的土地产权权能理论。马克思将土地产权界定为由终极所有权及所有权衍生出来的占有权、使用权、处分权、收益权、出租权、转让权、抵押权等权能组成的权利束，[1] 核心是终极所有权，最大特点是排他性。土地产权具有交易商品化和配置市场化的特点，而土地产权权能既可结合又可分离：可以是小生产方式中所有权和占有权、使用权的合而为一；也可以是私有社会中土地所有权与使用权、占有权相分离；抑或是土地国有基础上的所有权与使用权、占有权的分离，即主权就是全国范围内集中的土地所有权，无土地私有权，虽然

---

[1] 洪名勇：《论马克思的土地产权理论》，《经济学家》1998 年第 1 期。

存在着对土地的和人的和共同的占有权和使用权①。这说明当土地归国家所有时，不存在个人的私有所有权，但占有权、使用权可以分离出去，存在私人个体或共同的占有权和使用权。我国学者在分析中国农地制度现状时，将农地产权界定为包括法律所有权、剩余索取权、使用权、处置权以及这些权利的可靠性等多种权利束②。在现有学者们研究的基础上，我们认为农村土地产权体系的进一步完善是我国新型城镇化下土地政策扶贫的基础。

一 坚持我国农村土地集体所有制

针对20世纪80年代我国确定的"家庭联产承包为主的责任制和统分结合的双层经营体制"，以及存在的产权主体不明、经营方式小农化、城乡土地制度二元分割化等问题，理论界出现了几种不同思路。第一种是取消农村集体土地所有制，实行私有化③，认为私有产权明晰，可以有效防止外部性带来的效率损失，推动规模经营，利于农业发展，但这种观点忽视了我国特殊的社会、经济、政治、文化背景，仅仅从经济学角度研究，违背了我国以公有制为主体的制度。第二种是取消现有农村集体土地所有制，统一收归国有，实行农村土地国有化，但国家如何落实土地管理，如何组织土地租赁业务，以及是否仍然需要对农民实行剥夺，这似乎比私有化更为可怕④。第三种是保留目前的土地制度，并在其框架下进行完善，这也是主流观点，即产权制度改革需符合我国经济社会发展的制度选择，应继续坚持土地集体所有制制度⑤。

我们认同第三种观点，农村土地集体所有制是我国土地公有制制度的具体体现，是维护农民利益、促进农业发展、实现农村稳定的前提。习近平总书记在2013年中央农村工作会议上明确"坚持农村土

---

① 《资本论》（第3卷），人民出版社1975年版。
② 姚洋：《中国农地制度：一个分析框架》，《中国社会科学》2000年第2期。
③ 蔡继明、方草：《对农地制度改革方案的比较分析》，《社会科学研究》2005年第4期。
④ 曲福田、田光明：《城乡统筹与农村集体土地产权制度改革》，《管理世界》2011年第6期。
⑤ 韩俊：《中国农村土地制度建设三题》，《管理世界》1999年第3期。

地农民集体所有",并强调"坚持农村土地农民集体所有是坚持农村集体经营制度的'魂'",指明了集体所有制的制度底线。2020年1月1日开始实施的修订后《土地管理法》①规定,农村和城市郊区的土地,除由法律规定属于国家所有的以外,属于农民集体所有;宅基地和自留地、自留山,属于农民集体所有。土地的所有权和使用权的登记,依照有关不动产登记的法律、行政法规执行。依法登记的土地的所有权和使用权受法律保护,任何单位和个人不得侵犯。无论是农村承包经营地还是集体经营性建设用地,抑或是宅基地,只有在农村土地集体所有的基础上,才能避免因土地私有而引发的土地兼并以及可能造成的大量失地农民。土地流转期限最长不能超过农民承包期的规定,则使土地使用权流转推动农业发展适度规模经营的同时,农民的承包权益依然可以得到充分保障,使更多的农村劳动力要素自由流动。事实证明,只有农村土地集体所有制才能保证农村乃至整个中国社会的稳定,而唯有稳定才能为新型城镇化发展以及进一步深化改革创造条件。

二 继续推动"三权分置"改革及其完善

2019年1月1日起修订后的《农村土地承包法》开始施行,围绕农村集体土地所有权、承包权、经营权确定的"三权分置"体系,将土地经营权正式制度化,并明确"国家保护进城农户的土地承包经营权。不得以退出土地承包经营权作为农户进城落户的条件。承包期内,承包农户进城落户的,引导支持其按照自愿有偿原则依法在本集体经济组织内转让土地承包经营权或者将承包地交回发包方,也可以鼓励其流转土地经营权。承包期内,承包方交回承包地或者发包方依法收回承包地时,承包方对其在承包地上投入而提高土地生产能力的,有权获得相应的补偿";农村土地承包关系保持稳定并长久不变,期满后继续延长;维护进城落户农户的土地承包权益,鼓励流转经营权;保护妇女土地权益。而《土地管理法》在原来"一户一宅"的

---

① 2019年8月26日第十三届全国人民代表大会常务委员会第十二次会议通过对《中华人民共和国土地管理法》作出修改,本决定自2020年1月1日起施行。

基础上增加了户有所居的规定，同时，鼓励农村集体经济组织及其成员盘活利用闲置宅基地和闲置住宅；在保证永久基本农田红线不能随意变动的同时，取消了多年来集体建设用地不能进入市场流转的二元体制，为城乡一体化发展扫除了制度性障碍。

其中，"三权分置"已成为贯彻农村土地承包地制度体系的核心，自此，农户可由自己经营转变为仅保留土地承包权，经营权流转于他人。我国自2013年1月31日中央一号文件下发后，全面开展了农村土地确权登记颁证工作，历时五年，各地在2018年底基本上完成了此项工作。确权颁证工作解决了我国实行责任承包制以来，政府空间信息管理弱化、土地账目不清晰、权属信息不明确、农村居民土地产权没有证书依据等历史遗留问题，使农民的承包地权益得到固化并受到保护。在前期已基本完成的确权登记颁证工作的基础上，各地应当注意继续做好收尾工作，进一步健全土地确权登记制度，明确承包合同取得权利、登记记载权利、证书证明权利的取得，并将不动产统一登记工作（农村房屋不动产登记发证试点工作于2018年3月正式启动）与前期确权工作有效衔接，维护农民的承包地、宅基地、房屋权益，为实行"长久不变"奠定坚实基础①。

具体实施中，既需重视承包人的自主、合法流转权益，也需重视经营权人的合法权益。承包人可自主行使土地承包经营权并自营，也可以依法、自愿、有偿流转土地经营权，任何组织和个人不得侵犯。一经流转，依照合同约定，经营权人权益既受法律保护，有自主开展农业生产经营并获取合法收益的权利。

对于西北贫困地区而言，长期以来土地流转思维滞后，与发达地区相比，农村土地流转活跃度不高。虽然外出打工人口多，但因工作能力低、收入有限、流动性强等原因，以及留守老人及孩子的需求，不愿流转出土地，更无力流转入土地。只有一些常年外出经商、务工或兼业有其他收入来源的农户土地流出意愿较强，成为农村土地流出的主要群体；有土地流入需求的仅是少数有能力的留守青壮年。再加

---

① 《中共中央、国务院关于保持土地承包关系稳定并长久不变的意见》，2019年11月。

上这些地区村镇产业欠缺，经济发展水平不高，外来流转土地能力有限，使得多数农民仍坚持在原有承包土地上单干，即使有农村土地承包经营项目，也存在数量少、不专业、规模小、产业化弱等缺陷。①例如截至 2017 年底，新疆全区有 20.5 万户农户流转农村承包耕地，流转面积共 661.1 万亩，占家庭承包经营耕地总面积的 21%，但南北疆进展不平衡，北疆经济较发达地区的流转比重远高于南疆地区。北疆地区截至 2017 年底农村土地流转面积 621.7 万亩，占全区土地流转总面积的 94%，相对落后、贫困聚集度高的南疆地区同期流转面积仅 39.4 万亩，占流转总面积的 6%，其中深度贫困的南疆四地州流转面积 27.7 万亩，占流转总面积的 4.2%。② 明显呈现出农村贫困地区农户土地经营的传统观念依然强烈，土地流转活跃度低、积极性不高。

因此，西北地区在新型城镇化进程中需要处理好所有权和经营权的关系，落实承包地"三权分置"制度，一方面，要加强政策宣传，稳定贫困地区的土地承包关系，保持政策的稳定性、延续性；另一方面，还应增强其灵活性，对一些人地矛盾突出的地方授予改革空间，跟进配套措施，处理好流转与耕地红线的关系，承包权确权与退出关系，推动流转与自主流转的关系，避免借"一村一品""一乡一业"的产业扶贫运动式的强制兼并土地。

此外，对于这样一个关系到广大农民群体切身利益的、正在建设初期的土地流转市场，加强监管、防范风险也是非常有必要的。一方面，是对市场主体的监管，特别是对工商资本租赁农地的，应当建立健全资格审查、分级备案、项目审核、风险保障金等制度，对准入门槛和经营能力进行严格的审查，确保土地经营权流转规范，确保经营风险可防可控。另一方面，是对交易过程的监管，确保土地流转过程透明、公正、合法合规，确保土地用于农业，杜绝毁损、污染、浪费土地资源损害农民土地承包权益的情况出现。监管应当以"制度+现

---

① 齐昌聪：《激活扶贫开发中的土地经营权流转要素》，《人民法治》2019 年第 2 期。
② 《2017 年新疆农村土地经营权流转继续稳步增长》，新疆维吾尔自治区农业农村厅官网，2018 年 4 月 16 日，http://www.xj-agri.gov.cn/nongyeyw/41536.jhtml。

场检查"的方式进行,了解流转土地的经营情况,以便能够及时发现并制止违法违规用地行为,保护好流转双方的合法权益。

三 探究差别化的土地扶贫政策

新型城镇化战略要求土地集约、高效、生态、文明利用。西北地区幅员辽阔,土地面积占全国土地总面积的31.39%,在自然环境、资源、社会经济发展等方面存在明显的区域差异、阶段差异。学者们通过研究发现西北地区土地利用过程中国家"退耕还林(草)"、"三北防护林工程"、小流域治理等成就显著,土地结构得到优化,土地利用变化区域合理[1]。新型城镇化进程中,这些土地利用中的成功经验应继续发扬扩大,但同时应该结合地区特色探究差别化的土地扶贫政策,从而更好地将新型城镇化于精准扶贫两大战略结合起来,使西北地区的土地资源利用更加合理、高效。

(一)继续推行占补平衡、增减挂钩政策

占补平衡、增减挂钩是国土资源部利用土地政策支持脱贫的主要举措。前者指国家贫困县补充耕地指标可在全省范围内优先转让;后者则是允许国家贫困县将增减挂钩结余指标在剩余范围内有偿转让。这种耕地指标的异地调剂,实质上是土地发展权在城乡间的交易和配置,实现了土地、资金两类要素在城乡间的双向流动,既能积累扶贫开发的资金,又有利于推进城乡协调发展。

早在2012年发布的《国土资源部关于印发支持集中连片特困地区区域发展与扶贫攻坚若干意见的通知》(国土资发〔2012〕122号)中,首次提出"支持有条件的连片特困地区开展城镇建设用地增加与农村建设用地减少挂钩试点工作"。并于同年在乌蒙山集中连片特困区开展试点,2014年9月,为支持巴中脱贫,原国土资源部首次提出可在省内跨县、市开展增减挂钩,将增减挂钩政策从市县内拓展到省内。2015年《中共中央国务院关于打赢脱贫攻坚战的决定》(中发〔2015〕34号)则成为易地搬迁、增减挂钩扶贫的标志性文

---

[1] 贾菊桃、吴彩燕、张建香、成春节:《2001—2013年中国西北地区土地利用变化的时空格局分析》,《西南科技大学学报》2018年第3期。

件，决定中提出"利用城乡建设用地增减挂钩政策支持易地扶贫搬迁"，"连片特困区和国家扶贫开发重点县开展易地扶贫搬迁，允许将城乡建设用地增减挂钩指标在省域范围内使用"。2016年原国土资源部出台文件，允许贫困地区将增减挂钩节余指标在省域范围流转，积极推进扶贫开发和易地扶贫搬迁。2017年1月，中共中央、国务院印发《关于加强耕地保护和改进占补平衡的意见》（中发〔2017〕4号），强调着力加强耕地数量、质量、生态"三位一体"保护，改进耕地占补平衡管理，拓展补充耕地途径，统筹实施土地整治、高标准农田建设、城乡建设用地增减挂钩、历史遗留工矿废弃地复垦等，新增耕地经核定后可用于落实占补平衡任务。同年12月，原国土资源部发布《关于改进管理方式切实落实耕地占补平衡的通知》，进一步要求严格新增耕地数量认定及质量评定，构建新增耕地数量、产能、水田三类指标库，用于耕地占补平衡。2018年以来，国土资源部更是联合财政部调整完善土地整治重大工程支持政策，并将贫困地区、革命老区和边疆地区的重大工程实施作为脱贫攻坚阶段的主要任务，以充分发挥其示范引领作用，加速脱贫。

这些政策在西北地区得到了一定程度的贯彻落实，并产生了积极意义。宁夏自2012年以来开始推进土地流转，截至2015年6月底，全区农村土地承包经营权流转面积291.4万亩，占家庭承包总农户的39.3%；参与土地流转的农户33.6万户，占家庭承包总农户的39.3%。[1] 2018年，甘肃省为贫困地区安排土地整治项目资金约5.29亿元，将自然资源部下达的增减挂钩跨省交易指标1.88万亩分解到35个深度贫困县，甘南州、临夏州等9个市州已完成拆迁复垦任务1万余亩，为35个深度贫困县专项下达年度用地指标1000亩，确保产业用地的应保尽保，为帮助深度贫困地区的脱贫起到了积极作用。[2] 新疆则从2018年起对27个国家级贫困县每县安排600亩脱贫攻坚新增建设用地专项指标，同时对15个涉及特殊困难群体的县、市安排

---

[1] 徐梅：《农村土地流转问题研究——以宁夏回族自治区为例》，《青海金融》2016年第10期。

[2] 沈文刚：《2018年甘肃省贫困地区土地整治资金超五亿元》，中国甘肃网，2019年1月18日，http://gansu.gscn.com.cn/system/2019/01/18/012104149.shtml。

脱贫攻坚项目用地2.52万亩。

　　占补平衡、增减挂钩是面对当前我国土地资源利用中的约束趋紧、污染严重、生态退化等问题，实施的一项保障土地资源安全的流转手段。作为人类社会可持续发展的必要保障，土地资源安全包括数量安全、质量安全、结构安全以及均衡四个维度，"占补平衡、增减挂钩"的土地流转规则恰好可以全面诠释四层要求。鉴于西北贫困地区的区域差异性、特殊性，在新型城镇化进程中，各省区应在强化土地资源安全的约束性管控的同时，在技术上和制度设计上考虑留有弹性的管理需求，发挥省级国土规划的平台功能，制定省内特色政策和特色规则，细化政策的推行方式、落实手段，识别重点管控、扶助地区，针对不同发展阶段的城镇和乡村地区，制定差异化的土地扶贫政策。

　　（二）推动农村扶贫的城镇化转向

　　"小城镇、大战略"虽然是不少地区脱贫致富的主要选择，但我国各省和省内发展阶段和发展条件差异明显，需要尊重客观规律，发挥地区比较优势，确定次区域地区的差别化发展政策。对西北地区而言，贫困农村地区较多，一些地处环境恶劣偏远地带的乡镇，人口密度小、生产生活条件差、生产要素难以集聚、投资回报率低，这种空间地理区位的客观劣势无法发挥城镇化作用，选择通过发展优势特色产业更能达到反贫困的目的。一些有条件的地方可以选择扶贫移民搬迁，该过程集生态保护移民、地质灾害移民、扶贫开发移民等多种因素为一体，对改善贫困人口生活条件、提升区域生态环境承载能力有重大意义，其本质与城镇化建设一脉相承，是推动农民进城、进镇的具体举措。但移民搬迁同时引发土地问题，一方面是农民进城、进镇后必然会导致与过去居住区的人地分离，原有宅基地闲置，偏远地区农地撂荒；另一方面要求移民搬迁接纳地的土地供应及流转支持应持续。这就意味着扶贫过程中产生的城镇化必须满足"搬得出、稳得住、能致富"的搬迁方针。土地政策方面，可以考虑在政府引导、帮扶的基础上，将迁出户的闲置、撂荒土地流转，加大合作化生产与规模化、集体化经营，推动农业产业化的形成，为搬迁户提供股份资产收入的同时，也为当地提供产业支撑来增加农户的集体劳动工资收入,增强抗风险能力。与此同时,还需注重扶贫产业项目的有效承接,以土地流转改革为契机,实现"内生式"精准扶贫的可持续。

第二节 推动整治流转,增加土地收益

农村发展的主要方向是新型城镇化,这一点在近郊农村体现得尤为明显,其根本是要推动农村发展、实现城乡一体化。目前国家的农村土地改革、宅基地改革都是在不断推动农村朝着新型城镇化方向发展,积极利用该进程,通过让农民分享土地增值带来的利益附加值,保障农民土地权益,也对早日实现脱贫攻坚目标有积极作用。

一 积极推行"土地整治+精准扶贫"

"土地整治"是结合本地自然、经济社会、生态等多方面,将低效利用、不合理利用、未利用以及生产建设活动和自然灾害损毁的土地进行整理,是盘活存量土地、强化集约用地、适时补充耕地和提升土地产能的重要手段,根本目的在于提高土地利用效率。扶贫开发中的土地整治是包含田、水、路、林、村等领域在内的综合整治,不仅涵盖狭义的国土开发整治范畴,还关注与土地整治相关的社会经济关系调整,其有效实施级可以改善农业生产条件,提高农田生产能力,降低农业生产成本,还可以改善农村面貌,提高农民居住水平和生活质量。西北地区在新型城镇化与精准扶贫过程中,需要积极推行"土地整治+精准扶贫"手段,以提升土地收益,增加扶贫效益。

(一)拓展土地整治对象

土地资源匮乏、质量及利用效率低、区位交通不佳、地质灾害频发是西北地区贫困的自然客观原因,土地整治作为人、地关系的再调整,对增加西北贫困地区土地资源禀赋、提升土地产能、扩大生产有积极作用。拓展土地整治对象,结合新型城镇化进程中的劳力、技术、资金等多要素的整合与重构,增加农民生产性收入的同时,还可以增加财产性收入。

1. 修复生态退化土地

坚持可持续发展是缓和西北地区经济和生态矛盾的重要途径。近

几年,西北地区经济社会发展迅速,经济实力显著提高,但对生态环境的保护尚处于起步阶段,从严重忽视环境承载力才逐步开始重视经济和生态的平衡。因此,新型城镇化进程中,西北贫困地区应严守生态底线,注重农村环境污染、农业生产种植、干旱、洪涝等问题,并将这一类土地纳入土地整治范围予以修复,提高土地生态涵养能力,建立良性循环的土壤生态系统。地方政府可结合国家政策出台具体的耕地地力保护补贴、休耕补贴、土壤修复补贴等,配套精准扶贫手段,设立生态环境保护专项资金,提高补助标准,利用土地整治工程加强对绿水青山的再造与保护。

2. 整治利用低效土地

西北地区由于占地面广,边远贫困地区的农牧民居住分散,农牧地利用零碎,一些搬迁后的旧村落破烂不堪,居民点建新不拆旧等未得到及时处理。还有一些地区"圈而不建、建而不用",损坏耕地质量,这些问题的存在直接降低土地资源利用效率。而农村土地整治工作则可以通过加强土地利用的空间格局,突破长期的碎片化、分割化、单一化土地利用模式,把这些分散、遭受破坏的土地整治成便于规模化种植的成片化土地,对旧村落、用途不合理的存量建设用地进行集中整治开垦,从而改变农村散、乱、差的面貌,提升整体居住条件和生活环境。

3. 整治闲置土地

西北五省区连片特困区的土地闲置现象比较严重,一是由于一些位处干旱地带的土地贫瘠,加之节水灌溉方式制约,农业生产经营收益差,有撂荒现象。例如甘肃省农业农村厅对全省耕地撂荒情况核查后,统计共有撂荒地面积226.4万亩,占全省农户承包耕地总面积的3.49%。2018年甘肃省定西市安定区青岚山乡青湾村8800亩耕地中,土地撂荒3130亩,占全村耕地总面积的35.57%,其中整户外出完全弃耕的有76户,弃耕土地2209亩,因地力条件差、村民季节性务工弃耕的847亩。① 针对这些闲置土地,需要开展土地整治技术研

---

① 《部分中西部地区农地撂荒问题多年未有效解决 如何让撂荒的土地"活"起来?》,知农网,2019年12月3日,http://news.znw58.com/show-1633.html。

究与自然人文耦合分析,构建基础研究—技术研发—产业发展的三位一体的清理整治体系,进而通过扶贫产业盘活利用,提高其效率。二是随着农药、化肥等生产成本的上涨,一些土地种植收益逐渐降低,遇到干旱、洪涝等灾害,更是极有可能不挣钱反而赔钱,而外出务工收入明显高于务农,不少农民认为"打工三个月胜过地里一年收入",这种收益差距以及引发的劳动力缺乏也加剧了农村土地撂荒问题,个别地区还有扩大趋势。这类闲置土地则需要通过加强流转等方式予以激活。

4. 推动特色土地利用

土地整治不仅仅是单一的土地整治,基于区域经济社会与资源禀赋特征,研究农村建设用地减量集约与农林、农牧、种养多元、景观协同重塑综合整治技术,与项目、产业结合起来,形成特色土地的利用,才可以更好地发挥"土地整治 + 精准扶贫"的成效。如利用特色地形地貌、生态景观,将土地整治和旅游资源开发结合起来,实施旅游扶贫。具体包括结合贫困区域内水、林、田、村、路等土地子系统的耦合与综合整治的优势,全面评价自然景观资源,尤其是地域特色景观资源,发展特色农业、田园农业;深入挖掘历史文化资源,利用文化特色整治并打造民俗村镇,形成延续历史文脉并各具特色,集生态农业、蔬果采摘、旅游观光等于一体的田园综合体,为当地经济发展、农民致富提供新路径。

(二) 创新土地整治精准帮扶路径[①]

土地整治精准帮扶的本质是土地整治扶贫措施的差异化、造血化、创新化,是在改变"输血式扶贫"单一性的基础上,通过挖掘、满足贫困者的真实需求,有针对性地利用土地政策差异化帮扶,刺激内在脱贫动力与创造力,实现由"输血"到"造血"的转变。这种"土地整治 + 精准扶贫"路径及手段需不断创新。

一是以改善贫困地区生活条件为前提,以推进土地节约集约利用为出发点和落脚点,将农村建设用地整治与基础设施、公共服务设施

[①] 金书明、贾大峰:《内蒙古土地整治与精准扶贫模式研究》,《西部资源》2017年第5期。

配套建设结合起来，将土地整治与城乡建设用地增减挂钩结合起来，通过土地质量提升与耕地指标异地调剂，为贫困地区发展积累扶贫开发资金，解决资金短缺问题。

二是以改善提高贫困地区生态环境为目的，整体推进并加强土地生态环境整治。对土地复垦、生态建设地区农田整治等重大工程做好环境测评与整治示范；结合退耕还林、退牧还草、治理水土流失等措施，推进退化土地的生态环境综合整治，提高生态系统自我修复能力，增强防灾减灾能力。例如陕西省延安市针对黄土高原丘陵沟壑区特殊地貌，在继承发展传统打坝淤地的基础上，以"景观协调、结构稳固、利用持续、功能高效"为理念，按照山上退耕还林、山下治沟造地的空间总体布局，运用土地工程与水土保持工程复合构建、生物恢复与土地改良、生态防护与景观再造等集成技术，实行田、坝、路、林、渠、排水、退耕、产业为一体的"田水路林村"综合整治开发工程，开展移民搬迁和新农村社区建设，践行了乡村生产、生活、生态空间协调发展新模式，缓解人地矛盾的同时促进了乡村可持续发展。青海省2018年的生态旅游接待量首次突破千万人次大关，森林康养、花海乡村等新业态蓬勃发展，成为旅游经济新亮点，全省林业产业规模进一步壮大，产值达到69.42亿元，带动全省20%的农牧户增收致富。

三是以改善贫困地区农业生产条件为重点，大力推进农用地综合整治。农用地整治指通过综合整治耕地及其间的道路、林网、沟渠、零星建设用地等，通过田地平整、农田水利、田间道路等项目工程建设有效增加耕地面积、提高耕地质量。即通过研究农地系统内部与外部环境的要素构成、属性功能及其协同作用机制，按照"田成方、树成行、路相通、渠相连、旱能灌、涝能排"的标准，大规模建设旱涝保收高标准基本农田，并建立多维度、立体化的农田质量特征体系，形成数量、质量、生态"三位一体"的农田全要素耦合保护理论。同时建立土地整治和扶贫开发相结合的体系，坚持土地整治项目和资金安排向贫困地区倾斜，改善贫困地区生产条件。

四是建立健全以政府为主导、以土地整治为平台、部门协调联动、整合资金、集中投入的扶贫开发工作机制，努力形成大扶贫格局，整合各方力量共同促进贫困地区发展。首先，结合土地整治项目，建立县域专业人才的统筹使用制度，加强贫困地区农业科技人才队伍和技术推广队伍建设，强化农民的种植技能、特色手艺、专业技术等培训，提高自我脱贫能力。其次，探索市场化运作模式，将土地整治、扶贫开发与社会组织、社会资金结合起来，改变农村要素单向流出格局，推动资源要素分层次、差异化地向农村流动。基础条件较差的贫困村，以基础设施改善、农田水利建设、村容村貌优化为主，增强农业综合生产能力。基础条件较好的贫困地区，在土地整治基础上，引导土地使用权流转或作价入股，将土地集中到更具备生产能力的农民手中，为专业合作组织、龙头企业的发展创造条件，带动当地产业结构升级，吸引部分农村青壮劳动力回乡创业，激发内生发展动力。最后，利用土地整治，调整不合理的土地利用和空间组织关系，促进村庄组织正规化、产业集聚化、居住集中化，加快新农村建设和乡村转型发展。

二 落实"增减挂钩、占补平衡+精准扶贫"

2017年9月中共中央办公厅、国务院办公厅印发《关于支持深度贫困地区脱贫攻坚的实施意见》，提出新增建设用地指标优先保障深度贫困地区发展用地需要；深度贫困地区开展城乡建设用地增减挂钩，可不受指标规模限制；探索"三区三州"及深度贫困县增减挂钩节约指标在东西部扶贫协作和对口支援框架内展开交易，收益主要用于深度贫困地区脱贫攻坚。土地整治新增耕地指标，可按照有关规定优先纳入耕地占补平衡国家统筹。

2018年以来，国土资源部为充分发挥土地政策的扶贫功能，调整完善土地整治重大工程支持政策，尤其是贫困地区、革命老区和边疆地区，更是作为当前脱贫攻坚阶段的主要任务予以扶持。一是将重大工程支持方式由"先补后建、边建边补"调整为"奖补结合、先建后奖"，在"土地整治工作专项"年度预算中安排中央支持资金，按6:4的比例确定重大工程建设基础奖项和绩效奖补。二是综合考虑重大工程建设目标任务、区域条件、土地整治工作专项预算额度、地方资金保障程度等因素，分区分类确定中央支持资金规模，西部地区原则上不超过核定总投资50%,但贫困地区、革命老区和边疆地区可适当加大支持比例。三是鼓励实施农村土地综合整治,统筹土地整治、中低产田改造和高标准农田建设,开展农村散乱、闲置、低效建设用地整理,推进废弃、损毁土地复垦,增强"土地整治+"综合效应。四是积极引导农民、农村集体经济组织、新型农业经营主体参与重大工程建设,建立政府主导、部门监管、社会参与的多样化实施模式,大力推广村民自建整治模式。

  这些政策对西北地区的脱贫攻坚有着积极意义。新型城镇化进程中,需要将城镇化建设的土地使用与土地扶贫流转政策紧密结合,增加贫困地区的土地收益,提升土地扶贫效果。从2016年2月至2018年2月,陕西省城乡建设用地增减挂钩政策节余指标省域内易地流转7993.6亩,流转价款14.6亿元,有力地支持了各地脱贫攻坚工作。与此同时,还配套新增土地利用计划的倒逼机制,引导购买贫困地区增减挂钩指标;建立易地扶贫搬迁专项贷款还款准备金,保证增减挂钩指标流转收益优先用于易地扶贫搬迁。2019年1月,甘肃省城乡建设增减挂钩节余指标首次在兰州新区与镇原县、环县之间流转,面积1306亩,价格1.64亿元,为贫困县基础设施建设和扶贫产业发展提供了资金支持。[①] 新疆为缓解深度贫困地区扶贫开发建设资金压力,2018年起建立贫困地区建设用地增减挂钩节余指标预支办法,项目立项审批后即可提前使用30%的节余指标,节余指标可在对口援疆省市间流转使用,在对口支援框架内跨省域流转交易,交易金额按规定支付给深度贫困地区;深度贫困地区开展增减挂钩可不受指标规模限制,超过国家下达部分,经新疆厅核定后报部追加认定[②]。青海省则早在2013年起就成为国土资源部批准的增减挂钩试点省份,并先后在海晏、湟源、湟中、大通、互助、德令哈等地开展试点,如湟源县节余出建设用地周转指标2181亩,其中1406亩用于自身发展用地指标,775亩交易用于西宁市用地指标的不足,交易金额达9300万

[①] 洪文泉:《甘肃省城乡建设用地增减挂钩节余指标首次在省域内流转》,搜狐网,2019年1月22日, https://www.sohu.com/a/290684107_119860。

[②] 李萍:《新疆攻坚深度贫困打出土地政策组合拳》,中国产业经济信息网,2018年4月4日, http://www.cinic.org.cn/xw/fp/428528.html。

元，资金用于项目区农村建设。①

三　推动"土地流转+精准扶贫"

《关于支持深度贫困地区脱贫攻坚的实施意见》中提出，支持深度贫困地区农村集体经济组织依法使用农村集体建设用地或以土地使用权入股、联营等方式与其他单位或个人共同兴办企业，发展农村新产业新业态。深度贫困地区建设用地涉及农用地转用和土地征收的，做好补偿安置的前提下可以边建设边报批；涉及占用耕地的，允许边建设边报批；省级以下基础设施、易地扶贫搬迁、民生发展等建设项目，确实难以避让永久基本农田的，可以纳入重大建设项目范围，由省级国土资源主管部门办理用地预审，并按照有关规定办理农用地转用和土地征收。这些政策为西北地区精准扶贫提供了有效保障，具体实施中，除灵活运用土地转让、继承、抵押等传统流转方式外，还要根据本地实际情况灵活选用、创新流转方式，使农民利益得到有效保障。如借鉴武汉市提出的土地向优势产业流转，农民以地为股，经集体转让获取稳定租赁收益；重庆市以土地承包经营权入股，将农业用地集中到龙头企业和种植养殖大户手中，实现土地集约化经营；广东省农村建设用地上市流转方式；等等。

此外，还应该依托土地流转，推动合作社的发展。农产品的生产经营者或农业生产经营服务的提供者、利用者，在农场家庭承包经营的基础上，自愿联合、民主经营的互助性经济组织即是农民专业合作社。三个以上的农民专业合作社可自愿出资设立农民专业合作社联合社。这种新型的组织形式既能够保证家庭承包经营的"长久不变"，又能实现劳动和资本的联合，提高农民应对市场风险的能力，促进了农业产业的专业化、规模化和科学化。例如号称"农业世界冠军"的美国，有生产、销售、购买供应和服务四种类型的合作社，很多农场主通过合作社这个中介走出了孤立封闭的圈子，获得了同外界联系的渠道和许可证，同时形成了与工商业资本相制衡的能力，提高了农

---

① 康维海：《青海城乡建设用地增减挂钩项目　有力助推异地扶贫和新农村建设》，《青海国土经略》2016 年第 2 期。

业生产的竞争力。而在国内，2007年《中华人民共和国农民专业合作社法》（2017年12月27日第十二届全国人民代表大会常务委员会第三十一次会议修订）的颁布，支持和引导了各地合作社的发展：浙江温州坚持推动示范合作社创建，激励数量众多的合作社真正发挥合作带动作用，并积极推行农民合作经济组织体系（简称"农合联"）——集生产、供销、信用为一体，将农民专业合作、供销合作、信用合作三类组织有机融合。乐清县以农业生产全程社会化服务试点为契机，依托三位一体"农合联"打造"一站式"农业生产全程社会化服务平台，推广土地托管服务模式，推进农业社会化服务的规模化；重庆永川区首个生态农业联合社——由五家专业合作社和一家协会组成，于2019年2月22日正式工商登记，联合社以服务成员、谋求全体成员共同利益为宗旨，让各个农业业主抱团发展，参与农业发展转型，探索产业互补融合发展，从产前的互帮互助、资源共享，到产中的资金扶持、技术指导，再到产后的统一品牌、统一形象、统一规划、统一营销，形成强有力的发展团体，使产业不断壮大，提升竞争力①。

西北地区的农民专业合作社近些年发展迅速，各地纷纷出台相关政策，鼓励农民以土地经营权、财政量化到户资金、技术、产品等要素入股合作社，发展专业合作、股份合作等多元化、多类型合作社，截至2018年末，陕西省有农民合作社5.9万个，省级示范社1142个②；甘肃省农民专业合作社达10.01万多家，比2017年底增加1.5万多家，带动农户的数量占全省总农户的60%，县级以上农民合作社示范社达到7600家，其中国家级示范社385家，省级示范社2005家③，此外，2018年，甘肃实施了贫困村合作社全覆盖项目，在1979个贫困村新建2173个合作社，确保了每个贫困村至少有2个合作社；

---

① 刘灿：《全区首个生态农业联合社成立了》，永川网，2019年4月10日，http://news.ycw.gov.cn/html/2019-04/10/content_50392257.htm。
② 陕西省农业厅：《实施乡村振兴战略陕西推进现代农业高质量发展》，搜狐网，2019年3月1日，https://m.sohu.com/a/298476540_120029548。
③ 祁玉洁：《甘肃省农民专业合作社达到10万多家》，每日甘肃网，2019年1月22日，http://gansu.gansudaily.com.cn/system/2019/01/22/017124995.shtml。

新疆全区农民合作社总数达 26462 个，较 2017 年增长 9.8%[①]；宁夏农业合作社数量为 6421 家[②]，并且在地方政府"一乡一社、一村一品、一社一牌"战略推动下，确立了诸如"灵武长枣""盐池甘草""香山硒砂""中宁园枣""固原红鸡""宁夏红"等诸多品牌；截至 2019 年 6 月底，青海省依法登记的农牧民合作社 16181 家，正常运行的各类合作社达 9944 家[③]。合作社的优势不再赘述，但存在的问题不容小觑：在这数量众多的合作社中，部分登记后并没有运行，出现了一批"僵尸社""空壳社"，各地都在进行清理；一些合作社规模小、带动效应差，人才短缺；等等。当然，联合社的发展应该是建立在合作社优质发展的基础之上。

为支持、促进农业合作社、联合社的发展，应当做好以下几方面的工作。

第一，政府层面，首先，明确农业合作社的战略地位，建立统筹协调机制和帮扶、激励制度，引导合作社发展从数量转向质量，发挥各级别示范合作社的模范效应。其次，加大政策支持力度，财政政策方面，整合支农项目和资金，提高合作社专项支持资金的比重；税收政策方面，坚决落实各项优惠政策。再次，营造良好的外部环境，积极引导金融机构开展多元化和多层次的信贷服务。最后，加大人才培育力度，针对牵头人、技术、财务等开展多层次的培训项目。

第二，合作社层面，从管理角度来看，应当健全内控制度，规范内部管理。合作社不再是单纯的家庭经营模式，涉及多个农户的经济利益，内部管理应当正规化，包括建立健全财务制度、盈利分配制度、监督约束制度、人才培育制度，防止出现少数人一言堂、财务账册不公开、盈余分配不透明、技术人员匮乏等现象。从发展角度来

---

① 刘毅：《图解｜2018 年新疆农业生产有哪些变化？这份数据告诉你》，新疆日报官方账号，2019 年 1 月 11 日，https：//baijiahao.baidu.com/s？id＝1622344109575307983&wfr＝spider&for＝pc。

② 宁夏回族自治区统计局：《"三农"发展铸就辉煌 乡村振兴擘画蓝图——新中国成立 70 周年宁夏经济社会发展成就系列报告之五》，宁夏回族自治区统计局网站，2019 年 9 月 30 日，http：//tj.nx.gov.cn/tjxx/201909/t20190930_1779042.html。

③ 罗连军：《合作社成为乡村振兴的中坚力量》，青海新闻网，2019 年 12 月 18 日，http：//www.qhnews.com/newscenter/system/2019/12/18/013039052.shtml。

看，合作社想要做大做强，势必应该具备自己的比较优势，因此，立足当地的资源优势，积极利用大数据、云计算、"互联网＋"等先进技术，发展主导产业和特色产业，提升品牌意识，积极申报无公害农产品、绿色食品、有机食品和农产品地理标志，促进合作社的长足发展。

在合作社发展的基础上，一是尝试以村或乡为单位走合作化道路，将一家一户分散生产经营改为以生产合作社为载体的集约化发展，发挥集体经济组织的土地流转主力作用。对农民而言，合作社以及集体经济组织的综合性可以使村民享受到土地资源的开发红利，降低"谷贱伤农"的生产风险，也更容易得到国家政策支持和金融机构资金支持，拓宽贫困户增收路径，提高其自主脱贫的能力和动力。对合作社而言，可以强化其在市场上的谈判地位和力量，既能因购买量大而降低生产资料购买价，又能以更高价格统一销售农副产品，大幅提高贫困户收入；同时在合作社的统一组织管理下，体现了社会主义公有制经济的特色，还便于贫困地区水利设施建设、农田牧场改造等基础设施的改善，以及义务教育、征兵等一些社会功能的推行。实践中，西北五省区已经予以推广，例如宁夏各地积极扶持引导各类经济组织和个人参与农村土地流转，截至 2015 年 6 月底，全区共有 119.8 万亩农户流转入，87.7 万亩企业流转入，65.7 万亩农民合作社组织流转入，其他主体的面积 18.2 万亩流转入，以上分别占流转土地的 41.1%、30.1%、22.6% 和 6.2%。[①]

二是基于农村三次产业融合发展的政策需求，推动贫困区农业加工园区、农产品基地、农产品集约化加工、农产品便利化服务网络以及乡村环保产业于一体的农业产业集群，加快建设农产品加工特色小镇，实现新型城镇化进程中的农村产城融合发展。这些项目建设不仅需要土地，有利于农村土地流转需求的提升，而且需要优惠的土地政策，需要地价折减、税费优惠等政策吸引市场资金的流入，从而推动产业振兴、帮助脱贫。例如宁夏昊王米业集团有限公司在兴庆区

---

① 徐梅：《农村土地流转问题研究——以宁夏回族自治区为例》，《青海金融》2016 年第 10 期。

流转 9652 亩土地建设水稻基地，中宁县枸杞产业集团流转 7800 亩土地建设枸杞基地。青海省 2018 年认证有机枸杞 17 万亩，其中的诺木洪枸杞产业园区则升级为国家级现代农业产业园区。这都是当地农村产业融合发展的典型，对促进精准扶贫起到了积极的示范引领作用。

三是健全土地流转监管服务体系。农村土地流转需要有秩序地推进，避免一哄而上的盲从，扰乱供需市场。西北地区应结合新型城镇化布局发展需求，结合农村产业融合发展需求，从政策引导、制度帮扶层面，在县、乡两级都成立土地流转服务中心，村级可成立土地流转服务站、工作站，打造土地流转交易平台，实现信息的互联互通。各级服务中心应安排从事土地流转指导服务的专兼职人员，负责专门的土地流转信息发布，并提供土地服务政策咨询、土地流转合同签订指导等服务项目。一方面能够确保土地流转的规范化。从卖方看，已经确权登记并愿意流转的土地才能够进入交易市场；从价格看，流转价格可跟踪、检测和分析以确保双方的利益，既要让农民获得土地带来的收益，也要保护农业经营者的积极性；从买方看，对农业经营者的资格进行审查，包括经营资格、技术装备、信誉度等，确保土地用于农业经营，防止农民上当受骗；从交易过程看，创建流转合同电子化，有条件的地方可实行交易过程网签，保证合同的流转面积、价格、用途等可查且透明。另一方面，交易平台信息的汇集为政策的制定提供了坚实的参考基础，例如财政局、人社局等制定土地规模流转价格补贴、离地农民补贴等时，都可依据信息库里的流转信息。东部一些省市在这方面已经做了很多有益的尝试，例如上海，依靠"制度+科技"围绕农村土地产权信息系统，优化产权交易平台功能让交易过程更为便利，"一点通终端"可让农民随时向全社会发布流转信息和招标式竞价交易，还能够到期提醒、反馈诚信度等。温州通过土地产权交易平台加强土地流转用途管制，引导项目业主进行规范化的规模流转——项目能够立项和获得财政补贴的必要条件之一是有完备的土地流转登记。例如宁夏作为西北地区农村土地流转的试点省份，截至 2015 年 6 月，全区就已成立土地流转管理服务机构 1818 个，其中县级、乡镇级、村级分别为 21 个、181 个和 1616 个,[①] 为基层农村土地流转提供了积极帮助。此外,还应当建立健全土地流转配套设施,包括:建立包括各级仲裁、调解、司法保障在内的土地纠纷调解处理体系,为流转双方提供纠纷调解处理等服务;提供土地流转咨询平台,包括价格评估、流程咨询等;提供投融资服务平台,积极鼓励当地金融机构通过贷款、发行债券等方式解决农业经营主体流转土地的资金需求。

四是与时俱进地调整和完善土地确权与退出制度。建立开放型土地确权程序,保障农民土地承包经营权的合法权益,构建公开、透明的农村土地承包程序;适应城乡统筹发展需要,建立和完善土地整理制度;维护农地经营性主体的合法权益,保障土地退出时的自愿性、公开性与公平性。与此同时,应适应农村土地纠纷的纷繁复杂性,从社会基础着手,看到根本,建立起有效的土地确权与退出过程中的纠纷调节机制。[②]

第三节　推行"人地钱"挂钩,实现城乡联动

以生产要素集聚为特点的城镇化,主要表现为不同地区之间、城乡之间劳动力、土地、资金、技术等关键要素的流动和重新配置,但基于城镇的虹吸效应,对部分贫困地区的人口结构、土地利用结构、社会组织结构等产生了诸多负面影响:一方面,大量农村青壮年人口因提高收入需求而流入城市,寻求更加快捷的高收入渠道,导致贫困地区生产主体老弱化明显,土地利用效率降低,耕地撂荒严重;另一方面,农村人口的大量转移并未与农村居民点用地面积缩减相挂钩,导致农村集体建设用地使用粗放、村庄空心化、宅基地空废化严重。[③] 如何更好地将"新型城镇化"与"脱贫攻坚"这两大基本国策统筹

[①] 徐梅:《农村土地流转问题研究——以宁夏回族自治区为例》,《青海金融》2016 年第 10 期。

[②] 齐昌聪:《激活扶贫开发中的土地经营权流转要素》,《人民法治》2019 年第 2 期。

[③] 臧玉珠、刘彦随、杨园园、王永生:《中国精准扶贫土地整治的典型模式》,《地理研究》2019 年第 4 期。

联动，降低负面影响，释放出更大的政策红利与改革创新空间，是西北地区新型城镇化中土地政策扶贫的重要方向之一。

一 建立新型城镇化与"人地钱"挂钩机制[①]

新型城镇化强调"以人为本"，是对过去一度出现的"土地城镇化"快于人口城镇化、建设用地粗放低效模式的改进与完善，其根本仍需从土地制度改革着手，将过去依赖土地城镇化支持城市建设扩张、地方经济发展，逐步转变为依赖土地推动人口市民化、缩小城乡差距。与此同时，中央政府也提出"人地钱"挂钩理念，如《国家新型城镇化规划（2014—2020年）》中提出"探索实行城镇建设用地增加规模与吸纳农业转移人口落户数量挂钩政策"，《国务院关于深入推进新型城镇化建设的若干意见》提出"实施财政转移支付同农业转移人口市民化挂钩政策，实施城镇建设用地增加规模与吸纳农业转移人口落户数量挂钩政策，中央预算内投资安排向吸纳农业转移人口落户数量较多的城镇倾斜"。[②] 从2014年起，国家发改委及有关部门分三批将江苏、安徽两省和宁波等246个城市（镇）列为国家新型城镇化综合试点，并于2018年4月公布第一批试点的"人地挂钩、以人定地""人钱挂钩、钱随人走"等经验，但这些经验地方性较强，是否适合在西北贫困地区推行，还有待实践验证。这也意味着西北五省区在借鉴试点城镇成果经验的同时，更应鉴于自身的贫困特殊性，以及人才吸引能力弱、资金匮乏、技术欠缺、市场渗透度低等发展困境，因地制宜地聚焦"人往哪里去、地从何处来、钱从哪里出"，深入探索系统完整的"人地钱"挂钩体系。

二 "脱贫攻坚"特惠政策与"人地钱"挂钩的融合[③]

已有的"脱贫攻坚"政策中，国家层面给出了专门的特惠土地扶贫政策，间接地为"人地钱"挂钩机制的构建提供了更为广阔的探

[①] 张耀宇、沙勇、周翼虎：《以人口城镇化破解"空间贫困陷阱"——一个城乡联动的减贫新思路与制度创新》，《云南社会科学》2019年第4期。
[②] 同上。
[③] 同上。

索空间。2017年11月中共中央办公厅、国务院办公厅发布的《关于支持深度贫困地区脱贫攻坚的实施意见》提出深度贫困地区开展城乡建设用地增减挂钩，可不受指标规模限制，探索"三区三州"及深度贫困县增减挂钩节约指标在东西部扶贫协作和对口支援框架内展开交易。2018年3月10日国务院办公厅印发的《城乡建设用地增减挂钩节余指标跨省域调剂管理办法》，提出为支持深度贫困地区脱贫攻坚，允许"三区三州"及其他深度贫困县乡建设用地增减挂钩节余指标由国家统筹跨省域调剂使用，"主要帮扶省份应当全额落实调入节余指标任务，鼓励多买多用。鼓励其他有条件的省份根据自身实际提供帮扶"，并给出每亩30万—70万元的指标交易价格，附加规划建设用地规模的，每亩再增加50万元。① 2018年6月15日出台的《中共中央国务院关于打赢脱贫攻坚战三年行动的指导意见》进一步强调，"深度贫困地区开展城乡建设用地增减挂钩可不受指标规模限制，建立深度贫困地区城乡建设用地增减挂钩节余指标跨省域调剂使用机制"。这一系列政策既是国家为推动深度贫困地区脱贫而实施的特殊土地政策，也是我国土地管理交易的重大突破，将城乡建设用地增减挂钩结余指标交易范围从省内拓展到跨省，并直接将发达省区与欠发达地区联系起来，借助"脱贫攻坚"的扶贫特惠政策构建起全国层面的城乡建设用地增减挂钩节余指标交易市场。事实上，相关扶贫协作中，早在2016年就形成了吸纳贫困人口就业、市民化落户等协作措施，要求"东部省份要把解决西部贫困人口稳定就业作为帮扶重要内容，对在东部地区工作生活的建档立卡贫困人口，符合条件的优先落实落户政策，有序实现市民化"②。这样，脱贫攻坚的区域帮扶中事实上涉及了"人地钱"三个领域。这些扶贫特惠政策为系统的"人地钱"挂钩机制构建提供了一定的制度基础与探索空间，而已有扶贫特惠政策的实际融合对农村贫困治理以及新型城镇化下土地扶贫制度的创新有积极意义。

---

① 《中共中央国务院关于打赢脱贫攻坚战三年行动的指导意见》（2018）。
② 中共中央办公厅、国务院办公厅印发《关于进一步加强东西部扶贫协作工作的指导意见》（2016）。

三 实现城乡联动的"人地钱"挂钩机制[①]

城、乡是密不可分的命运共同体，无论是新型城镇化还是脱贫攻坚、乡村振兴，其发展战略和目标都是一脉相承的，以脱贫攻坚带动土地制度创新、推动新型城镇化也是内在联动的。

首先，将东西部省区之间帮扶成功经验予以拓展，结合脱贫攻坚中提出的跨区域"增减挂钩"节约指标交易机制，探索土地红利的合理分配方式，将土地收益用于推动人口城乡迁移、人口市民化，尤其是土地指标转出方，即被帮扶地区的农业转移人口土地退出补偿、土地综合整治等方面开支；还可以将允许购买的结余指标规模与吸纳土地指标转出地区的迁出人口规模紧密挂钩，激励条件较好的帮扶区有动力推进外来人口市民化，吸纳落后地区人口的定居，从而实现人口流动、用地指标分配、财政转移支付三者的一体化，实现"人钱挂钩、钱随人走""人地挂钩、以人定地"。

其次，交易制度上应以统一的"人地钱"挂钩指标交易平台为基础，指标提供方、买入方通过竞价从平台买卖。土地指标的出售方需将方案细化到"人地钱"三个方面，涵盖迁出人数、腾退农村建设用地面积、节约用地指标数量，以及收到资金后将如何进行人口迁出补偿、乡村振兴、贫困治理等工作。买入方则需对应阐明拟出资多少进行农业转移人口市民化、市民化多少人、需要多少用地指标、单位用地指标收益多少。平台在审核交易申请的时候，优先批准对贫困地区脱贫助力大、人口市民化方案较好的交易申请。

最后，针对兼具人口迁出与用地指标出售两项职责的贫困地区，要探索将旧房改造、易地搬迁、村庄整治、产业扶贫、劳务输出、技能培训等涉及土地和劳动力迁移的各类扶贫政策，全部融合到"人地钱"挂钩机制以及对应的人地资源优化配置规划设计中。一方面，以土地政策为核心，带动多项扶贫措施，合理推动村庄土地集约利用，释放土地红利来筹措各类建设资金；通过复垦与用地布局调整，推动

[①] 张耀宇、沙勇、周翼虎：《以人口城镇化破解"空间贫困陷阱"——一个城乡联动的减贫新思路与制度创新》，《云南社会科学》2019 年第 4 期。

农地连片集中、规模经营、村庄综合整治。另一方面，以"人地钱"挂钩机制和土地红利支撑劳动力城乡迁移，从单一农业部门转向非农部门，改善生产生活条件，推动更多人口融入城市；减少农村人口，提升人均资源占有量与公共服务质量，缩小城乡差距，减少农村贫困。

第八章　新型城镇化下电商扶贫

相比传统产业，基于互联网技术发展起来的电子商务对环境、基础设施和资金等硬件的要求较低，特别是在我国产业升级、供给侧改革和经济转型的重要时期，更是因为其快速、高效、成本低廉等优势，成为经济发展的中坚力量。对西北很多地处偏远、工业化发展落后的贫困地区来说，建立电子商务扶贫生态系统，可以通过发展物流产业，打破交通不便、信息不畅造成的困境，将当地具有优势的农特产品"卖出去"，增加贫困户的收入和就业机会，缩小东西部之间、城市和农村之间的消费质量差距，成为精准扶贫的有效手段，也成为以城乡差距联动发展、提升小城镇吸引力等为核心的新型城镇化发展的新动力。

近年来，为更好地发挥电商扶贫的作用，一系列重磅文件相继下发：2015年中共中央、国务院《关于打赢脱贫攻坚战的决定》中明确提出要实施电商扶贫工程；2016年，国务院扶贫办与15个国家部委联合印发了《关于促进电商精准扶贫的指导意见》，指出要统筹使用各渠道资金支持电商精准扶贫工作；2016年，国务院印发《"十三五"脱贫攻坚规划》，提出要将农村电子商务作为精准扶贫的重要载体，鼓励地方政府和电商企业给予网络资费补助；2017年，国务院扶贫办明确表示，我国将重点推进电商扶贫，实施网络扶贫行动计划。此外，国务院扶贫办联合商务部、财政部开展电子商务进农村综合示范工作，2020年2月10日，商务部召开首次网上新闻发布会，发言人介绍，商务部坚决履行脱贫攻坚政治责任，目前，电商扶贫实现对 832 个国家级贫困县全覆盖①。

第一节 聚焦农产品上行，助力产业转型

西北地区主要是第一产业和第二产业的聚集地，这其中贫困地区多数是以农业生产为主。由于地域、气候、交通等种种原因，一方面，这些贫困地区的农业生产基本还停留在初级加工阶段，处在产业链的底端，标准化不够，附加值比较低；另一方面，很多优质、有特色的农产品不被其他地区消费者所熟知，也没有高知名度的品牌，很难打开市场。当然，物流、配送等运输问题也亟待解决。电子商务的发展基础是产业，只有坚实的产业基础加上电子商务这个强有力的手段才能助力打通农产品进城"最初一公里"。

一 促进标准化生产，发展"互联网+农业"

随着近些年生活水平的提高，消费者更加关注食品安全，尤其是当"毒豆芽""红心蛋""毒大米"等一些农产品质量安全事故爆发的时候，人们对"无公害农产品"、"绿色产品"和"有机农产品"的青睐度越来越高。那么如何保证农产品的质量安全？从国内外实践来看，农业生产的标准化是一条必选之路，即从生产前、生产中到生产后都执行一套严格的标准，利用物联网等技术改造传统农业生产的过程，通过传感器和软件实现移动平台或者电脑平台对农业生产进行控制，使传统农业更有"智慧"，最终实现农业生产的现代化。在欧美和日本等部分国家，农业是以高度的标准化为基础运行的，农产品从新品种选育的区域试验和特性试验到播种收获、加工整理、包装上市都有一套严格的标准。我国自 1999 年起，农业部和财政部就启动了农业行业标准制工作，建设了一批试点示范项目。但是对于西北贫困地区来说，受地处偏远、资金匮乏、农民认知有限等因素所限，标准化建设速度缓慢。但是，农产品想要进入流通领域，特别是通过电

---

① 《商务部：电商扶贫实现 832 个国家级贫困县全覆盖》，东方财富网，2020 年 2 月 10 日，http://finance.eastmoney.com/a/202002101378669271.html。

子商务这个平台进行销售，就必须标准化，否则，没有规范的生产管理和可追溯的产品信息，商家怎敢卖？消费者怎敢买？例如各大电商平台销售的牛羊肉多产自澳大利亚、智利、阿根廷、新西兰等地，可事实上，西北地区青海、甘肃、宁夏的牛羊肉品质也非常好，只是很多产品没有相应的资质，如质量安全（Quality Safe，QS）认证等。再如陕西的猕猴桃、新疆哈密瓜、甘肃黄河蜜等水果，也较少进入生鲜水果流通市场。因而，完成标准化生产，甚至实现智慧农业，是线上销售的第一步。

（一）落实种养殖标准化

通过订单农业等方式，以销推产，落实标准化，即电商平台通过下订单、签订合约的方式，"迫使"农牧民按照产品所需的标准种植和养殖：有国家标准的，严格按照国家标准执行；没有国家标准的，联合行业协会、研究机构、物流企业等，制定相应的行业标准。从土壤、选种、浸种、栽培、施肥、收割、育苗（种）、投喂（喂养）、培育等全过程，均按照一定科学的标准进行种养殖，推广科学的病虫防治措施、消毒措施、防疫措施等，让农产品实现高产量增收、高质量增值，最终实现产值的极大提升。例如苹果，其标准化通常有三个维度：第一是果径大小，第二是果面成色，第三是口感。单个苹果之间的差别不能太大。按照大小分，苹果的果径可以分为70毫米、80毫米、85毫米。而苹果的"甜度"要达到一定标准，口感才会好，这背后需要标准化的技术的支撑，测果径和甜度比都需要有专门的设备。

（二）建立农产品可追溯系统

可追溯系统给每件农产品赋予独一无二的"产品标识码"，以此农产品为中心，对产品的原料辅料、生产加工、仓储物流、市场消费等环节进行数据采集跟踪，实现产品原辅料供应环节、生产环节、流通环节、销售环节和服务环节的全生命周期管理，真正做到产品生产可记录、源头可追溯、去向可跟踪、信息可存储[①]。就像

---

① "可追溯系统"，百度百科，https://baike.baidu.com/item/可追溯系统/10238836?fr=aladdin。

每个农产品随身携带的"身份证",消费者可以通过电脑、电话、网络等多种形式查找到该包装袋内农产品的生产者、检验者及用药、施肥、采摘日期等内容,甚至可以查到该批农产品的种子、育苗情况。1996年英国疯牛病引发的恐慌是可追溯系统产生的起因,以及当时丹麦的猪肉沙门氏菌污染事件和苏格兰大肠杆菌事件(导致21人死亡)两起食品安全事件也促使了欧盟可追溯系统的建立。特别是对于畜禽产品来说,世界各国纷纷发展和实施畜标识制度和畜产品追溯体系,有的通过立法强制实行,例如加拿大强制性的牛标识制度于2002年7月1日正式生效,日本政府已通过新立法,要求肉牛业实施强制性的零售点到农场的追溯系统。对于西北地区,例如青海、宁夏、甘肃等地的牛羊养殖,应当尽快建立可追溯系统,让每块肉可溯源,能够在电商平台上销售,让消费者可以放心选用。

(三)发展农产品加工业

农产品加工业能够有效提升农产品附加值,有助于构建农业的全产业链和全价值链。如前所述,西北地区特别是贫困地区的农产品多以初加工或给其他地区加工业供应原材料为主,农民的收入和农业产值都比较低。因而,促进农产品加工业的发展,对转变农业发展方式、促进农业产业升级转型、提高农民收入具有十分重要的作用。对西北地区来说,在马铃薯、草食畜、中药材、蔬菜、林果、种子、酿酒原料、特色小杂粮等一批有特色的农产品初加工业基础上,利用大数据、物联网、云计算、移动互联网等新一代信息技术,培育发展网络化、智能化、精细化现代加工新模式,支持发展主食、方便食品、休闲食品、传统食品和净菜加工等产业,创新"互联网+食品"的新模式,通过电商平台,打造"网红"产品,例如坚果类网红良平铺子和三只松鼠,自热面条、自热粥、粉条、兰州牛肉面、酸奶、牛肉干、冰激凌、茶饮等。

(四)创新"智慧农业"

所谓智慧农业,就是将物联网技术运用到传统农业中去,运用传感器和软件通过移动平台或者电脑平台对农业生产进行控制,使传统农业更具有"智慧"①。智慧农业是智慧经济在农业中的具体表现，也是很多发展中国家消除贫困、实现后发优势的主要途径。物联网技术的应用，可以实现以下功能：监控功能系统，根据无线网络获取诸如土壤水分、土壤温度、空气温度、空气湿度、光照强度、植物养分含量等参数进而实现自动控制例如自动灌溉、自动降温、自动卷模、自动进行液体肥料施肥、自动喷药等；监测功能系统，通过配备无线传感节点、太阳能供电系统、信息采集和信息路由设备配备无线传感传输系统，实现自动信息检测与控制，监测土壤水分、土壤温度、空气温度、空气湿度、光照强度、植物养分含量等参数并提供各种声光报警信息和短信报警信息；实时图像与视频监控功能，引入视频图像与图像处理，直观反映农作物生产的实时状态，为农户提供更加科学的种植决策理论依据。智慧农业推动农业的发展更加精细化、高效化和绿色化，西北地区农牧业可紧抓电子商务示范的机会，全面推动计算机与网络技术、物联网技术、音视频技术、3S 技术、无线通信技术等现代信息技术成果的应用，在以第一产业为主的基础上做大做强第一产业。

二 培育区域公共品牌，推动产业转型升级

品牌建设缺失一直是西北地区农业发展的短板，没有相应的资质和品牌，农产品要么依旧只能是"原材料"，要么只有较低的辨识度，不利于消费者熟知和选择。究其原因，一方面，一些农民还没有树立良好的品牌意识，很难将自己的农产品和"牌子"挂钩；另一方面，即便有了这个意识，但一个品牌的建设和维护需要长期的投入，这也会让很多农民、合作社和中小企业等望而却步。可是在众多消费者眼中，品牌就代表着信赖、安全和高的品质，例如大家耳熟能详的盱眙龙虾、西湖龙井、赣南脐橙、烟台苹果、百色杧果等。正如营销界一直流行的"销售解决生存问题，品牌解决发展问题"，前述的调整结构后转型升级的农业产业只有配备具有高认可度的品牌，才

---

① "智慧农业"，百度百科，https：//baike.baidu.com/item/智慧农业/726492？fr = aladdin。

能够发展得更为长久。因而，打造西北地区特色产业品牌的工作应当尽快提上日程。考虑到客观存在的资金、人力等的限制，农产品品牌的选择更多以区域公共品牌为主（例如，前述的盱眙龙虾等一系列）。

当然，能够销售的产品取得相应的资质是必需的，例如《检验检疫报告》《食品经营许可证》《工业产品生产许可证》《农药残留物质检报告》等。

（一）推进"三品一标"认证

所谓"三品一标"，是无公害农产品、绿色食品、有机食品和地理标志农产品的简称，由政府主导和推动发展安全优质农产品的重要工作，也是农业实现现代化发展的基础性工作。农业主导的"三品一标"是做品牌所需要的，是基础性或者前提性的工作[①]："三品一标"是对众多企业的共性要求，属于质量、标准和规范性，是生产者要做好的产品或者生产基地的标准化和质量认证的工作，标明产品是合格的或者优质的。其中，无公害农产品是在适应入世和保障公众食品安全的大背景下推出的，2001年我国农业部提出了"无公害食品行动计划"，并制定了相关国家标准；绿色食品是经国家绿色食品发展中心认可，许可使用绿色食品商标的无污染、优质、营养食品；有机农产品在我国刚刚起步，是食品的最高档次，即使在发达国家也是一些高收入、追求高质量生活水平人士所追求的食品；农产品地理标志是指以地域名称冠名的，标示农产品来源于特定地域，产品品质和相关特征主要取决于自然生态环境和历史人文因素。近年来，随着政府的大力推动，各省市的"三品一标"认证工作开展得如火如荼。例如农业大省四川截至2018年认定"三品一标"农产品累计达5320个，数量居全国前列、西部第一[②]；截至2017年底，河南省贫困县"三品一标"产品达2561个，其中，无公害农产品1791个、绿色食品

[①] 娄向鹏：《从"三品一标"到农产品品牌有多远》，销售与市场网，2016年1月7日，http://www.cmmo.cn/b/84358/807759.html。

[②] 樊邦平：《去年底我省"三品一标"农产品总数居全国前列、西部第一》，搜狐网，2019年6月28日，https://www.sohu.com/a/323510707_120160927。

675 个、有机农产品 30 个、农产品地理标志 65 个[①]。就西北地区来看（宁夏暂无数据），截至 2017 年底，甘肃省"三品一标"产品 1759 个；青海省 810 个；新疆 1300 个；陕西省 3136 个（截至 2018 年）。相比四川、河南、山东等农业大省，西北地区的认证数量显然还比较少，已有省市通过奖励、补贴、税收优惠、融资等方面给予的支持措施，鼓励生产者积极申报，有条件的地方可以加大支持力度，力争能够做到"一县一品"甚至是"一村一品"。

（二）培育区域公共品牌

区域公共品牌包含区域特征、自然人文和产业特色的集群属性，又具有差异性、价值感和符号化的品牌特性，能够让区域内众多产品和生产者共同使用，较好地避免了单个生产者创建和维护品牌的限制。这个概念自提出以来，得到了社会各界的普遍认可，事实上，一些行业在多年的发展中已经很好地进行了实践，比如瑞士手表、法国香水、新西兰奇异果或西湖龙井、阳澄湖大闸蟹等，就像这些地区的"金名片"。提到这些产品，人们往往会想到它们的产地，而不是仅和个别企业相挂钩。如此天然的"公共"属性，非常适宜落地在农业产业发展领域，譬如前面已举例的西湖龙井等。特别是在资金匮乏的贫困地区，与其各方分散发力甚至即便如此也难以承担打造知名品牌不菲的费用，不如集中力量培育具有高知名度的区域公共品牌，更是可以凭借各地电商示范项目的推进，依托互联网渠道，通过包括设计、注册、运营、推介、营销、监管、维护、售后等在内的一系列工作，迅速打造能够被更多生产者所使用的品牌。具体来说，应当包含以下几方面的工作。

第一，设计。一个好的区域公共品牌，应当能够代表或体现当地独特的生产要素或者资源，因而，在品牌整体方案设计方面，需要做好这样几项工作：一是翔实调研当地的风土人情、历史文化、特色产业和重点产业等；二是在前一项工作的基础上，整合包括名称、VI、选品等在内的一整套方案（强调其完整性和一致性）。

---

① 刘红涛：《2561 个！河南省贫困县农产品有这么多"三品一标"》，凤凰网，2018 年 5 月 17 日，http://hn.ifeng.com/a/20180517/6582310_0.shtml。

例如，青海省刚察县"藏韵刚察"区域公共品牌整体方案的设计。刚察县位于青海省东北部，海北藏族自治州西南部，青海湖北岸；是一个以藏民为主的纯牧业县，牧养藏系绵羊、半细毛羊、牦牛、马等；境内资源主要有太阳能和风能、水资源、矿产、动物资源、旅游资源。"藏韵刚察"品牌设计之含义，所谓藏韵，是指青藏高原上的人、神灵、自然、生活共同表现出的博大意蕴和恒久美感，这种高原之美犹如一首高昂的生命之歌，拨动着现代人的灵魂，填补着精神的荒芜和空寂，唤起人们对生命力的追寻。如图 8-1 所示，标识从刚察丰富资源的角度出发，外圈为国家二级保护动物湟鱼，代表感恩、团结、勇敢和逆流而上；圈中为刚察占据天时地利的自然环境，山、湖、草原和雪；散布着牦牛、藏羊、藏香猪等动物，映照了刚察物美价廉、丰富多样的农特产品。标识主色调为绿色、蓝色、白色和黑色。其中，绿色代表了森林和草原，蓝色代表了蓝天和青海湖，白色代表了白云、羊群、雪山和哈达，黑色代表了牦牛深邃的眼睛。

图 8-1　藏韵刚察 VI 图示

区域公共品牌推介时，即同时发布"藏韵刚察·原生味道""藏韵刚察·滋补中国""藏韵刚察·伴手好礼"三个系列产品[①]。同时，以公共品牌标识为基础，设计了一系列宣传图片、文化衫、包装袋和伴手礼外包装等。

第二，注册、运营。很多地方选择由政府部门作为区域公共品牌的注册主体，但由于没有组织机构代码证和营业执照等，事实上并不利于品牌的后续运营。建议在实践中摸索由行业协会或机构等作为注册和运营主体，承接品牌建设的相关工作。

第三，推介、营销。在品牌的建设初期即导入期，如何能够让消费者迅速熟知并愿意购买，至关重要。线上，一方面，优化本区域电商示范项目中所建设的淘宝、京东、拼多多及社交电商等平台店铺的店面，踊跃参与各大平台的推广活动，如秒杀、众筹、优惠券、满减、拼团、砍价等，让品牌能够更多地出现在消费者眼中；另一方面，积极与其他互联网渠道合作推广，如搜索引擎问答、贴吧、微博、自媒体公众号，付费视频广告、新闻推送，抖音、快手、淘宝直播等平台，甚至可以打造自己本土的"网红主播"带货，例如首届"榆林好产品"快手电商年货线上销售活动，多名"快手网红"主播在线直播销售农特产品，300多万网友在线观看了直播活动，签了10898个网上订单，销售额近90万元[②]。线下，主动"走出去"，组织、参加各种形式的发布会、推介会、博览会，造节——例如深圳宝安壹方城打造的"凉凉节"（当然，线上也可以造节，最广为人知的恐怕是淘宝"双十一"）；通过赞助、冠名或提供节目录播场地、节目奖品等形式参与当下热点的真人秀节目等（例如，《爸爸去哪儿》曾在宁夏沙坡头拍摄，《奔跑吧兄弟》曾在陕西西安拍摄），这一方式是很适合西北地区的，悠久的戈壁文化、独特的地貌特征，即便是在很多贫困的山村，也有不一样的风景，丰富的旅游资源有待开发；适时地进驻商超、专卖店等线下销售渠道，既能够让消费者"眼见实

---

① 王柯岚：《青海海北发布"藏韵刚察"区域公共品牌》，人民网，2019年1月4日，http://qh.people.com.cn/n2/2019/0104/c378418-32493531.html。

② 《"快手网红"主播在线直播销售农产品，3小时300多万网友签10898单，销售近900000元!》，搜狐网，2019年1月21日，https://www.sohu.com/a/2904255 72_222072。

物"，品尝、品鉴，也能够让那些较少使用网络的人群熟知品牌。

第四，监管、维护。为了避免"人人可用，无人来管"甚至是公地悲剧这样的局面出现而损害品牌的公信力和安全性，区域公共品牌对产品的质量提出了更高的监管要求。品牌的授权使用、保护细则、监管办法一定要翔实，品牌运营方联合食品监督机构、市场监督机构、三品一标认证机构、质量认证机构等，设置公共品牌使用的门槛（这也是前述要推进"三品一标"认证的原因）和恰当的退出机制，对劣质产品生产商、违规使用公共品牌的加大打击力度。在此过程中，一方面，积极推进互联网技术的使用，例如可追溯系统（前已述），实现"从农场到餐桌"的全过程监管；另一方面，可积极邀请消费者加入质量监管系统，及时反馈消费过程中发现的产品质量问题。例如青海刚察县的"藏韵刚察"品牌，当地优质的农畜特色产品，经政府审核许可后可以使用公共品牌，并通过刚察县溯源系统，实现"生产可记录、安全可预警、源头可追溯、流向可跟踪、信息可存储、身份可查询、责任可认定、产品可召回"。

三 健全电商销售渠道，连通进城"最后一公里"

诚然，所说的"进城"，就是要解决农产品销路的问题，前述的农业标准化生产也好，品牌建设也罢，最终是为了能够让农产品顺利到达消费者的餐桌上，这也是电商扶贫的终极目标。事实上，上节内容历数的这些品牌营销渠道也就是农产品市场开拓的方式，从这个角度来看，至少各地的电商示范项目需要搭建的平台有以下几种：淘宝、京东、拼多多、社交平台店铺，建设地方馆、特色产品馆等；抖音、快手、淘宝直播平台，社群电商平台等。针对一些处在"丝绸之路经济带"重要枢纽地的新疆、兰州、西宁等地，更是可以大力发展跨境电子商务，入驻敦煌网、亚马逊网等。在互联网思维下，不断根据产品特性、消费者消费习惯调整战术，例如方便粉丝、方便米饭之类的方便食品，消费群体年轻化，可以更多使用抖音、快手等平台或"网红主播"进行引流、"带货"；虫草、当归等产品消费者则集中在注重养生的中老年群体，更多倾向于使用社群营销平台等。

显而易见的是，尽管这些年西北地区的电商一直在努力追赶，但必须承认，和东部地区的发展相比，差距还是很大的。以阿里的"淘宝村"为例，阿里2013年发布了20个"淘宝村"——活跃网店数量达到当地家庭户数的10%以上、电子商务年交易额达到1000万元以上的村庄[①]，2018年此数据增长到了3202个，成了影响农村经济发展的不可忽略的新生力量。从淘宝村的分布来看，主要集中在浙江、广东、江苏等地，中西部地区淘宝村的数量非常少，仅有四川郫都区的2个淘宝村、河南1个和湖北9个淘宝村，而西北地区的数量更是还没有零突破。以"国家电子商务进农村示范项目"及"一带一路"西北地区重要港口等为契机，通过各村镇服务网点"兴建"各电子商务平台店铺，通过提高活跃率达成店铺交易量，带动农产品销量，打开西北农特产品的国内国际市场。在线上业务发展的同时，也要积极引导农产品进超市、进企业、进社区、进院校、进景区、进机场、进铁路站点、进宾馆、进饭店销售，形成多层次、全方位的营销体系。

第二节 发展物流配送业，完善服务链条

上一节，农特产品已备好货、已售出，现在需要解决的问题就是如何送出去。物流行业的飞速发展以电子商务的逐渐壮大为契机，反过来，电子商务的实现又必须以完备的物流体系为支撑。对西北地区来说，一方面，现有的物流体系存在成本高、物流企业规模小、物流园区缺乏统一规划、集聚化的园区规模效应未发挥等问题；另一方面，冷链物流发展缓慢，难以满足农产品保鲜配送要求。

一 整合物流节点、通道

从西北五省区的物流供给情况来看，交通运输的主要力量是公路、铁路，其中，高速公路已经实现互联互通，公路线路里程占运输总里程的90%以上，但全国占比较低，根据表8-1，2018年货物运输量占公路、铁路、水运运输总量的76.79%；铁路运输量占比为

---

① "淘宝村"，百度百科，https://baike.baidu.com/item/淘宝村/1702235？fr=aladdin。

7.81%；水运这种方式仅陕西、甘肃有，且占比都比较低。受一些省会城市轨道交通建设、交通堵塞等因素影响，城区物流站场大型货车出入受阻，一些铁路专用线停用导致物流配送车辆限行引起运输成本上涨等。航空运输方面，共39个正常运营的机场，其中包括西安咸阳国际机场、兰州国际机场、敦煌国际机场、银川国际机场、乌鲁木齐地窝堡国际机场5个国际机场。根据《2018年民航机场生产统计公报》，西北五省的货邮吞吐量占全国吞吐量的2.8%，其中青海3.7万吨（较2017年增长26.2%，增速排名全国第二）、陕西32万吨（增速排名全国第三）、宁夏5.1万吨（增速排名全国第四），甘肃6.4万吨，新疆19.2万吨，全国增速超过10%的10个省（区、市）中，西北地区入围三个，且排名都比较靠前。航空物流的发展极大地提高了物流效率。

表8-1　　　　　　　　2018年分地区货物运输量　　单位：万吨、亿吨公里

	货运量				货物周转量			
	合计	铁路	公路	水运	合计	铁路	公路	水运
陕西	173245	42245	130823	177	4024.89	1723.00	2301.37	0.52
甘肃	70386	6087	64271	28	2609.93	1490.91	1118.97	0.05
青海	18905	3220	15685		551.36	275.62	275.74	
宁夏	38916	7159	31757		627.68	229.49	398.19	
新疆	97498	12469	85029		2483.87	1007.17	1476.70	

资料来源：《中国统计年鉴（2019）》。

从集多种物流功能于一体的物流园区建设情况来看，建设了包括西安国际港务区、甘肃瑞鑫物流园、西宁物流园、乌鲁木齐国际陆港区等在内的一批大型物流园。但也存在部分物流园区盲目建设、与区域经济发展规划和交通规划衔接不畅等问题，导致西北五省生产要素流动自由性较差，公共基础设施无法实现共建共享[1]。

---

[1] 骆鹏、赵红丽：《西北五省物流一体化的经济效应与发展对策》，《商业经济研究》2019年第15期。

为了整合资源、提高物流效率，对西北地区的物流体系做好规划，将物流节点、通道进行进一步的整合：第一，构建库存、仓储中心、配送中心、物流中心、物流园区的梯次配置，明确各园区的功能定位（例如，国内物流区、集装箱作业区、国际贸易拓展区、国家应急物流园区、空港物流园区等），根据规模、作业量的数量积极引导物流园之间开展合作，构建园区网络；第二，对公路、铁路等通道进行整合，包括打通西北北部运输通道，对一些公路主通道进行扩容，推进铁路建设和客货分离，实现航空、铁路、公路、水路及管道的互联互通，实现更为高效的多式联运。

二　整合物流企业

相信很多西北消费者看到淘宝、京东等店家"甘肃、新疆等地不包邮"的快递告知都备感无奈；其他省份购买西北地区农产品的消费者也因物流慢造成的产品品质下降而申请过售后，对比苏浙沪包邮区，西北地区快递的收费高、速度慢等一直备受诟病——这其实仅仅是西北地区物流效率低下、成本高的一个侧影。尽管本土的、入驻的物流企业数量都逐渐增多，但规模经济效应的实现恐怕还需做如下改变：一是促进物流企业间的沟通、合作，有基础的甚至可以联合、合并或是成立战略联盟，实现仓储设备、车辆资源等的合理配置，达到优势互补的目的；二是在供应链管理理念下（所谓供应链，是指围绕核心企业，从配套零件开始，制成中间产品以及最终产品，最后由销售网络把产品送到消费者手中的，将供应商、制造商、分销商直到最终用户连成一个整体的功能网链结构[①]），建立农产品生产商、销售方和客户之间的合作伙伴关系，提高信息共享的水平，提升效率和服务水平。

三　促进冷链物流发展

对蔬菜、水果、肉、蛋、速冻食品、奶制品等这些产品来说，品质与温度息息相关，没有适宜的配送条件，远距离的运输也无法实

---

① "供应链"，百度百科，https：//baike.baidu.com/item/供应链/139061？fr＝aladdin。

现；而对于消费者来说，随着生活水平的提高，对新鲜食品的需求也越来越高。例如鲜奶的运输，通常是使用专用的奶罐车，严格进行消毒以防止污染，容器内为避免升温或溅出必须装满盖严，在运输中谨防温度升高，在温度高的季节只能在早晚或夜间进行；严禁中途停留以缩短运输时间。因而，奶类企业通常只能将部分短途或者路线运输业务外包出去，大多数只能依靠自己承担。这其实真实地反映了一般的常温物流是很难将生鲜、速冻等产品需求方和供给方对接的，只能由具备低温运输条件的冷链物流来实现——冷链物流一般指冷藏冷冻类食品从生产、储藏运输、销售到消费前的各个环节中始终处于规定的低温环境下，以保证食品质量、减少食品损耗的一项系统工程[1]，是随着制冷技术发展而建立起来的。相比一般的常温物流，冷链物流的资金投入和相应的管理要高很多，但是能够提高食品的保鲜能力，延长了食物的存储期限，有效降低资源损耗。国外很多国家已发展完善了专门针对农产品的冷链物流网络，例如日本冷链保鲜贯穿从采购、加工、预冷、冷藏、运输到销售的生鲜配送所有环节，德国通过电脑精细操控主要制冷设备保证生鲜产品从产地到销售网点的全过程都严格处在标准化的温度环境中，加拿大生鲜配送的全过程都保证了低温控制。相比国外近90%的冷藏运输率，我国的冷链运输发展还比较缓慢，大量的水果、蔬菜等在运输过程中变质、腐烂。2018年我国冷库总量达到5238万吨（折合约1.3亿立方米），冷藏车保有量为18万台，但当前我国人均冷藏车保有量仅为日本的1/11，我国冷藏保温汽车占货运汽车的比例仅为0.3%左右，美国为1%，德国等发达国家均为2%—3%[2]。2018年冷链运输总量中，水果占27%，蔬菜占26%，水产品占20%，生鲜食品的综合冷链流通率仅有20%左右。而这其中，冷库等也多集中在中东部省区市，西北地区冷库数量严重不足。此外，包括盒马鲜生、每日优鲜等生鲜电商业务开展的

---

[1] "冷链物流"，百度百科，https://baike.baidu.com/item/冷链物流/7336879？fr=aladdin。

[2] 《2019年中国农产品冷链物流需求现状、供给现状及农产品冷链物流发展趋势分析》，中国产业信息网，2019年12月19日，http://www.chyxx.com/industry/201912/819664.html。

范围，也仅仅是覆盖到陕西西安市。

因而对于西北地区来说，为满足现有农产品的运输需求，加快冷链物流的发展势在必行。现有的冷链物流发展通常有仓储型、综合型、配送型、平台型、运输型、电商型、供应链型等模式，在有条件的地区积极推进电商平台冷链物流如京东冷链、苏宁冷链、菜鸟冷链等在西北地区落地延伸，激励顺丰、申通等物流公司冷链物流的铺设，并鼓励当地大型农产品企业自建冷链物流体系，逐渐搭建起适宜的配送体系。

第三节　拓宽就业通道，提高收入水平

细究西北地区贫困人口致贫的深层次原因，包括教育、科技水平落后，缺少"一技之长"等。长远来看，"授人以鱼不如授人以渔"，贫困人口的脱贫绝对不能是"救济式"扶贫——简单的生活物资的转移，而是应该让这些贫困群众具备自主脱贫、提高生活水平的能力。

一　培育现代化农民

前文已述，农业产业转型升级的结果必然是发展现代化农业、智慧农业，这对依靠土地生存的农民来说，提出了非常高的要求：农民不应该还是千百年来"面朝黄土背朝天"的形象，而应是能够熟练使用计算机、互联网、物联网、高效率农业设施等现代化设备，能够接受新技术、新产品、新的加工方式、新渠道，能够科学种养殖、抛弃固有的以直接经验为基础的耕作理念的"新型"农民。这支新的用科学技术武装的农民队伍一方面来自原有的农民群体的"升级转型"（当然，这一定会经历一个痛苦的变化过程），一方面来自新的加入者——有文化、懂技术、善经营、会管理的新型职业农民。这支农民队伍不再被打上"贫困"的标签，而是重新定义了"农民"这个职业——有技术，能致富，有保障。

现代化农民所提出的高要求对于西北地区那些文化水平普遍偏低、思想观念较为落后的农民来说，需要一个完整的培训计划和长期的教育培训过程才能实现。第一，利用互联网、电视、广播等媒体

(特别是现在流量高的快手、抖音等短视频 App），广泛传播新品种、新技术和新信息。第二，对那些关键农时和生产环节使用的技术，组织农业专家、农技推广人员、培训教师，开展现场培训、入户指导、田间咨询等。第三，鼓励青壮年农民、应往届大学生参加农业生产经营管理和市场营销培训，并获得相应的职业技能鉴定证书或绿色证书。

二 培养电商人才

西北地区电商人才的缺乏有目共睹，特别是贫困地区，了解本土情况、了解农业、了解农村，懂电商、懂营销、懂产品设计的人才缺口非常大。各地借助电子商务进农村示范项目，倚靠电子商务公共服务中心、各乡镇电子商务服务站，一方面，定期开展电子商务各项培训工作，包括店铺开设——店铺装修（视觉规划和设计）、店铺上新、产品详情页的制作，店铺运营——营销活动策划和开展、推广页面设计和制作、流量引入、销售过程管理、售后处理等，物流管理——物流选择、信息追踪和更新，客户关系管理——提高客户回购率、增加客户黏性。另一方面，积极组织农村电商人才外出参观交流、讨论，到杭州、深圳、广州、义乌等电商发展领先的城市，到"淘宝村"、京东等平台，探讨、吸取小到如何给产品拍照、设计页面，大到如何引流、如何选择"爆品"、如何增加复购等的实战经验。此外，还可以鼓励有知识、有文化的当地年轻人去"淘宝大学""京东大学"学习，鼓励学生积极报考电子商务相关专业。从岗位来看，可细化至美工、淘宝/京东运营、客服、网络推广、平面设计等；从最终的就业出路来看，这一批电商人才既可以成长为专业的电商店铺运营人员（为当地天猫旗舰店、京东农产品特色馆等或专业的第三方电商运营机构服务），也可以实现自己创业、带动他人创业进而实现大众电商创业，成为广大电子商务从业队伍的一员（根据电子商务交易技术国家工程实验室、中央财经大学中国互联网经济研究院测算，2018 年，我国电子商务从业人员已达 4700 万人[①]）。

[①]《〈中国电子商务发展指数报告（2018）〉发布，综合排名广东省位列第一》，买购网，2019 年 5 月 31 日，https://www.maigoo.com/news/520798.html。

三　增加第三产业就业

电子商务的发展可以很好地带动上游和周边产业的发展，包括打包、物流、配送等。以物流行业为例，全国共有物流相关法人单位40万家左右，从业人员超过5000万人①（其中，更为直观的就是我国日益庞大的快递员队伍——2018年的数据显示，从2016年至2018年，中国快递员数量增长了50%，总数量已经突破300万人②）。从业人员既包括从事货物上架、分拣、堆垛、包装、配送等具体物流操作作业的，也包括物流配送方案规划和设计、采购系统管理、仓储管理、供应链管理等的专业管理人才；既可以为电商平台的自建物流体系服务，也可以进入第三方物流企业。相比物流行业的总体增速，物流人才的缺口非常大。特别是在电商起步晚的西北地区，随着电子商务的发展，对周边产业这些岗位的需求也会越来越大，这也就为贫困人口的就业提供了更多的渠道和机会。

第四节　提升幸福指数，促进乡村振兴

如前所述，电子商务可以有效帮助农产品进城，与此同时，通道的打通也解决了消费品下乡的问题，形成农产品进城与农资和消费品下乡的双向流通格局。所谓的消费品下乡，是指电子商务和物流在农村的快速发展和下沉促进了城镇消费品向农村地区流通，实际上是给农村居民提供了一个更加广阔的消费平台。他们可以实现在家购物，通过电子商务平台扩大消费品的选择范围，不仅可以购买到当地买不到的商品，也可以以一个更为低廉的价格成交，极大地提高了农村消费的便利化水平，满足了农村地区消费不断升级的需求，缩小了农村

---

① 赵晓雯：《中国发布丨国家发改委：我国物流企业40多万家　从业人员超5000万人》，新浪网，2020年3月6日，https：//news.sina.cn/2020 - 03 - 06/detail - iimxxstf6853853.d.html? oid=5_bo8&vt=4&pos=3。

② 冯烁：《2019年全国快递从业人员职业调查报告：75.07%的快递从业人员月收入在5000元以下》，央广网，2020年1月2日，http：//china.cnr.cn/xwwgf/20200102/t20200102_524923032.shtml。

和城市的消费质量差距，提升了农民在农村的生活质量水平和幸福感。此外，电子商务还能将新的文化元素融入农村文化，拓宽农民的视野，缩小城市和农村的文化消费差距，有助于城乡一体化的发展，符合"新型城镇化"以人为本的内涵，实现不进城的"城镇化"。

第九章　新型城镇化下产业扶贫

实践表明，产业扶贫是脱贫攻坚的重要手段和持续扶贫手段之一，其增收功能明显有益于削减贫困人口的绝对贫困。为推进产业扶贫的贯彻实施，《中共中央国务院关于打赢脱贫攻坚战的决定》《中国农村扶贫开发纲要（2011—2020年）》等政策文件把产业扶贫作为专项扶贫的重要内容，明确提出要多主体、多部门联动落实产业扶贫方略，深入推进农村产业发展。西北贫困地区在产业结构、生产方式、经营体系等方面尚有较大的益贫空间，需充分利用新型城镇化发展契机，推动产业扶贫更上一层楼。

第一节　延伸产业链条，创新扶贫模式

产业扶贫坚持市场、效益导向，通过提供农业与非农业的多样化就业、创业机会，影响贫困人口的生产、生活方式，增加资本积累，提高收入水平，以此促进贫困改善。作为当前精准扶贫重点，产业扶贫已成为各地扶贫的重要手段之一，并出现瞄准型产业帮扶、产业发展带动扶贫和救济式产业帮扶等类型。西北五省区各级地方政府顺应中央脱贫目标，积极推出各类型产业扶贫对策，取得了一定的成效。但由于我国东西区域经济发展严重不平衡，西北地区长期发展滞后，贫困程度严重，产业落后。作为可以实现内生性增长的关键手段，西北贫困地区实施产业扶贫时不可盲目冒进，需结合本地实际，吸取发达地区的成功经验，根据市场运行规律，制定客观可行的产业发展规划，并不断在实践中探索、优化适宜的产业扶贫模式，实现产业发

展、企业获利、贫困户获益的多重目标。

一 推广多样化农业合作经营模式

农业合作经营模式的改变是转变农业生产方式、增加农民收入、提高农村资源利用效率、改变农村落后面貌、破解区域贫困的有效抓手。目前，西北地区在农业扶贫中已广泛形成以家庭农场、合作社为主体的各类型合作模式。

（一）发展规模适度的农户家庭农场

家庭农场以家庭成员为主要劳动力，以家庭为基本经营单元，从事农业规模化、标准化、集约化生产经营，是现代农业的主要经营方式[①]。这与国际上的含义是不一样的，在国际上，家庭农场泛指由农户家庭经营的农场，不论其农场规模大小，重在家庭经营[②]。但尽管如此，也可从国外"不论规模大小"的家庭农场的发展上窥见一斑：例如美国，农业以家庭农场为主，即便是公司农场和合伙农场，也是以家庭农场为依托，20世纪以来，美国家庭农场在数量上上升至89%，拥有81%的耕地面积、83%的谷物收获量、77%的农场销售额[③]；作为欧盟农业第一生产国的法国，有家庭农场66万余个，能够成为世界第二大农业和食品出口国和食品加工产品第一出口国，家庭农场功不可没。

我国家庭农场这一新型经营主体的探索起步较晚，首次在中央一号文件中出现则是在2013年。尽管如此，在这数年的实践中，一些省区市也已经积累了许多有益的经验，例如，上海市"松江模式"——农民以"自愿、依法、有偿"为原则，将承包地委托村集体统一流转，形成了适度规模、家庭农场经营的模式，通过自愿报名、民主选拔的方式确定经营者，并积极培育职业化的农民，形成了

[①] 2019年9月中央农办、农业农村部、国家发展改革委员会等11部门和单位联合印发《关于实施家庭农场培育计划的指导意见》。

[②] 何秀荣：《培育家庭农场 为现代农业提供主力军》，《农民日报》2019年10月8日第7版。

[③] "家庭农场"，百度百科，https：//baike.baidu.com/item/家庭农场/68966？fr＝aladdin。

种养结合型、机养结合型和纯粮食种植型家庭农场；浙江宁波的家庭农场则是通过承租、承包、有偿转让、投资入股等形式，集中了当地分散的土地进行连片开发后发展起来的；安徽郎溪成立"郎溪县家庭农场协会"，每年评选示范农场予以奖励，并对其中的示范基地进行帮扶，联合金融机构提供贷款；等等。

西北地区地广人稀，新疆、陕西地形上更是以平原为主，适合机械化运作。各省区也是积极推动家庭农场的培育和升级，例如截至2018年底，宁夏家庭农场已发展到3058家。大多数种植农场购置了大中型农业机械，基本实现了全程机械化；家庭养殖场建设了标准化圈舍，实现了规模化、专业化、标准化健康养殖[①]。但鉴于家庭农场前期探索中存在的诸如政策体系不完善、管理制度不完善、服务体系跟不上等问题，培育发展家庭农场还应当从以下几方面进行发力：一是明确培育对象，因地制宜，综合考虑当地资源条件和农业种养殖特点，确定适度的发展规模；二是完善各项管理制度，包括优化登记注册服务，健全名录系统（为数据采集、示范评定等提供支持）；三是加大"激励"措施力度，重视示范农场、示范县、农业人才的带头作用；四是构建强大的服务体系，包括基础设施的建设，土地经营权流转平台的建设，培训、定点帮扶、技术推广、质量检测检验、疾病防控等服务的提供，信贷产品开发、信用评级、风险管控等金融保险服务；五是优化家庭农场发展的政策环境，包括财政税收政策、社会保障政策等。

（二）组建农民专业合作社及联合社

以合作社为主体的扶贫模式当前主要有"公司+基地+农户""公司+合作社+农户""合作社+贫困户"等，这些合作经营模式旨在依托自有资源，将本地产业与扶贫开发有机结合起来，并通过优惠政策吸引该产业实力较强的企业参与产业扶贫。截至2017年底，宁夏已启动建设示范村109个，扶贫龙头企业124家，规范培育扶贫合作社375家，提升发展致富带头人2103名，累计带动贫困群众

[①] 《宁夏回族自治区创新服务形式，推动家庭农场提质增效》，搜狐网，2019年3月4日，http://www.sohu.com/a/299083806_801979。

55304 户 201827 人，大幅度提高了贫困户的收入水平。① 甘肃省截至 2018 年底已成立县级以上农民合作社示范社 7600 家，其中国家级示范社 385 家，省级示范社 2005 家，全省合作社成员 189 万人，带动农户数 280 多万户。陕西省目前已登记农民合作社近 5 万个，共认定 1119 家省级农民合作社示范社，其中有 15 家上榜 "2019 农民合作社 500 强"，经营总额 41807.61 万元，平均营收额 2787.17 元，农民出资、入股成员总数 3351 人。② 这些合作社规范产品统一化生产和销售，提高生产效益和产品利润，成为促进农民增收、带动 "三农" 发展的重要力量。

对西北贫困地区而言，在合作社数量快速增长的同时，不少合作社存在实力偏弱、合作内容单一、经营管理水平不高等现象，合作机制的作用未能有效发挥，合作有名无实。新型城镇化强调以人为本，在此基础上强化人与人之间的合作，通过合作社推动产业扶贫可以产生积极的传导效应。但是，基于传统合作模式存在的不足，以及现实中各贫困村地理位置、自然地貌、生产条件、人口年龄结构、受教育程度等各类资源禀赋的明显不同，千篇一律的合作模式也会存在 "水土不服"，固定产业扶贫模式也不能照搬。因此，西北地区新型城镇化进程中的产业扶贫，更应该切实结合各贫困村实际情况及需求，优化混合带动模式。

一是积极发挥农户、种养大户、企业、政府以及各类型社会组织的优势，切实根据各类型主体所能提供的资源及其需求，通过 "专业合作社+资金互助+精准扶贫" 等合作机制，将不同的人、财、物有效地结合起来，重组农业经营的参与内容与流程，改变地方政府单向财政支持的资农扶贫和农户分散粗放经营的扶贫农业经营模式，引进企业投入、社会组织参与、政府资助的多样化扶持方式，不断加强县、乡（镇）、村间的协同，凝聚基层农村组织的产业发展能力。

二是借助聚集 "经济、生产、服务、公益" 等功能于一体的合作

---

① 李霞:《宁夏精准扶贫的难点及对策建议》,《宁夏党校学报》2018 年第 3 期。
② 刘贤慧:《陕西 15 家农民合作社入选全国农民合作社 500 强，看看都有谁?》,腾讯网，2019 年 2 月 26 日，https://new.qq.com/omn/20190226/20190226A11NVC.html?pc。

社载体，探索政府引导、贫困户参与统一建设的产业经营模式，通过内部激励机制、产权机制、分红机制等的安排，提升合作社的紧密度，并实现按贡献程度分配收益，由此激励贫困户的生产积极性，增进贫困群体的内生发展动力。

三是整合人地资源，通过土地流转、资本入股、农民入社等"三变改革"的多方式分红降低农户经营风险，按照"共建共享共治"扶贫理念，稳步提升贫困户的合作积极性；将地方特色农产品与当地龙头企业的订单紧密结合，保证初级农产品畅通销售，并实施"承揽代建"工程，通过多样化的原产地扶贫形式为本地劳动力提供就业机会，留住劳动力。与此同时，利用返乡创业政策，吸引更多有能力的本地人利用合作社形式，联合大家用互联网平台和现代物流将特色农副产品、地方传统手工艺品出售出去，形成生产—加工—包装—销售的农业产业链，促进农村经济现代化，推动贫困村的发展。[1]

二 延伸产业链，促进三产融合创新

延伸农业产业链是传统农业向现代农业转型升级的必然选择。西北贫困地区因自然、地理、思想等影响，尤其是深度贫困地区仍以传统农业为主，生产方式也保持着小农模式、小块分散经营等传统特色，这些传统对脱贫有着一定的制约。新型城镇化建设中，需围绕农业进行产业链整合和价值链提升。

（一）培育壮大龙头企业

地方政府需着力培育壮大一批成长性好、带动力强的龙头企业，大力发展农产品加工业，全力打造农业产业化发展的新模式、新业态。龙头企业是构建现代农业产业体系的重要主体，也是推进农业产业化经营的关键，主要原因在于龙头企业能够充分、集成利用资本、技术、人才等生产要素，带动农户发展专业化、标准化、规模化、集约化生产。按照不同的评级标准，我国现在龙头企业分为国家级、省级、市级和规模的。国家级重点龙头企业的认定标准包括企业组织形

---

[1] 陈桂生、林路遥：《不平衡不充分发展视域下的精准扶贫——基于产业益贫和政策减贫的框架》，《山西大学学报》（哲学社会科学版）2020年第1期。

式、企业经营产品、加工和流通企业规模、农产品专业批发市场年交易规模、企业效益、企业负债与信用、企业带动能力和企业产品竞争力等。农民日报社根据2017年营业收入评选公布的"农业产业化龙头企业500强"排行榜［中国大陆31个省（区、市）参加排名］中，入围门槛为6.7亿元，农业产业化龙头企业2017年营业收入达到100亿元以上的企业有62家[①]，从地区的分布来看，国家重点农业产业化龙头企业主要分布在东部沿海地区（如浙江和广东）及传统农业大省（如四川、河南省）。西北地区入围的企业如表9-1所示。

表9-1 西北地区"农业产业化龙头企业500强"入围企业

省份	企业	排名	省份	企业	排名
陕西	陕西石羊	121	宁夏	伊品生物科技	119
	西安国维淀粉	230	甘肃	亚盛实业	236
	恒通果汁	275		大禹节水	337
	陕富面业	276		天水众兴菌业科技	478
	西安银桥乳业	293	青海	三江	335
	海升果业	301			
	华秦农科技	444		柴达木羊绒	420
	恒兴果汁饮料	455			

资料来源：农业日报社"农业产业化龙头企业500强"排行榜。

从这些数据可以看出，西北地区入围企业数量少，其中，陕西省8家，宁夏1家，甘肃3家，青海2家，且入围企业排名相对比较靠后，排在西北区首位的是宁夏伊品生物科技，全国位列第119名。

为培育扶持西北地区龙头企业的发展，各级政府要联合发力。第一，整合相关专项资金，对龙头企业发展给予倾斜支持，可以通过贷款贴息、贷款担保、先建后补、以奖代补、无偿补助等多种方式鼓励企业进行技术提升和产品开发，鼓励企业建立自己的品牌。第二，落实相应的税收优惠政策，对于企业的技术研发费用按照是否已形成无

[①] 《2019农业产业化龙头企业500强排行榜发布》，搜狐网，2019年2月27日，http://www.sohu.com/a/298180182_775278。

形资产进行抵扣或者摊销，对于技术转让所得可免征所得税，对于购置使用环境保护、节能节水、安全生产等专用设备的可进行税收抵免，对于一次性固定资产投资超过 1000 万元的，按规定减免相关行政事业性收费。第三，加大激励力度，鼓励企业争创省级以上的重点龙头企业，对获得国家级重点龙头企业的，每个企业一次性奖励 10 万元，对获得省级重点龙头企业的，每个企业一次性奖励 5 万元（奖励金额根据当地财政情况进行调整）。第四，整合金融保险力量，提供金融支持。包括提供融资服务、融资担保、农业保险保障，探索补贴、信贷、保险的联动机制，扩大政策性农业保险的范围。第五，扶持培育市场，支持企业开拓农产品市场线上线下两条线，一方面，支持龙头企业农产品销售电商平台项目的建设，包括入住天猫、京东平台开设企业店铺，使用网红直播、众筹等多种方式，增加品牌受众度；另一方面，鼓励企业组织各种形式的西北农特产品推介活动，如发布会、品鉴会、推介会、交易会、博览会、展销会等，在东部省份和一、二线城市开设西北农特产品展示展销窗口，对于营业额高的店铺（实体、网店均可）给予一定金额的奖励。最后，在此基础上，引导龙头企业带领其他新型经营主体和小农户实现共同发展。

当然，发展壮大更需要企业自身的努力。对于西北地区本土企业来说，建立完备的企业治理机构是当务之急——缺乏科学的法人治理结构一直是制约我国企业发展的一大阻碍因素。完备的企业治理结构是龙头企业通过兼并、收购、重组、控股等方式组建大型企业集团，及上市融资、发行债券、在境外发行股票并上市募集发展资金的基本条件。例如上市企业数据，截至 2017 年，我国上市公司合计 3034 家企业，涉农类（不包含茶类）企业合计为 121 家，占比约 4%[1]。农业上市公司主要分布在中南地区、华东地区等，西北地区新疆维吾尔自治区有 6 家，排名前列，其余省份企业应当积极改革，迎头追上。此外，企业应当加快品牌和标准化建设，一方面，增加认证、质检、

---

[1] 高鸣、郭芸芸：《2018 中国新型农业经营主体发展分析报告（一）——基于农业产业化龙头企业的调查和数据》，搜狐网，2018 年 2 月 24 日，http：//www.sohu.com/a/223851732_ 776086。

检疫、溯源体系建设方面的投入，积极申请 HACCP、ISO9000 等质量体系认证；另一方面，加快"三品一标"体系建设，让更多的农特产品获得无公害农产品、绿色食品、有机农产品和农产品地理标志认证，争取省级以上名牌、著名（驰名）商标荣誉。

（二）打造现代农业园区

现代农业园区是农业生产要素重新组织的一种新的形式，打破了以往单一的工厂化、大棚栽培模式，用企业化经营管理的运行制度，通过科技开发、示范、辐射和推广等手段促进区域农业结构调整和产业升级，具体可以建设为农村科技园区、农业旅游园区、产业化园区、城市型农业生态园区等形态。例如国家科技部公布的八批国家农业科技园区名单中，西北地区有新疆温宿国家农业科技园区、宁夏中卫国家农业科技园区、陕西铜川国家农业科技园区、甘肃甘南国家农业科技园区等。各级政府应当积极鼓励现代农业园区建设，对国家现代农业示范区和省级园区给予奖励，并引导和推荐省级园区申报国家级园区建设，避免出现验收不合格、退出国家建设名单的情况；税收方面，落实入园企业的税收优惠政策；整合涉农项目的扶持资金，科技、水利、林业、扶贫等资金向园区基础建设倾斜；鼓励金融产品和金融服务创新，建立多元的投融资机制，稳步提升园区市场化和现代化的水平；引导保险公司开展园区内适宜的农业保险业务，完善风险管理体系的建设。

（三）延伸农业产业链，促进三产融合创新

结合农业供给侧结构性改革，延伸农业产业链，促进三产融合创新。当然，延伸产业链时需最大化地利用地方农产品原料优势，这样既能充分发挥特殊性，又能提高产地农产品效益，节省加工企业的原料成本、运输成本等，实现农民和企业的互利互惠，帮助农民增收脱贫。例如，新疆在脱贫攻坚中，19 个对口援疆省市聚焦 22 个深度贫困县市，大力开展产业扶贫工作，并通过产业链延伸、三产融合等举措激活当地脱贫造血功能，对促进全省经济发展方式转变、产业结构优化、群众就业、财政收入增加等发挥了积极作用。2017 年上海市总共援助新疆 24.53 亿元，其中用于脱贫攻坚 20.92 亿元，占到 85.28%，实施项目 155 个。广东省则通过"筑巢引凤"的方式，在新疆建设产业园区聚焦企业，建立中小企业孵化基地，延伸产业链促进就业。投资30多亿元打造兵团草湖广东纺织服装产业园、伽师工业园、广州新城等9个产业园区，形成商贸物流、纺织服装、电子加工、农林果等行业集群，吸纳20多万人就业。浙江省坚持以项目带动产业、以产业拉动就业、以就业改善民生，在阿克苏地区大力实施"百村千厂"工程，投资总额达23.53亿元的129个项目全面建设，兴建了389座厂房。[①]

三 继续推动科技兴农

精准扶贫以农民为主，农民不能完全离弃农业，推广现代农业生产方式，增加农业生产科技含量，提高农业生产效率，吸纳更广泛的农业人口参与农业产业再造，带动贫困人群脱贫增收，是现代农业生产体系扶贫益贫的关键。科技兴农既是削减绝对贫困的利器，也有益于长期性的减贫、益贫。

对当前推行的以精准扶贫为核心的绝对脱贫来说，继续推动科技兴农需要从以下几方面着手。一是继续发挥精准扶贫的对接性，利用扶贫产业的科技化生产，将科技兴农与贫困户需求有效结合起来，扭转贫困低水平循环，将作物种植、良种培育、畜禽饲养与防疫、农业机械和工程、农产品保鲜和加工等农业科技叠加推广，增加贫困户的科技利用强度，既检验科研研发及生产的结合度，更好地发挥农业科技在扶贫领域的益贫价值，也可以细化农业生产分工，提升农民生产技能，促进农村人力资源的有效利用，扭转乡村空心化困局。二是推动科技农业产业再造方式上的产学研融合。西北农村的贫困落后是基础设施、经济水平、乡风文明、生态环保等诸多领域的综合性落后，推动农业产业形态的产学研结合，既需要工具集层面的拓展，如灌溉工程与节水、动植物品种的遗传改良、农产品的采摘储藏、农用机械设备的开发运用、遥感应用与自动化等技术，还需要研究集层面的融合，需进一步推进电子技术、机械设计与自动化、生物工程、动植物医学、现代物流等领域的跨学科融合。三是拓展科技网络推广模式。

[①] 阿班·毛力提汗：《2018年新疆扶贫攻坚报告》，《新西部》2019年第21期。

该模式强调通过建立科技教育、推广、服务的专门机构和社会机制，向农民大量传播科技信息和适用技术，使农民在科技网络带动下产生新需求，激发其探索其先进技术的兴趣，从而解决技术缺乏带来的困难，达到脱贫致富目标。

对西北贫困地区而言，农民的低素质和低实力会在一定程度上制约相关技术的吸收能力。精准扶贫中，要贯彻"三个精准"。一是推广的技术精准化，要求技术成熟、便于操作，能够让真正需要技术支持的民众比较容易地了解、掌握。二是技术推广的对象精准化，以"村""户"为单位，避免自上而下、面向全国的宽泛式技术推广，针对扶贫对象知识技能水平的不同，推广不同的技术；对有一定知识技能基础，并且掌握能力较高的对象，可相应推广一些适宜的高科技技术，对没有知识技能基础的低素质对象，则可选择推行一些简单易行的技术。三是要将技术推广方式精准化，对于居民集聚密度较高、信息传递较通畅的地区，可采用网络、电视、集中培训等方式；对于居住分散、信息传递通畅度差的居民区，则应采用专人指导、现场培训等方式。

第二节 优化项目供给，实现产业联动

新型城镇化需要将以"要素"和"空间"为核心的基础转变为以"人"为核心，加快农业转移人口市民化并实现其生活方式的转变。该进程中，区域均衡发展、产城融合发展、城乡统筹发展是各地新型城镇化的核心内涵。对西北地区而言，新型城镇化发展更充分发挥产业联动作用，强化工业对农业、城市对农村的辐射和带动，建立"以工促农、以城带乡"的长效机制。该过程应与精准扶贫密切结合，注重健全产业项目的选择，优化扶贫项目的供给。

一 精准产业定位

产业精准扶贫以培养贫困户的工作能力和社会资本为主要目标，对提升贫困户脱贫信心、稳定脱贫成效、增加获得感和幸福感、防止返贫作用明显。目标上，可涵盖产业开发和精准脱贫两项，前者事实

上属于经济发展行为，由市场主导效率较高；后者根本上属于社会保障行为，政府主导效果较好。由此可见，产业精准扶贫目标存在本质上的冲突，这对地方政府的扶贫产业选择就提出了较高要求。

从经济层面看，产业选择极其重要，其在很大程度上决定着一个地区经济今后发展的走势。对于西北五省区而言，除了做好省区层面的产业定位及选择外，各贫困地区在精准扶贫中推行"一乡一业"产业对接和"一村一品"产业培育时，更需要因地制宜地根据自身特点进行选择。但目前西北贫困地区的精准扶贫中，许多地区做得不够理想，产业结构单一，农业占据主导地位，产品附加值低，无法形成完善的产业链。由于贫困地区信息资源的相对闭塞，一些乡、村对自身特点把握不透，难以选择适合自己实际的产业；还有一部分乡村无法及时获得市场动态，盲目跟风，盲目仿照并追随其他地区获得可观收益的产业，完全没有考虑该产业是否适合自身特点以及潜在的风险因素。很多地区缺乏可行、长效的产业规划，只凭借经验走一步看一步，不能较好地把握产业发展方向，实践中面临较大风险，容易引发产业失败。

因此，西北贫困地区结合新型城镇化推进产业扶贫时，要注意以下几点。首先，要重视传统优势产业。对贫困地区而言，传统优势产业具有时间长、经验足、风险小的特点，再加上长期的实践，更容易找出其弊端予以改进，提升其效益。因此，应将传统优势产业作为产业扶贫的重要力量，进一步巩固壮大。其次，应当建立因地制宜的选择机制，各农村地区需依托自身需要和条件，着力发展具有地方特色的产业项目，提升产品竞争力，提高经济效益。例如，偏僻山区的农村因地理位置不佳、交通不便、运输成本较高，工业发展几无可能，因此，应将产业定位为传统的农牧业或特色旅游业；而平原地区的农村，则可以着力发展特色农产品种植产业，加快推进规模化生产。再次，要深入调查研究，制定科学合理的产业规划。既要充分了解所发展的产业的组成、结构、运作机制等，还要摸清近几年相关产业的发展动态，预测未来可能的发展趋势。既要深入调研产业的市场竞争、需求、效益等，还要切实借鉴学习其他地方的成功经验，避免走弯路。最后，应当明确扶贫对象，降低扶贫的盲目性。每一户农村贫困群众的致贫原因都可能不同，选择扶贫产业项目时，是连片化还是单独化，是统一化还是插花式，应当基于区域情况以及农村贫困群众的情况，挑选适宜的扶贫方式，提高脱贫效率与质量。与此同时，地方政府还需要综合考虑具体产业精准扶贫的重心，究竟是产业开发还是扶贫，前者为重则应减少干预，以宏观指导为主；后者则要多干预，以追求扶贫效果为先。对扶贫企业而言，则需配合地方政府的工作重心做出适度调整，前者更考虑市场竞争性、收益性，后者更应考虑公益性、福利性。但这二者也并非绝对割裂、对立。政府可根据实际情况因势利导、精准施策，适时调整治理策略；扶贫企业也可以针对不同时期地方政府的侧重点略微调整。根本上，经济发展水平和质量的提高必定会从整体上提升地区福利水平，加强精准扶贫力度，从而完成社会整体福利水平提升和社会福利均等化的双重目标。

二　注重扶贫产业的长期可持续性

在近几年的供给侧改革、区域产业振兴、新型城镇化建设等政策推行中，东中西部三大区域的产业升级和结构调整也在推行。其中，东部地区重在"腾笼换鸟"，一方面使在本地区不再具有比较优势的产业主动或被动向外迁移，另一方面则为企业打造更优越的营商环境，为长远高质量的发展创造空间。而这些迁出的衰退性产业多集中于劳动密集型及高耗能、高污染、附加值低的产业，并主要转移到西部。

对西北地区而言，当前经济社会发展的首要任务是实现全面脱贫。东部产业转移出来的大多是劳动密集型制造业，承接这些产业在短期内可以获得大量投资和就业机会。大量劳动力需求对提升贫困人口就业机会、增加劳动性工资收入、实现脱贫有积极作用，可以在较短时间内解决西北地区的贫困问题；投资增加有助于地方政府财政收入的增加，从而产生更多的扶贫资金，整体加快脱贫进程。但从长远来看，不加选择的产业转移存在较大风险。一是衰退性产业在转移后的生命周期很难保证。由于转移产业大多是落后产业，往往还伴随企业经营管理方面的问题，如果企业在承接地经营不善，导致员工失业，会带来"返贫"风险。二是资源和生态环境保护问题，落后产业多为高耗能、高污染低端企业，这也是东部地区率先转出的产业，西部地区都是拥有良好生态环境的省份，承接过多这类产业，不可避免地会给资源和生态环境带来负面影响，损害西部长远发展利益。如何处理好短期利益和长期利益之间的矛盾，是西北省区新型城镇化与产业扶贫协同发展中面临的难题。[1]

首先，西北贫困地区在承接产业转移项目时，需确保能够对自身产业实现补充和优化升级，通过引进一些规模较大、市场竞争力较强、技术含量价高的产业，与域内原有优势产业强强联合，进而形成一定的产业集群效应，吸引更多的资金和企业入驻，创造更多的岗位满足就业需求，方能更好地完成脱贫任务。其次，产业吸纳不可一味求新、求高端，需要结合自身优势、产业基础和发展规划等实际情况，在高质量发展指引下接纳产业。从而实现功能、目标上与贫困地区的发展体系之间存在耦合。最后，需结合"绿水青山就是金山银山"的绿色发展观念来选择承接产业，注重扶贫产业的长期可持续性，避免出现"先损坏、后弥补"的得不偿失的情况。例如宁夏就充分利用日照充分、光热资源丰富的自然优势，已初步形成太阳能光伏发电产业链，并在促进当地经济、社会、生态效益中作用明显。其中，闽宁镇光伏农业科技示范园实施的振发小型分布式光伏电站项目，使贫困户户均年收入达1万元；二期计划投资2亿元，原隆村将实现2000户光伏扶贫项目全覆盖。中卫市沙漠光伏产业园以发展光伏和沙漠治理、节水农业相结合，预计每年可新增上网电量27.93亿度，实现产值71亿元，年可节约标准煤111.7万吨，减排二氧化碳278.5万吨、二氧化硫8.4万吨、氮氧化合物4.2万吨，实现经济、社会、生态效益的共赢。[2]

三 完善项目的供需平衡性

由于西北各省区自身经济发展水平相对落后，贫困地区多、程度深，脱贫难度高、扶贫压力大，因此，各个贫困区都想借助政府力量

---

[1] 郑楷、刘义圣：《产业梯度转移视角下的东西部扶贫协作研究》，《东南学术》2020年第1期。

[2] 李霞：《宁夏精准扶贫的难点及对策建议》，《宁夏党校学报》2018年第3期。

实现脱贫，使得扶贫项目、资金的供给上"僧多粥少"局面明显，完善扶贫产业项目的供需平衡，使各个贫困地区都能享受到发展福利，是精准扶贫中需要考虑的问题。首先，各地应实现扶贫项目申请、确立、实施、评估各个环节的透明化，加强监管。在扶贫项目的分配过程中，必须把贫困程度作为首要考虑指标，加大对革命老区、民族地区、边疆地区、集中连片贫困地区的项目投入力度，对项目执行力较差的特困地区，更要加大帮扶力度，对项目实施全程跟踪指导，及时提供帮助。要减少项目申请过程中各种不合理的限制条件，将有限的宝贵资源投入最需要的地区。其次，不能实施扶贫项目的一致化和平均分配，这种均等做法容易造成一些贫困地区未能真正受益等现象，影响扶贫效果。具体要求项目提供、落地时需充分考察需求地的致贫原因、资源环境条件和人口结构特点，设计出适合需求地的差异化扶贫项目，使扶贫项目的各项功能得到有效发挥。鼓励贫困群众积极参与扶贫项目设计，广泛采纳合理建议，使扶贫项目更好地反映贫困群众最真实、最迫切的利益诉求，满足贫困户异质性、多元化的需求。再次，提高地方政府扶贫积极性，强化其治理能力，鼓励基层政府根据当地实际需求设计一套行之有效的项目，交上级政府评估审批，克服扶贫项目供需不平衡的矛盾。最后，扶贫项目的设计和实施要站在全局角度，更加注重扶贫的长期效益，强调扶贫开发的可持续性。地方政府可以在条件均等的情况下采用竞争方式发包产业扶贫项目，并不干涉扶贫企业的自主经营行为，仅对项目实施结果进行验收，从而提高产业扶贫项目资金使用效率。对地方政府也可以优化其政绩考核机制，以贫困人口脱贫质量为重，综合考评扶贫项目的实施效果、持续性及后期维护情况；建立扶贫项目责任机制，对于荒废的扶贫项目探寻原因、总结教训，并追究负责人责任，杜绝扶贫项目无故终止、资金浪费现象；制定扶贫项目维护机制，跟踪观察已完成的项目，并做好后期维护，保证这些项目的可持续性并巩固已有成果，减少贫困户脱贫又返贫现象。[①]

[①] 贺林波、李萌：《产业精准扶贫的风险困境和对策建议》，《宏观经济管理》2019年第12期。

第三节　扶持特色产业，提升核心竞争力

2014年，中共中央办公厅、国务院办公厅印发《关于创新机制扎实推进农村扶贫开发工作的意见》，把特色产业增收工作作为扎实解决突出问题的十项重点工作之一。2016年，原农业部、财政部、国务院扶贫办等九部委联合印发《贫困地区发展特色产业促进精准脱贫指导意见》，从特色产业确定，第一、第二、第三产业融合、金融保险支持等八大方面推进产业扶贫。特色产业作为具有核心竞争力的、有一定历史积淀和文化传承的优势产业，甚至是产业集群，对提升经济竞争力、激发人们创业意识、促进产业全面发展、增加收入有积极意义。

一　坚持把培育发展特色产业作为脱贫攻坚的主攻方向

随着西部大开发的推进，西北地区的一些特色产业被逐渐挖掘出来，特色农牧业、林果业、区域特色食品深加工业、中草药业和旅游业等受到重视。比如牧业、种植业分别成为青海和甘肃、新疆的优势产业；食品制造业、饮品制造业则在陕西、甘肃发展良好；医药制造业在陕西、青海发展势头迅猛，餐饮住宿业则已成为陕西、甘肃、新疆三省区共有的优势产业。在新型城镇化与精准扶贫协同发展的进程中，这些特色产业需要花更大力气培育，并将其作为脱贫攻坚的主攻方向予以拓展。

首先，要提升地方政府统筹力，重视农业特色产业基建工作。基础设施的完善是有效促进农业特色产业发展的必要条件，各地方政府应当提高农业基建投入，满足贫困地区、人口的生活用水和农田灌溉需求，解决偏远山区农村的道路通畅性，提升交通便利，方便农业特色产品的运输。地方政府还应认真落实脱贫攻坚政策，集中安排资金、项目，完善财政扶贫资金的责任、权力、任务、资金"四到县"机制，保证贫困地区各类型具体扶贫政策的落实与基础财力支撑。要从宏观层面加快贫困地区特色产业体系构建，帮助地方创建特色农产品优势区，重视农业特色产业科技创新的推进，解决好辖区内各贫困乡、镇、村产业结构过于趋同和低水平重复问题，使政府各部门、社

会扶贫项目与驻村工作队开展的扶贫项目有效衔接起来，促进当地经济发展。

其次，着力发展民族传统特色产业，塑造农业特色产业品牌。要将农业特色产业发展到一定高度，就需要塑造农业特色产业品牌。西北各贫困地区应积极开展"一村一品"示范村镇创建，实施贫困村"一村一策"行动，政府、扶贫企业、农户都应形成品牌意识，因地制宜、因村因户地分类指导、策划项目，培育、发展稳定增收的特色产业，并扶持建设一批贫困人口参与度高的特色农业基地，充分发挥大众媒体的宣传作用，发挥品牌示范效应，依托品牌产品推动农业特色产业化发展。例如宁夏贫困地区应结合本地特色发展马铃薯、玉米、草畜、瓜菜、枸杞、中药材、黄花菜等产业，同时做强盐池滩羊、中卫硒砂瓜、西吉马铃薯、固原冷凉蔬菜等地域特色品牌。南疆等自然禀赋较好地区，则应积极发展风电、光伏、特色农牧业和乡村旅游等产业，大力培育新疆特色农产品市场，打造品牌，提升价值。

最后，坚持市场导向，把自给自足的小农经济与市场经济结合起来，支持贫困地区发展农产品加工业，加快三次产业融合发展，使广大贫困农村、贫困户面向市场、发展市场经济。一是大力发展农副产品初加工和精深加工，稳步提高农产品加工转化率，提高农产品附加值，构建现代农业产业体系、生产体系、经营体系、保护体系。二是依靠当地资源，通过改造种植业、畜牧业、林果业、农畜产品加工业等传统产业，推动乡镇企业、服务业等第二、第三产业的发展，鼓励有条件的贫困县创办三产融合发展扶贫产业园。事实上，各地特色产业之间关系密切，诸如农牧业、种植业的发展，既可以增加特色食品、饮品以及中草药业的生产，还可以发展乡村休闲旅游业、特色小镇旅游业、农村商贸物流业等第三产业，吸引更多的城市人口参观游玩，增加服务业收入，让贫困户更多分享农业全产业链和价值链增值收益。三是加大对贫困地区农产品品牌推介营销支持力度，加快推进"快递下乡"工程，完善贫困村物流配送体系，充分利用电子商务为贫困地区提供特色优质产品市场营销服务，推动农产品产销对接，帮助开发农产品市场，提升贫困地区特色优质农产品的市场竞争力和影响力。

二 坚持特色产业与劳动力转移就业同步规划

产业发展需要劳动力的支持。坚持特色产业与劳动力转移就业同步，既可以提升特色产业的生产能力，又可以为当地贫困群众提供就业机会，吸引劳动力回流。具体可结合土地流转政策，依托各类农业示范区，以农产品加工物流园等园区为载体，以提升辐射带动能力为核心，采取政策扶持、示范带动、技术服务等措施，大力培育发展特色产业的同时，形成龙头带基地、基地联移民、经纪人促流通的模式，吸收当地农民当产业工人，引导贫困群众在家门口就地、就近就业，增加农民经营性收入。此外，在移民搬迁中，可以在规划时就将特色产业发展与劳动力转移就业同步，同时注重土地开发利用和就业安置，既有利于发展特色农产品种植、畜牧养殖、劳务增收等产业，又有利于移民搬迁户的就业，有效解决移民群众的基本生活需求，并能适度提升其生活质量。

三 加大政府专项支持力度

特色产业的发展离不开政府的大力扶持。从宏观决策层面来看，政府比农户更了解上级政策，更能获得市场信息，可以做出比农户更理智、客观的决策，同时，政府的资源获取能力要强于单个农户，因此，应继续发挥政府的专项支持力度。一是加大财政扶持力度。产业扶贫中的资金难、贷款难是贫困地区面临的难题之一，地方政府应加强财政与信贷政策的配合，既要多渠道增加对贫困地区发展后续产业的资金扶持，加大生产性投入，对地区经济发展带动作用明显的重点龙头企业适当给予投资补助；还应建立健全金融信贷体系，引导金融机构参与后续产业发展，鼓励创新特色金融产品和服务方式，简化贷款程序，扩大企业资金来源，为企业营造良好的融资环境。二是完善和落实税收优惠政策。切实贯彻落实有关扶持特色产业发展的税收优惠政策，同时针对新出现的特色产业生产模式，尽快制定新的税收优惠政策。三是强化特色产业扶贫工作的组织协调。通过对贫困地区龙头企业、生产大户的培育，充分发挥这些主体的示范作用，以及对贫困人口的组织和带动作用，并引导这些主体通过直接介入、间接示范等多种渠道参与扶贫开发，充分利用其在行业、资金、技术等方面的优势，帮助贫困地区培植产业基础、注入稀缺要素、促进产业升级、拓宽增收门路。四是建立健全产业技术支持体系。围绕特色优势产业，推行土地流转经营和托管经营模式，积极扶持培育以特色种养、劳务输出为主的移民产业；鼓励企业参与后续产业产业化经营，并享有相关优惠政策。引进一批有实力的企业，扶持培育一批示范带动能力强的合作组织，建立移民与涉农企业共同发展的利益机制，加快移民后续产业发展步伐。五是扎实推进特色农产品优势区建设工作。创建特色农产品优势区是党中央、国务院的重大决策部署，是深入推进农业供给侧结构性改革、实现农业高质量发展、提升农业竞争力的重要举措，也是帮助贫困地区脱贫致富的有效手段。特色农产品优势区是壮大特色农业产业、培育塑强特色农业品牌、提高特色农产品供给质量和市场竞争力的系统工程，西北五省区在推进新型城镇化和扶贫攻坚过程中，要始终坚持市场导向和绿色发展，以区域资源优势和产业比较优势为基础，以经济效益为中心，以农民增收为目的，在基础设施、品牌建设、经营主体培育、利益联结强化等方面统筹推进，按照填平补齐原则，积极引导各类农业主体参与，形成高位推动、上下联合、多方共建的机制，从而为贫困地区可持续发展奠定基础。

第四节　增加就业机会，提升就业能力

产业扶贫的作用之一是通过产业发展提升就业机会、增加就业收入，在新型城镇化进程中，部分农民身份的转变、生存方式的改变要求必须有新的就业机会满足生存、生活需求，而精准扶贫的措施之一也是提供多样化的就业机会，增加贫困人口工资性收入，降低贫困度，因此，二者有着共同的需求和目标。加大产业就业扶贫力度，需要"内升外扶"同时开展。

一　就业人员数量的"内升外扶"

西北贫困地区第二产业生产总值占比低，本地工业基础薄弱，就业机会少，年轻劳动力纷纷外出，出现大量老人留守、"空心村"现

象，在推动少量劳务转移增收的同时，也造成本土劳动力结构老龄化、后脱贫时代难以产生有效生产力。例如甘肃省临夏县坡头乡、路盘乡、井沟乡、掌子沟乡、营滩乡、先锋乡、河西乡、榆林乡、漫路乡、刁祁乡 10 个乡镇均有半数（含）以上所辖村的外出务工人数占劳动力的 50% 以上，其中，坡头乡所辖 5 个村均有近 80% 的劳动力外出务工，最高的村子占比 91.04%。[①] 外出务工已成为西北贫困地区不少乡村劳动力就业的主要趋势，虽然对脱贫发挥了积极作用，但从长远发展来看，这种现象也制约了乡村的可持续发展。

因此，一方面，应积极提升本地产业水平，创造就业机会，并综合改善农村的基础设施、人居环境和公共服务水平，为留住人才做好保障。一是要继续加强危房改造、加快易地扶贫搬迁项目建设，加大对农田道路、村内主干道、安全饮水管网等设施管理维护力度和环境整治力度，推进重点区域水土流失治理，整体提升贫困村基础设施并确保长期发挥效益。二是加强公共服务设施建设，健全完善社会保障体系，切实在幼有所育、学有所教、病有所医、老有所养、住有所居、弱有所扶上持续取得新进展。包括深入实施学前教育普及和义务教育兜底计划，提升学前教育、义务教育水平；开展公益文化惠民服务活动，结合地方民族宗教文化凝聚人心、促进和谐。为乡镇卫生院和村卫生室配备必要的医疗设备，提高基层医疗机构卫生服务水平。加快养老机构建设，鼓励社会力量兴办。进一步完善医疗保障制度，坚决防止因病致贫、返贫现象发生。引导和鼓励社会力量参与、帮助贫困家庭解决实际困难，不断提高公共服务保障水平，有效解决发展不平衡不充分的问题。三是对缺乏劳动力的贫困户则可以通过资源变现，使其参与到集体产业中，稳定资产类型的收入。

另一方面，加大对返乡、下乡"双创"人员的人力支持。据农村农业部公布，截至 2018 年 11 月，全国农民工、中高等院校毕业生、退役士兵、企业主、科技人员等返乡下乡创业人员已累计达到 740 万人。这些返乡、下乡创业人员既是农地流转的重要承租人，也是扶贫开发的主力军。由于返乡下乡人员通常有一定的技术、经验和资金积

---

① 以上数据均根据临夏县精准扶贫平台统计数据整理而得。

累，受过工业化的训练、城镇化的熏陶，既了解城市又了解农村，既会搞生产又会跑市场，对多元化升级消费需求更了解，视野更开阔。他们的创业创新发掘了农业多种功能和乡村多重价值，催生了农村产业的新业态、新模式。因而需要通过政策支持、主体培育，优化农地流转环境，为"返乡下乡"人员创业提供友好环境，以推动其更好地带动本地扶贫发展。2017年，西北五省区认真贯彻落实国务院办公厅《关于支持返乡下乡人员创业创新，促进农村一二三产业融合发展的意见》(国办发〔2016〕84号)，分别出台了本省对应的实施意见，对返乡、下乡"双创"人员加大支持。例如，陕西省结合新型城镇化建设在扶风县、澄城县、商南县、延安市宝塔区、杨凌示范区等试点，通过简化市场准入、改善金融保险服务，减税降费，落实用地用电支持，开展创业培训，创建创业园区基地等措施，鼓励和引导返乡下乡人员结合自身优势和特长，根据市场需求，利用新理念、新技术和新渠道，积极发展果业、畜牧、蔬菜、茶叶、种（苗）业等优势特色产业；利用互联网技术，依托农村电子商务，实施"互联网+"现代农业行动，大力发展农产品电商，开展网上创业；以农林牧渔结合、循环发展为导向，发展优质高效绿色农业，推进农业与旅游、教育、文化、健康养老等产业深度融合，提升农业价值链。青海省从2014年至2019年8月，共投入3652万元，用于"大学生领办合作社""大学生服务合作社"试点建设，吸引700余名大学毕业生和100名特聘农技人员返乡下乡就业创业。支持创业人员依托网络平台发展电子商务，并自2015年开展电子商务进农村示范工作以来，累计有4批29个县入选国家电子商务综合建设项目，累计争取国家中央财政专项资金4.9亿元。鼓励创业创新载体与高校、科研院所和专业性的创业运营团队合作共建，鼓励农业实验室、技术研发中心、检测检验平台等开放共享科技及技术资源，为返乡下乡人员创业创新提供技术保障。经过多年的探索和积累，青海省农林业科研机构先后育成春油菜、马铃薯、青稞、蚕豆等高原特色农作物品种120多个，开展"马铃薯种薯脱毒""水肥一体化""农田病虫草害综合防控""林木遗传育种"等技术研究和攻关，有效解决了农牧区经济发展中的技术难题。①

二 就业能力的"内升外扶"

就业能力的"内升外扶"强调既要推动贫困地区当地的产业发展和扶贫行动，还应加强先进地区对口帮扶中的技术培训、能力提升项目。一方面，贫困地区需要结合产业扶贫项目，大力实施就业扶贫行动计划，结合本地资源特色，鼓励发展一些环境友好型的劳动密集型产业，引导企业在劳动力资源充足的贫困乡镇、贫困村建立扶贫车间，吸纳当地劳动力，加强规范性培训，实现贫困家庭劳动力的就近就地就业。鼓励开发形式多样的公益性岗位，通过劳务补助增加就业机会。例如甘肃省甘南州设立"扶贫车间"62个，吸纳劳动力3073人，其中建档立卡劳动738人，平均月收入2620元；同时，在全州深度贫困村开发了3300多个乡村公益性岗位，从事乡村道路维护、保洁、绿化、水电保障、养老服务、就业社保协管、公共安全管理、公益设施管理等工作，为相关贫困家庭人均年收入增加1500元，帮助建档立卡零输转就业家庭劳动力实现了稳定就业脱贫。②青海省坚持产业带动、造林务工、奖补增收、管护就业和定点帮扶综合施策、多措联动，生态扶贫实现新突破。产业带动12.4万农牧户户均增收1.39万元，人均增收2634元。通过兑现森林生态、湿地生态效益补偿，退耕还林等生态工程国家补助政策，直补农牧民各类资金10.24亿元。同时将林草管护员设置与扶贫精准衔接，全省建档立卡贫困户林业草原生态管护员达4.99万人，人均年收入超2万元，实现稳定脱贫。③

另一方面，大力发展劳务产业扶贫。继续通过依托职业技术学校、技术培训中心等培训机构，开展多渠道、多层次、多功能、多类

---

① 《青海引导支持返乡下乡人员创业创新》，青海党建网，2019年8月2日，http://www.qhsdj.gov.cn/html/lxyzzl/20190802/15199.html。
② 张成芳：《甘南州强化"三项措施"推动就业扶贫》，每日甘肃网，2019年4月3日，http://gn.gansudaily.com.cn/system/2019/04/03/017164071.shtml。
③ 刘泽耕、宋晓英：《青海2018年林业产业产值达69.42亿元，今年新增5000个生态管护岗位》，搜狐网，https://www.sohu.com/a/291399845_362042。

型的职业技能培训服务，结合贫困人口的实际生产生活需要，将培训放在田间地头、一线工作地点，引导学员边学习边操作，促进理论与实践的结合。还可以与对口帮扶的发达地区建立长期劳务输转关系，并委托这些地区进行专业技能培训，提升劳务输出组织化与素质化。同时，在项目或政策方面给予扶贫对象优待，做好扶贫对象的技术培训工作，让有劳动能力的贫困户依靠双手和技术创造价值。例如，宁夏市就积极利用移民培训示范基地和生态移民创业就业服务中心，建立了自治区、市、县三级联网的闽宁镇劳务市场，为移民培训、就业搭建有效平台。2017年，闽宁镇共组织开展各类技能培训31期1685人，有组织转移就业4336人，实现收入1800万元。同心县始终把劳务产业作为农民增收的铁杆庄稼，全县有组织输出1.2万人到北京、内蒙古、天津等地务工，实现劳务收入8600万元。甘肃省甘南州则在2018年全年累计举办各类培训班169期，培训精准扶贫劳动力17442人；输转劳务12万人，实现劳务创收21.18亿元，其中，输转建档立卡贫困劳动力1.28万人，获得劳务收入1.93亿元。

第十章　新型城镇化下金融扶贫

资金是发展的生产要素资源，是经济运行的血液，无论是新型城镇化建设还是扶贫开发，都离不开有效的资金投入。可以预见，精准扶贫将成为今后一段时间我国各级政府贫困治理的指导原则和战略方向。金融机构作为社会经济发展的重要组织，提供金融服务、促进金融市场稳定繁荣的同时，在精准扶贫中的作用也不断提升，通过发挥金融杠杆的"造血"功能，有利于帮助贫困群体增收减贫、降低贫困度。2014年，中国人民银行等六部委联合出台了《关于全面做好扶贫开发金融服务工作的指导意见》（银发〔2014〕65号），提出将在2020年前建立全面覆盖贫困地区各阶层的普惠金融体系。2015年底11月，中共中央、国务院发布出台《关于打赢脱贫攻坚战的决定》，提出了20条金融支持脱贫攻坚的措施。2017年12月，中国人民银行等四部委印发《关于金融支持深度贫困地区脱贫攻坚的意见》，要求金融部门将金融服务和资金优先满足深度贫困地区。由此可见，金融扶贫作为精准扶贫开发战略体系的重要组成部分，得到了党和国家的高度重视，金融支持精准扶贫被认为是扶贫政策组合的重头戏，是打赢扶贫攻坚战的硬措施。这既是一项政治任务，也是履行社会使命的要求，要以市场化运作为主，坚持政策和市场相结合，充分激活贫困地区的金融需求，撬动资金整合功效，构建新型城镇化下金融扶贫的可持续发展模式，最终帮助脱贫致富。[1]

---

[1] 杨穗、冯毅：《中国金融扶贫的发展与启示》，《重庆社会科学》2018年第6期。

第一节　完善基础设施，建设信用体系

2017年11月中共中央办公厅、国务院办公厅颁布的《关于支持深度贫困地区脱贫攻坚的实施意见》中，提出加大金融扶贫支持力度，"针对'三区三州'制定差异化信贷支持政策，在贷款准入、利率、期限等方面，对建档立卡贫困户和扶贫产业项目、贫困村提升工程、基础设施建设、基本公共服务等重点领域提供优惠政策。对'三区三州'符合条件的企业首次公开发行股票、在新三板挂牌等，加快审核进度。提高'三区三州'保险服务水平，加快发展多种形式的农业保险，适当降低贫困户保险费率"。明确对"三区三州"深度贫困区的金融扶贫实践提出新要求。西北五省区经济发展相对滞后，作为国家脱贫攻坚的主战场之一，其深度贫困地区缺乏支持区域发展的大产业，旅游业对农村发展带动弱，商业服务业不发达，造成地区金融资源承载力弱，金融发展与地方经济未实现良性互动。因此，在执行国家政策的同时，还需结合本地贫困状态实际做出动态调整，因地制宜地提供符合民众需求的金融服务水平。

一　完善金融基础设施建设

金融基础设施作为经济发展和金融稳定运行的基础硬件和制度安排，是金融市场发展的核心支撑，其建设完善可以为金融改革开放的推进提供动力，也是推进贫困地区经济发展、摆脱贫困的重要途径。

（一）加强农村金融网点的建设

长期以来，商业金融机构一方面将吸收的农村存款大部分流入城市，在农村发放的贷款远远少于存款收入；另一方面，基于成本与效率的考虑，在贫困地区较少设立分支机构，硬件设施、人力资源投入非常有限。尤其是近些年金融市场竞争加剧，不少商业银行不仅没有增设贫困地区的服务网点，反而大规模地合并、撤销，提供的产品也往往局限于传统的储蓄、贷款等业务，贷款余额中用于农业贷款的比重也很低，使得贫困地区资金融通效率明显降低。以甘肃省临夏州为例，作为"三区三州"之一，贫困度极其严重，全州金融机构网点

数从 2014 年的 328 家增长至 2018 年的 363 家，仅增长了 35 家；其中银行网点 279 家，整体增长速度缓慢。从所辖县市来看，临夏市、永靖县、临夏县发展相对较好，金融网点数量也相对较多，分别有 82 家、62 家和 52 家，尤其是临夏市的数量约占全州的 40%。康乐县、广河县、和政县、积石山县则相对落后，金融网点数刚超过 30 家，东乡县则仅有 28 家，而 2018 年广河县、和政县、东乡县继续出现国有商业银行撤并现象。从人均金融网点数量上看，东乡县每万人拥有金融网点 0.8 家，康乐县、积石山县 1.3 家，远低于临夏市的 2.8 家和永靖县的 3.3 家，充分反映出临夏市贫困地区金融机构数量明显有限。

农村金融网点欠缺，意味着边远贫困地区的居民无法获取适宜的金融服务，也就失去了金融脱贫的渠道，直接导致普惠金融发展水平落后。与此同时，贫困地区的农户和农村小企业缺乏可抵押资产，从风险和收益考虑，金融机构的小额信贷服务往往无法惠及农村中最贫困或没有创收、创收能力不强的低收入人群。信贷规模偏小，覆盖面有限。与"三农"问题相关的保险业同样发展滞后，证券业、信托投资等其他金融服务市场更是几乎没有。

在新型城镇化进程中，西北贫困地区需要更多的金融服务，这就要求加强农村金融网点建设。一是加大金融基础设施建设，特别是西北五省区的贫困偏远地区，鼓励银行向这些地区提供安全便捷的金融服务，保障贫困人群获取金融服务的权利，降低获取金融服务的门槛。例如青海省近几年就从金融业发展的硬件入手，增设服务网点和自助金融服务终端等设施，建立"惠农金融服务点"4925 个，其中 90 个服务点位于海拔 4000 米以上地区，遍及 3062 个行政村，累计业务金额达 34 亿元；同时配置 12 台流动金融服务车下乡服务。[1] 2017 年，甘肃省助农取款服务点达 2.13 万个，布放 ATM 和 POS 终端 19.95 万台。截至 2018 年底，甘肃省临夏州共设立助农服务终端 1237 个，ATM 机 631 台，POS 机 1.59 万台。新疆自 2012 年启动助

---

[1] 张骁：《精准扶贫背景下青海民族贫困地区金融扶贫创新研究》，《青海社会科学》2018 年第 3 期。

农取款服务点建设、打通农村金融服务"最后一公里"以来，截至2018年5月底，农村地区共设立助农取款服务点5831个，基础金融服务实现乡镇覆盖率100%、村级覆盖率88.5%，大大提升了偏远贫困地区的金融服务便利性，村民不出乡不出村，就可以办理银行卡余额查询、取款、转账、手机缴费等基础金融服务。①

二是本着便民化和效率化原则，提升面向农村市场的乡镇金融网点服务水平和效率，加强农村金融市场人才的培训，让更多的金融服务不仅仅停留在县城或乡镇营业网点，通过金融服务人员到村寨的走访服务，让偏远农村的贫困群体认识金融并获得金融实惠。同时，在精准识别和建档立卡的基础上，主动为贫困群体提供定制化的金融服务。在贫困分布较为集中的村镇，以村为单位实施"整存金融支农扶贫"，聘请村支书为信贷协管员；在风险可控的前提下，对贫困户的小额发展资金贷款推行免抵押、免担保，简化手续，降低门槛。例如，青海省专门开通"12363"金融精准扶贫服务热线，为贫困群众的金融问题答疑解惑；偏远地区推广"固定平台+移动展业+流动金融服务车"的多维度移动金融服务模式，为贫困地区群众享受金融服务提供便利，强化了金融扶贫软实力。② 2017年宁夏金融机构就下功夫在贫困地区增设或恢复机构网点设置，使贫困地区每万人拥有服务网点1.5个、助农取款服务点13.5个、自助服务设备138.2台。③

（二）加快互联网金融服务的普及

互联网金融的发展在促进普惠金融发展、提升金融服务质量和效率、降低服务成本、满足多元化投融资需求等方面发挥了积极作用。互联网金融业务模式众多，包括互联网支付、P2P网贷、互联网保险、互联网基金、互联网消费金融、互联网股权融资等。政策层面，发展互联网金融已被作为促进农村贫困地区发展和实现精准扶贫的重

---

① 王丽丽、李爱华：《新疆助农取款服务点实现乡镇全覆盖》，《乌鲁木齐晚报》2018年6月1日第9版。

② 张骁：《精准扶贫背景下青海民族贫困地区金融扶贫创新研究》，《青海社会科学》2018年第3期。

③ 中国人民银行银川中心支行货币政策分析小组：《宁夏回族自治区金融运行报告（2018）》，百度文库，2018年11月11日，https://wenku.baidu.com/view/4e884e710166f5335a8102d276a20029bd6463ff.html。

要手段。实践中，蚂蚁金服、京东金融等互联网金融公司正在积极探索互联网与精准扶贫有效结合的运营模式。但在西北贫困地区，电脑普及率低，电脑接入互联网的农户比例更低，相比之下，手机普及率远高于电脑，并且手机信号覆盖情况相对较高，这为农户使用手机上网提供了便利，也为互联网金融的发展创造了条件。

在实践中能够被普遍接受并具有普及可行性的主要是互联网支付。包括微信钱包、支付宝、京东支付等第三方互联网支付平台，因其便利性已被不少年轻农民使用，但主要用于网购，办理转账或理财业务的极少。而对一些年长、受教育程度低、家庭年收入较低的人群而言，互联网支付使用率极低。

对金融机构而言，由于互联网金融业务的开展不需要设立网点，即使需要一些业务人员在农村值守并进行业务拓展，鉴于其服务半径会比固定银行网点服务半径大得多，总体上单位成本仍然低于实体网点的设立。对互联网金融企业而言，农村贫困地区是一个具有潜力和有待开发的市场，需要积极开拓。对地方政府而言，互联网金融服务的发展可以较好地帮助脱贫，对增强扶贫力度和效果有积极意义，需要进一步完善政策措置推动其发展。

西北地区在新型城镇化进程中，可以通过以下几方面提升互联网金融服务的普及率。

其一，继续加强交通、网络通信等基础服务设施。一方面，通村道路情况直接影响农村居民外出的便利性，有良好的道路，既可以为村民去乡镇金融机构网点办理转账、理财等业务提供交通便利，也可以为第三方支付网上购物和办理其他金融业务提供便利。另一方面，网络通信的通畅可以提高农村居民使用第三方支付平台进行网上购物的可能性。

其二，加强村庄电商服务站的建设，为互联网金融服务提供便利。目前，西北地区不少贫困县借助乡邮政所设立电商服务运营站，并取得了积极效果。例如甘肃省深度贫困县临夏县以贫困乡镇、村为重点，给全县 25 个乡镇邮政所各配备一名建档立卡户特岗大学生负责本乡镇电商服务站运营，聘用 146 名建档立卡户特岗大学生任村级扶贫专干负责村电子商务服务点运营；累计举办电子商务培训 7 期，涉及运营负责人和电商从业人员399人次，其中贫困户101人，实现贫困乡村电商培训全覆盖。全县25个电子商务服务站、118个电子商务服务点已全部注册淘宝网店，并对土蜂蜜、河西油桃、莲花花椒、百益蔬菜等进行"三品一标"认证，已有6种农产品、10种绿色食品、3种畜产品取得认证，2018年电商销售额达887万元。今后，要带动更多的贫困地区及其人员参与电商销售，作为销售方，村庄电子商务的发展可以拓展偏远贫困地区农产品的外销渠道，增加销售收入；作为购买方，可以通过网上购物提升消费水平、提高生活质量；买卖环节都需要利用金融服务，因此，提高金融服务有着不容忽视的积极意义。

其三，加强农村贫困地区的信息化建设，提高电脑、互联网、手机等在贫困地区的普及率与渗透率。随着信息化、数字化社会的发展，"无网络不金融""无移动不金融"已成为现代金融业体系的一个重要特征。金融从业机构应积极顺应社会发展潮流，按照"有利于提升服务实体经济效率和普惠水平、有利于降低金融风险、有利于保护消费者合法权益"这三个原则积极开展科技驱动的金融创新。同时，加强农村贫困地区的电脑、互联网、手机等的普及、渗透，结合互联网企业的网络导流、场景优势，以及传统金融机构的金融科技创新，增强贫困地区金融服务的普惠性和便捷性。例如新疆截至2018年末有农村银行网点数1977个，接入大小额支付系统率99.3%，支付服务空白村减少2076个，移动支付业务笔数、金额分别同比增长31.0%、83.6%。①

其四，加大互联网金融在农村地区的宣传普及力度，发挥互联网金融的长尾优势，开发适合贫困地区农村居民的小微投融资等普惠金融产品及服务，解决好贫困地区的"借款难""融资难"等难题。乡、村政府可鼓励村庄的年轻人、文化素质较高的人、外出务工返乡人员等积极向家人及其他村民传播、介绍互联网金融知识，传授网上

---

① 中国人民银行乌鲁木齐中心支行货币政策分析小组：《新疆维吾尔自治区金融运行报告（2019）》，豆丁网，2019年11月1日，https://www.docin.com/p-2272071776.html。

金融操作方式。金融机构、企业、电商平台等可在村庄建立村级金融服务站，搭建推介平台，借助手机微博、微信平台等媒介，加强对互联网金融的宣传和引导，推广一些符合当地民众需求的互联网金融产品，包括稳妥的理财产品、保障程度高的保险产品等。

二　加快信用体系建设

长期以来，农村地区的受教育水平低，金融业务简单、量少等状况使其信用体系建设相对落后，一些贫困人口更是因常年依赖于政府接济式扶贫，缺乏市场信用意识，错误地把金融扶贫视为国家救济，将支持生产、经营的扶贫贷款用于不必要的个人消费，将贷款视为捐赠拒不还款，或者无钱还款而赖账，金融信用观念淡薄。数据显示贫困地区金融贷款出现逾期、坏账的概率远高于其他地区，极大地影响了金融机构扶贫贷款的积极性。因此，加快农村信用体系建设，是进一步提高西北贫困地区金融扶贫效果的关键。

（一）完善贫困群体识别机制

西北五省区各地在精准扶贫进程中，贫困户信用评定体系建设尚处于起步阶段，对贫困人口信用识别、评定和管理还需根据执行的具体情况进行适时调整。这就要求在扶贫过程中，加快推进农村信用体系建设，完善建档立卡贫困户和其他农村居民的个人信用档案，将农户个人、家庭、涉农企业的各类费用欠缴情况、违法违纪、不良嗜好、邻里关系等社会信息纳入信用评级，在对农户或村级单位的信用评定工作中，将上述信用评级标准及评分在全村公示，确保信用评定的公正性，使信用状况良好的贫困户在有需求时可顺利得到金融支持。与此同时，地方政府可逐步将扶贫信息系统与银行信贷款管理系统、保险公司业务系统有效对接，完善现行的"企业信用信息基础数据库系统"和"个人信用信息基础数据库系统"，将贫困户、贫困地区企业的信用信息逐步完善，将信用建设与扶贫开发相结合，通过多渠道整合社会信用信息，提升贫困村、贫困户获得小额信用贷款的能力，进一步完善征信管理。例如甘肃省研发了具有数据采集、信用评价、统计分析、信息查询和共享等功能的"甘肃省农（牧）户信用信息管理系统"，截至2017年底，已采集67.58万户农户信用信息

278.23万条,对40.86万户农户进行了信用评级,在扩大农户贷款投放、培育农户诚信意识等方面发挥了积极作用。① 新疆截至2018年末共有81.3%的农户建立信用档案,支持农户累计取得贷款4275.1亿元。青海省2018年"农户信用信息数据库暨惠农金融服务平台"录入新用户33万人,信用村1291个,信用乡镇109个,92%的农户建立了信用档案,并推行贫困户"谅解+救济"信用修复机制,1652户信用得到修复的贫困户再获贷款5575.2万元。②

(二) 加强信用担保体系建设

西北地区广大贫困农村以传统种植业、养殖业为主,靠天吃饭现象较为突出,农户抵御自然灾害的能力差,与此同时,大多贫困户所受教育程度低,在并不宽裕的经济压力下,如果再遇上天灾人祸、收成减少,很容易造成无法还款的困难,也会使金融贷款扶贫产生坏账,极大地增加了金融风险。再加上西北地区贫困群体普遍存在人口素质相对较低、金融意识淡薄的现象,更是加剧了不还款的概率与风险。因此,仅靠农民自身能力防范金融扶贫贷款坏账风险的难度较大,需要借助市场力量健全信用担保机制,增强信用体系建设。

其一,政府可引导市场资金设立正规的信用担保公司,或者财政出资设立政策性农业融资担保机构,为这些担保机构提供财政补贴,通过增加资本金的数量发挥担保的中介作用,满足贫困户融资担保需求,将风险有效分散。也可以在农村推行连带制的联合担保机制,降低信贷风险,促使扶贫资金与信贷资金形成合力,从而提高资金运作效率。

其二,在信用辅助基础方面,建立评级授信机制,优化诚信环境。一方面可以依托互助资金项目的诚信平台,建立建档立卡户的评级授信系统,提高诚信度占比,降低资产状况占比。另一方面,需进一步完善农村产权流转交易和抵押登记服务。西北地区各级政府应顺

---

① 中国人民银行兰州中心支行货币政策分析小组:《甘肃省金融运行报告(2018)》,百度文库,2018年11月11日,https://wenku.baidu.com/view/92dd204f6d175f0e7cd184254b35eefdc8d315ff.html。
② 中国人民银行西宁中心支行货币政策分析小组:《青海省金融运行报告(2019)》,道客巴巴,2020年2月26日,http://www.doc88.com/p-44859962905734.html。

应当前农村土地制度改革大潮,加快农村产权流转交易市场体系建设,在县(市)区建立农村产权流转交易中心和农村产权信息平台,设立各类农村产权信息数据库,并将县、乡信息与市、省农村产权网络信息服务平台对接,实现信息共用、动态管理。

其三,健全农村抵押贷款市场评估等配套体系,增加基层网点信贷金额的授信授额,为扶贫开发提供广泛的资金支持。加强农户的金融知识普及教育,增强信用意识,改善农村整体信用环境。① 例如青海省2017年推行"两权"直接抵押、组合抵押、第三方担保等信贷产品,创新"信用评定+扶贫贷款+福农卡信贷支持""两富带一穷+信贷支持"等扶贫模式,发放各类扶贫贷款1126.0亿元。

第二节 提供多元服务,刺激金融需求

西北贫困农村地区的农民因经济欠发达、缺乏金融知识、理财意识淡薄,在县、乡金融服务机构主要办理传统的信贷和存款业务,其他业务所占比例较小,而且金融机构也普遍认为农村金融不发达、金融产品需求欠佳,没有必要对农村地区推出更多的金融产品和服务。事实上,广大农村地区对金融产品的需求尚未完全被激发出来。例如,西北农村贫困地区精准扶贫时仍然以传统种植业、养殖业为主,而这些传统农业脆弱性极强,很容易受到自然风险的影响而减少收成,因此,存在对农业保险的巨大需求。此外,一些偏远贫困地区外出务工人数较多,这些人的金融服务需求相对较多一些,可能需要网上银行、信用卡、承兑汇票等业务,但因缺乏金融知识,仍以现金交易与支付为主,金融服务取款代理点业务发生率低,已有金融产品未受到关注。以市场需求为导向,强化贫困地区金融产品和服务方式的供给,满足农村多元化的市场需求是西北地区新型城镇化进程中推动金融扶贫效果的重要手段之一。

---

① 杨穗、冯毅:《中国金融扶贫的发展与启示》,《重庆社会科学》2018年第6期。

一　增加传统信贷服务的多样化

银行传统的信贷服务是最基础的金融服务，也是普通民众知晓度最高的金融知识，主要通过大量分行网络、业务量来支持，是商业银行重要的资产业务和主要的营利手段。对西北地区而言，提供传统金融信贷服务是贫困地区金融扶贫的主要举措之一。针对贫困地区的特殊性，农村金融服务机构应通过深入研究各地区农村农牧民生产经营方式、规律及资金需求的特点，有针对性地对符合贷款发放条件并有贷款需求的民众提供贷款，信用建设比较完备的地区可推行信用贷款；同时，可以在国家政策许可的范围内，加快创新力度，把宅基地、棚圈、草地和土地承包经营权等纳入担保品的范围内。鼓励商业银行和小额贷款公司等金融机构积极参与农村金融市场，在农村布局营业网点，发展小额信贷业务。在民族聚集性强的边远山区，要深入普及传统金融产品，建立以普惠金融为主线的产品服务体系；在部分市场发育程度高的乡镇，可以开发一些优质低廉的互联网金融、电子金融、微型金融等产品，拓宽获取金融服务的渠道；在一些农业发展产业化规模优势较大的地方，探索发展农业产业投资基金和股权基金等，缓解农业产、销投资的压力。此外，在信贷资金产品基础之上，还可以加大保险、期货、证券等产品的开发，促进各种产品在农村市场的有效配合和补充，积极带动贫困群体有效利用金融服务。

二　推动涉农保险的发展

贫困地区由于生产经营活动风险大、保险赔付率高的现实情况，"保险扶贫"工作积极性不强。现存涉农保险项目较为零散，缺乏扶贫针对性。同时，贫困户保险意识低，参保能力不足。西北地区在新型城镇化与金融扶贫衔接发展中，需要从以下几方面予以改善。

（一）拓展农业保险服务范围

农业保险作为国家政策性保险，在保护农业生产、保障农民利益、提高农产品竞争力等方面的减贫扶贫作用明显，但农业的固有风险较大，以及商业保险公司的利润追逐性，高风险、高费率、高赔付和低保额、低收费、低保障的"三高三低"特性使农业保险开展相对缓慢，影响力相对较小，而且险种主要涉及种植、养殖类，西北五省区地方政府虽然大力推动农业保险，但多数险种投保率仍然很低，商业保险公司开办农业保险的积极性不高。例如青海省2017年农业保险承保品种仅21种，藏系羊、牦牛保险承保区域扩大到5州9县，尚未完全覆盖。

在金融扶贫中，西北地区的保险机构可针对地方农业生产特色，将现有的农业保险扩大保障覆盖范围，创新开发一些特色的服务。鼓励农村金融机构在风险可控的范围内，加强银保合作，对贫困户所选脱贫产业实施农业政策性保险，分担贫困户创业的自然风险。加强宣传引导，提高农民的投保意识，扩大政策性保险的参保范围。加大财政资金对农户的保险保费补贴和保险公司的业务费用补贴、亏损补贴、税收优惠、直接补贴等，增强农业保险对西北贫困农村地区的经济结构调整和脱贫的积极作用。

(二) 增加农村小额信贷保险

涉农贷款保证保险是保险公司的一项重要创新业务，不仅提高了农业保险的深度和广度，而且为贷款农户增加了一项新的抵押物和授信要素，提高了金融机构放贷积极性。与农村小额贷款业务发展的规模相比，农村小额信贷保险发展较为滞后，现仅涵盖"小额信贷+意外伤害"，对于借款人面临的疾病风险和农业风险等并没有提供保障。

2008年起，为贯彻国务院办公厅《关于当前金融促进经济发展的若干意见》精神，加快金融创新，缓解小额信贷中抵押担保不足的问题，各地纷纷开展小额贷款保证保险试点工作，并建立了较完善的风控措施。2018年12月，深圳金融办正式下发《深圳市小额贷款保证保险试点实施办法》，有效期为2年。小额贷款保证保险指为满足小型微型企业、农村种植养殖大户和城乡创业者等生产经营活动中的小额融资需求，由借款人投保该险，银行以此作为主要担保方式向借款人发放贷款的一种保险业务。借款人未履行贷款偿还义务时，由保险公司按照保险合同约定，向银行承担贷款的损失赔偿责任。但实践中，主要针对小微企业、城市创业者展开，农村小额信贷保险业务因办理烦琐，再加上农户居住分散、偏僻，出现了单位成本高、利润空间较小、短期效益不明显的状态。一旦出现还贷风险时，却完全由保险公司自己承担,导致保险公司主动承保的积极性不高。

西北地区新型城镇化进程中,政府部门应鼓励保险公司完善农村保险服务网络,进一步提高贫困地区的保险密度和深度。对农村小额信贷保险提供一定的政策支持,将"银行+保险"模式变为"银行+保险公司+政府"模式,加强政府、保险公司和银行的对接,综合运用财政资本注入、风险补偿和奖励补助等多种方式,建立健全支农风险补偿机制,促进保险和信贷有机结合。保险公司也可以拓展相关产品种类,细化为农村小额信贷保险定期保险、小额信贷组合保险以及农村小额信贷保证保险等。此外,保险公司可设计农村质押贷款保险险种、抵押贷款保险等多种保险产品。根据"风险大收益大"的原则开展保费制定,尽可能减少农村借款人贷款成本,但同时要保证保险机构可持续经营。西北地区的宁夏盐池县就在小额信贷实践基础上形成了全国首批互助资金项目试点,并形成系统性金融扶贫模式,做法之一即建立扶贫小额贷款风险防控机制,强化风险补偿和信贷监管。具体包括政府向各银行注入 5000 万元风险补偿金,银行按照 1∶10 的比例提供扶贫小额信贷,当因灾难、疾病等不可抗力因素发生并造成不能偿还后果时,由风险补偿金和银行按照 7∶3 的比例分担;同时,政府买单为建档立卡贫困户购买"扶贫保",理赔贫困户因灾返贫、因市场价格波动返贫。2016 年理赔超过 2000 万人,2017 年理赔超过 4000 万人。这些做法受到中央深化改革领导小组的肯定并向全国推荐交流。[1]

(三)针对性地推出贫困地区其他涉农保险

涉农保险还应该注重贫困地区群众的人身保险和财产保险。人身保险,要结合社会保险与商业保险,针对性地推出特别险种,以充分发挥商业保险的弥补功能。尤其是对贫困人口因病致穷、因病返贫的现象,可设立针对特困人口的大病医疗救助模式,在农村合作医疗保险之外再针对不同等级、不同类型的贫困问题给予一定的补偿。可以针对失地农民设立专门的健康和养老险种。财产保险,则需要针对乡

---

[1] 周玉婷:《贫困的多因素、多层次治理逻辑与治理体系研究——基于宁夏三种扶贫模式的经验分析》,《宁夏党校学报》2019 年第 4 期。

村实际情况，将保险责任适当扩大到本地区特殊面临的暴雨、洪水、泥石流、大规模疫病等主要天灾和主要畜产品保险品种。宁夏2017年就实现了家庭意外伤害、大病补充、借款人意外伤害、优势特色产业保险等"扶贫保"产品的建档立卡户全覆盖。

三 促进民间资本支持扶贫[①]

金融扶贫需要多元化。银行贷款被视为金融扶贫的主要举措，但金融扶贫不能仅限于贷款，应采取多样化手段，除引导正规金融机构参与外，民间资本也可以有所作为。

（一）优化政府投资引领，扩大民间资本扶贫投资

民间投资有较强的活力，但其趋利性也极强。扶贫过程中，投入回报的长期性、不确定性，以及政策性制约等都会阻碍民间资本的积极性。因此，增强政府引导，从投资项目、市场信息、文化习俗等方面予以全面配合，有利于确保民间投资资金的规范化运作和扶贫作用的有效发挥。

一方面是加强对民间资本使用的产业引导，完善竞争机制。民间资本的趋利性极易引发不合理的投资趋向和不正当竞争。地方政府应根据国家和地区产业政策，选择符合本地发展、具有良好前景的项目为依托，优化民间资本的投资结构，引导民间资本合理有序地使用。同时通过市场竞争机制的完善，为民间投资创造良好的投资环境，通过价格形成机制、调整和补偿机制、合理收益机制等，为不同的投资主体提供统一的平台，鼓励自主创新，发挥民间资本的最大效益。约束政府的特权，在投资准入条件、市场准入机制等方面逐步完善，扩大民间可投资的项目和运营市场，缩小民间投资与国有投资项目享有的差距；积极运用公建民营、BOT、PPP等合作模式，鼓励民间投资多渠道融资区域经济，减少"与民争利"的不合理竞争。

另一方面是积极引导民间投资与金融服务对接。大力发展由民间资本组建的各类乡村产业活动，引导扶贫产业的发展，从体制机制方

---

① 郑金辉、刘程军、王睿：《乡村振兴背景下精准扶贫路径研究——基于农村金融与民间投资的视角》，《现代管理科学》2019年第12期。

面保障金融机构能够广泛地吸收社会资本、不断增强自身的服务水平。通过建立民营银行、村镇银行、农村资金互助社的准入与退出机制，将地下金融引导至正规的、有组织的发展轨道，形成竞争性的金融市场环境。

（二）健全组织机制保障，精准支持民间投资

吸引民间资本扶贫，政府除了加强引导，还应该协助完善组织机制，将民间投资吸引至金融监管范畴内。一是应着力构建政府力量和社会力量有机结合的组织推动机制，把企业扶贫与政府扶贫相融合，把政策性、商业性、合作性服务体系相融合，搭建精准扶贫平台，增加沟通渠道，增强政企扶贫的互补性。建立社会扶贫资源的投送机制，运用市场手段引领推进，通过市场配置资源，鼓励并高效引导民间资本扶贫潜能向贫困地区汇聚，吸引各种资源要素向贫困地区转移，打造贫困地区新的产业链，使民营企业在贫困地区更好地发展。二是不断探索建立和完善财政资金和企业扶贫资金的融合机制，以项目为共同基础，在保持各自资金相对独立的情况下，发挥资金的整合效应，弥补单方面资金难以涉及方面的纰漏问题。三是鼓励引导民营企业设立贫困地区产业投资基金。采取市场化运作方式，重点投向贫困地区，以股权投资或融资引导撬动基金的方式，带动民间资本投向贫困地区新产业、新业态。

第三节 提高扶贫精准性，增强产业衔接

金融扶贫中因金融机构过于追求商业回报，忽视社会责任，出现了扶贫贷款目标偏移和漏出的不良现象。在新型城镇化进程中，西北地区应尽可能予以纠偏，对这些不良现象予以纠正。

一 利用金融杠杆精准施策

（一）针对贫困群体和贫困户的金融资金投放要精准

金融扶贫精准的前提是扶贫对象的精准。随着农村社会保障制度的逐步完善，农村贫困标准和农村低保标准逐渐"合二为一"，这种情况下，就需要把低保兜底人群和扶贫帮助人群区分开来。建档立卡

过程中，应结合贫困标准、贫困规模民主地确定扶贫对象，综合考虑收入、财产、消费，把真正贫困人群纳入金融扶贫的框架，进行贷款支持。对于贫困规模较大的整村、整乡，从扶贫企业和项目方面给予资金支持，加大交通设施、危房改造、电力水利、信息网络等基础设施的金融资金投入，加大特色种植业、养殖业、农副产品加工等区域特色优势产业的金融支持。将精准扶贫管理系统与贫困户信用评级和金融贷款信息对接，遵循"对象精准、措施精准、及时到位"等贷款原则，激发广大农户的生产积极性，帮助贫困户早日脱贫致富；还需强化基层金融系统人才和专业技术人才，保证基层贫困群众能得到必要的金融知识专项培训和职业素质培训，能及时了解和享受金融扶贫政策及优惠条件，从而推动精准的金融扶贫和信贷监管。

(二) 金融政策要精准衔接

金融政策的精准衔接首先要求要有充分的法律保障。但目前有关农村金融机构组织规则和行为活动的具体法规不明确，约束力不强，对农村金融机构的优化和扶贫能力有着明显的制约。与此同时，《中华人民共和国物权法》《中华人民共和国土地管理法》等对土地财产性权力的确权与担保条件的限制，也在一定程度上阻碍着农村市场各要素的自由流通。此外，西北地区的不少贫困地区同时是少数民族聚集区，长期以来形成的观念习惯、文化传统和法制环境有一些不适应，司法案件和金融案件难以通过司法程序完成，增加了金融机构的不良贷款比率，也影响着金融支农积极性。

其次，金融政策的精准衔接需要有效整合金融与财政两大手段，指导地方政府发挥专项扶贫资金的杠杆作用。一方面，要做好金融扶贫基础信息收集和建档立卡的管理工作，制定县级金融发展规划，编制扶贫预算，从奖励、补贴和风险转移等方面激发金融机构和金融服务人员参与支持精准扶贫的积极性，撬动更多的扶贫资金、资源流向贫困群体和贫困区域。地方金融机构要适当下放审批权限，简化审批流程，扩大扶贫小额贷款规模。另一方面，地方政府要切实发挥扶贫攻坚堡垒作用，牵头研制产业扶贫计划，整合各类扶贫资金，规范使用方法，拓宽资金来源渠道，公开使用明细，设立扶贫信贷风险补偿担保基金，承担部分风险补偿功能。引导建立精准扶贫投融资体系，克服扶贫项目实施后期资金不足的难点。同时，应优化财政税收政策，通过税收优惠、补贴等政策降低金融机构扶贫成本，提高扶贫积极性。例如宁夏盐池县就通过"财政+企业"的融资模式，由政府和企业出资设立6亿元基金，撬动了60亿元信贷资金，并通过"龙头企业+贫困户+银行"的机制，由龙头企业为农户做担保，由银行为农户提供贷款。甘肃省2018年在省级层面设立了总规模100亿元的政策性融资担保机构，在市级层面，省级担保机构和市级财政按3∶1的出资比例合资组建了11家市级担保公司。截至2018年底，完成特色产业贷款担保116亿元，担保企业874家；完善"政银担企"四方联动机制，45个县区筹集风险补偿金7.02亿元。[①]

（三）认清定位，将金融服务融入广大贫困农村

当前西北地区的金融扶贫主体主要是农村信用社和邮政储蓄银行，大多数银行、农村资金互助社、小型涉农贷款公司、农村合作银行等金融机构参与金融扶贫工作有限；受资金利益的驱使，金融机构普遍倾向在经济发展较好的地区集聚，增开分支机构和服务网点，农村偏远贫困地区服务网点较少甚至空白；在金融扶贫方式方面，以提供贫困农户子女助学贷款、抵押贷款等小额金融信贷服务为主，内容单一，不能改变农户在生产方式和生产能力方面的致贫。这些现象导致农村地区对生产性的金融基金需求与供给存在不匹配的矛盾。[②] 这就要求金融机构要从社会全局发展的角度出发，从内部授权、绩效考核以及资源配置等方面加大对贫困地区的倾斜力度。首先，政府要鼓励、引导金融机构扩大在贫困地区的网点布局，强化农村地区网点营业能力，加大贫困地区资金有效供给。银行类金融机构也要发挥自身优势，同时将工作重心下沉到县、乡镇和行政村，广开金融服务渠道。其次，创新满足贫困人口需求的金融产品。针对有生产经营能力和意愿的贫困户，扩大小额信贷的范围和规模，积极探索"多户联

[①] 中国人民银行兰州中心支行货币政策分析小组：《甘肃省金融运行报告（2019）》，原创力文档，2019年7月29日，https://max.book118.com/html/2019/0729/7143163130002043.shtm。

[②] 郑金辉、刘程军、王睿：《乡村振兴背景下精准扶贫路径研究——基于农村金融与民间投资的视角》，《现代管理科学》2019年第12期。

保""户贷企保"等有效模式。借"三权分置"改革契机，加大宅基地抵押贷款力度；创新大病医疗保险、农业保险、创业保险等产品，降低农户经营风险；针对亟须易地搬迁又无资金搬迁的贫困户，要开放绿色扶贫通道，应用村民互保、小组联保制度发放小额信用贷款，简化贷款审批手续，助推搬迁工作顺利开展。扶持中小企业及农村合作社的发展，满足其融资需求，推动农业产业发展。最后，涉农金融机构要深耕农村，延伸服务网络。支持设立村镇银行、培育农民资金互助组织；保险类金融机构要丰富涉农险种，提升理赔效率，扩大责任范围；债券类机构要强化推进贫困地区融资工作的力度，支持地区龙头企业发债融资，开展组建或引进扶贫投资基金的可行性分析，加大融资、筹资渠道和规模。[①] 例如甘肃省各金融机构结合各贫困县区特色产业发展实际，通过政府、银行和企业的沟通对接，将大型农机具、存货、仓单、应收账款、动产、订单、日光温棚、圈舍、牛羊活畜、农村各类产权等零散资产，灵活打包，组合运用，创新推出十多种特色产业贷款模式和专属产品，如"蓝天模式""庄浪模式""特色产业发展贷款""农担加油贷"等，并在 2018 年投放特色产业贷款 395 亿元，为 4000 多家特色富民产业经营主体发展提供了贷款支持。[②] 属于甘肃省确定的"两州一县"深度贫困区的临夏州农村信用社 2018 年投入农户小额信用贷款 8.02 亿元，惠及农户 5.73 万户，其中贫困家庭 0.65 万户；同时推出"旺畜宝""民贸通"等产业信贷业务和"兴陇合作贷""富陇产业贷"等特色产业贷款业务，探索出了"特色产业企业＋农户＋农合机构＋"的"3＋N"贷款模式。

二 增强金融服务与产业的可持续性衔接

金融扶贫须着眼于未来的可持续发展性，而产业扶贫是带动当地经济发展、实现脱贫的根本之策，这就要求金融机构应以帮扶当地特色产业为关键突破，持续发挥产业在精准脱贫中的基础性作用。

[①] 杨穗、冯毅：《中国金融扶贫的发展与启示》，《重庆社会科学》2018 年第 6 期。
[②] 中国人民银行兰州中心支行货币政策分析小组：《甘肃省金融运行报告（2019）》，原创力文档，2019 年 7 月 29 日，https://max.book118.com/html/2019/0729/7143163130002043.shtm。

西北五省区具有发展特色产业的优势，天然资源得天独厚，旅游资源丰富多彩，民族文化丰富多元，养殖资源基础良好，青海、新疆以及甘肃民族地区都有悠久的畜牧业。因此可以充分挖掘贫困地区的农牧业、民族手工业、特色文化业、旅游业、藏药等优势项目。金融机构应将金融扶贫与这些特色产业、特色项目有效结合起来，适应贫困村的实际需求、农业特点，形成"一村或数村一品、一乡或数乡一业"的产业发展格局，为有需求的农户进行信贷投放，为龙头企业、农牧业合作社、家庭农场、专业大户提供金融服务便利或个性化金融产品，引导更多经营主体参与到脱贫攻坚中，调动贫困户就业和创业积极性，以信贷资金"盘活"落后地区的脱贫事业，推动特色优势产业向全产业链转化，产业项目由"小散弱"向"高精深"转变，从根本上提升贫困地区依靠产业致富的产业化意识，实现金融业和产业的共同发展。例如，甘肃省2018年结合各贫困县区资源禀赋和区位优势，将"牛、羊、菜、果、薯、药"确定为六大特色优势产业，并推行特色产业发展贷款工程，到年末全省58个贫困县牛、羊存栏分别超过400万头和1600万只，菜、果、薯、药面积分别达到546万亩、1075万亩、782万亩和430万亩，初显产业规模效应。金融支持产业扶贫中，强化企业的带动能力，一方面，通过特色产业贷款支持农民合作社发展，实现农民合作社贫困村、贫困农户全覆盖，促进小农生产对接产业发展。截至2018年末，全省已有农民合作社9.9万家，入社成员184万人。另一方面，通过特色产业贷款支持涉农龙头企业发展，实现龙头企业对农民专业合作社的全覆盖，促进农业生产与市场有效对接，当年累计有127家涉农龙头企业获得特色产业贷款融资授信133亿元。[①] 属于甘肃省深度贫困区之一的临夏市，更是积极结合特色产业促进发展。其中，中国农业银行临夏市支行围绕民族用品加工，发放25户、共2.5亿元的小微企业贷款，推动利益联结产业链发展；东乡县支行围绕"东乡手抓"餐饮业，发放贷款2.1

[①] 中国人民银行兰州中心支行货币政策分析小组：《甘肃省金融运行报告（2019）》，原创力文档，2019年7月29日，https://max.book118.com/html/2019/0729/7143163130002043.shtm。

亿元加快富民产业发展；积石山县支行发放贷款 2.3 亿元，支持蛋皮核桃、花椒、中药材产业品牌化升级；永靖县支行发放 1.6 亿元高原夏菜、观光农业贷款，助力旅游产业和农业资源开发。新疆选取试点探索产业链金融扶贫新模式，以县乡为重点，推行"总部+卫星工厂+农户"生产经营模式的金融服务，支持纺织服装产业、农机专业合作社、特色黑毛驴养殖项目等，对带动贫困户脱贫致富成效明显。乌鲁木齐市打造的禽畜养殖专业合作社、标准化生态枣园、饲草料种植等则成为金融精准脱贫示范工程。[①]

三 推动各金融部门的业务合作，改善金融生态环境

加快农村金融改革一直是提升我国农村发展的重要举措，中央不断出台政策调动金融机构涉农的积极性，但仍存在金融服务类型单一、产品协同发展配套性弱、金融体系及知识宣传普及不足、涉及具体农户资金少、落地性差等问题，金融运行环境较差。面对西北贫困地区各类主体差异化、多样化的金融需求，各类型金融部门需通力合作，形成扶贫合力，才能扭转目前农村金融市场供需不平衡的局面。

一是充分发挥商业性金融、政策性金融的支农作用。贫困落后地区的金融基础设施普遍不完善，支付环境有待优化，政府要大力引导中农工建、邮储、股份制商业银行在县域及乡镇增设网点，引导金融服务向贫困农村地区延伸。同时，强化国家开发银行、中国农业发展银行的支农力度，由政府牵头建立农业产业投资基金、农业科技创业投资基金，以资本促进农业产业发展；探索开发性金融支持贫困地区基础设施建设，积极支持新农村建设，增强发展后劲。

二是建立起内生性的合作性金融体系。基于农村特有的熟人社会特点，以及长期以来形成的互助互利社交生态，应将低成本、自担风险的合作性金融体系予以拓展。推广"贫困农户发展生产资金互助活动"，建立并完善"农村资金互助社"。借鉴国内外先进模式，实现

---

① 中国人民银行乌鲁木齐中心支行货币政策分析小组：《新疆维吾尔自治区金融运行报告（2018）》，百度文库，2018 年 11 月 11 日，https://wenku.baidu.com/view/25ed8077bc64783e0912a21614791711cc7979fc.html。

信用、生产、技术、营销等多个项目的合作互助,最终形成以合作性金融为主、商业性金融与政策性金融协同推进的农村金融服务体系。加强农业保险和农业信贷的合作,形成诸如"政策性农业保险+优惠信贷利率"模式、"保险+信贷+财政补贴"模式、"农户贷款+小贷保证保险+个人意外伤害保险"等模式,推动多样化合作性金融模式的形成。[1]

三是对农村金融供给体系进行全盘规划,引进商业银行,发展小额贷款公司、融资担保公司,创建农村资金互助合作社,引导金融、工商、民间三类资本投入现代农业发展、新型城镇化建设和扶贫,建立健全政策性金融、商业性金融、合作性金融、民间金融共同参与金融扶贫的农村金融供给体系,从根本上解决农村金融供给不足的问题。通过信息共享、网点和系统互通、相互授信等方式,在多样化的金融服务供给主体之间形成扶贫合力,充分发挥竞争与互补的共存发力机制,降低贫困户的交易成本,解决融资难、融资贵的问题,进而形成政府引导、金融机构支持、担保机构辅助、保险机构保障、专业合作社(龙头企业)牵头、农户自主的农村信贷联动机制。[2]

---

[1] 杨穗、冯毅:《中国金融扶贫的发展与启示》,《重庆社会科学》2018年第6期。
[2] 郑金辉、刘程军、王睿:《乡村振兴背景下精准扶贫路径研究——基于农村金融与民间投资的视角》,《现代管理科学》2019年第12期。

第十一章　新型城镇化下教育扶贫

"人的城镇化",强调人的全面发展,强调城乡统筹、协调发展。在人的全面发展过程中,教育扮演着不可或缺的角色,特别是对贫困人口来说,更是要能够接受优质、公平的教育服务。推进城乡教育一体化发展,确保贫困地区的每个学生都能够获得相对均等的教育起点和教育过程,不输在起跑线上,切实提高贫困人口的素质和劳动技能——"治贫先治愚,扶贫必扶智",教育扶贫是阻断贫困传递的根本之策,可以"拔穷根",实现可持续发展的高质量脱贫。但是,教育扶贫比起其他扶贫手段,周期长、见效慢,是一项系统工程。探索更加多元化、高效用的教育扶贫措施,发挥教育扶贫的长效机制,是贫困地区脱贫攻坚的重要任务。

第一节　做好顶层设计,完善制度保障

教育扶贫涉及面广、涉及人口多、任务重、周期长的特征,要求这一措施的实施必须建立在树立大局意识和全局意识的基础上,系统规划、综合布局。"十年树木百年树人",教育如此,教育扶贫亦是如此,这一战略框架要在当前教育扶贫现状及发展趋势、贫困群体需求的基础上,保证一个相对较长时期的稳定性,比如5—10年的一个规划,切忌急于求成、追求短期效益,要按计划有序推进教育扶贫工作,逐步消除教育不公。教育扶贫政策的顶层设计应当建立在综合考量以下因素的基础上:贫困地区的教育财政投入、财政能力,人口结构、收入水平、流动性,学校布局、基础设施建设、人事制度、教师

队伍结构、城市化水平、市场化程度、区域发展差别、城乡二元结构等。在政策的实施过程中，有序的管理制度的建立是必要保障，因而要逐步完善教师编制管理、精准定位等制度，确保各种教育资源是高效分配的。

一　优化教师队伍管理制度

（一）完善教师编制管理

长期在乡村学校工作但是没有编制、体美音老师编制短缺等问题困扰着很多乡村学校，没有编制意味着招来难、留下更难，教师缺口很大，而那些代课的教师也很难享受到"同工同酬"的福利保障。为了保证乡村教师队伍的稳定性和奠定薪资增长的基础，必须实现乡村学校教师编制管理的科学化和合理化。

在核定编制方面，采取"自上而下"和"自下而上"上下反向结合的方式：自上而下，即各省教育厅制订乡村学校编制方案，县（区）教育局以各乡村学校在校学生人数、标准班额、班级数等指标为计算基础，划分不同地域和学校层次，计算乡村教师编制总额；自下而上，即由各乡村学校以在校生人数为基础，综合考虑本校所处地域和学校性质、班级数量和学科类别等因素，评估教师的实际工作量，按照师生比和班师比确定本校乡村教师编制数量。特别是在核定深度贫困地区、革命老区、少数民族地区教师编制时，自上一定要深入调查当地情况，自下要明确学科类别、地域特征等，确保缺的都有编制、有的编制都能用上。例如西北少数民族地区，总体教师数量严重不足，其中缺少音体美英、信息技术、综合实践、心理健康等学科专业教师的现象非常普遍，"双语型"和"双师型"教师更是匮乏，在这些地区核编时，一定要考虑到这些现实情况。为保障教职工编制不被占用，学校保安、炊事员和校医等工勤人员的需求可以通过向社会购买部分公共服务的方式解决。此外，在经费统筹的原则下，省级政府要客观评估县（区）级财政承载力，不断完善乡村教师人员经费分担机制，对那些财政能力比较弱的县（区），省级财政要给予一定的支持，解决它们的后顾之忧，确保不出现因为缺少经费就随意减少教师编制的情况。

在乡村学校教职工编制调整方面，建立动态机制。包括：按照"退补相当"的原则，为解决乡村学校总体超编但学科结构性缺编的问题，设立"临时周转编制专户"，不计入乡村学校教师总额；设立一定比例（例如，10%—15%）的机动编制，出现教师外出培训、病休和产假等情况时，有序增补，以保证正常的教学秩序；各县（区）结合本地实际，每年对乡村教师编制进行一次复核，考察现有编制是否可以满足学校寄宿制学校建设、布局调整、留守儿童关爱服务和农村教学点发展等需求；建立乡村学校教师编制数量与财政管理动态结合的监督机制，严防出现超编进人、有编不用或在编不在岗等情况。

（二）建立教师引入机制

在教师引入方面，积极探索各种符合当地情况的方式方法。例如，继续加强特岗教师权益保障、补充特岗教师队伍，服务期间工资和补助发放、周转宿舍和社会保障待遇、职称评聘、评优评先、年度考核等与当地公办学校教师同等对待，服务期满后考核合格且愿意留任的，无须额外考试直接入编，还可享受公务员和硕士研究生的优惠政策；培养本土教育人才，在少数民族地区，可以向当年参加高考的学生广泛宣传，鼓励考生踊跃参与"定向培养"计划，接受师范院校培训并在毕业后回到当地乡村学校工作，这样能够很好地解决"双语"教师匮乏和非本地人不愿意到当地工作等问题。对于一些特别缺乏的专业，可适当放宽条件，接收专业对口但非师范生的高校毕业生，比如计算机、音乐、美术等，通过后期培训教育教学方法等措施，缓解这方面的需求；运用互联网技术引进"外地教师"，在具备多媒体教学条件和网络畅通的学校，甚至可以构建"云教室"，以"云教师"的方式解决一些教师短缺的问题，例如由心理咨询师通过远程教学的方式，开展心理健康辅导课程等。

（三）完善培训交流体系

本章后节教师成长部分，详述了教师参加培训、交流的需求和必要性。对教师来说，这是更新教学理念、提升教育教学能力非常重要的一个途径。培训交流要实现常态化，应当以一个完备的制度体系为保障，什么时候参与、如何参与等等，都能以清晰明了的规章制度的形式存在。对乡村教师来说，职业生涯的规划更加明确，对维持教师队伍的稳定性起到了非常大的作用。

（四）建立教师退出机制

在退出机制方面，以《关于全面深化新时代教师队伍建设改革的意见》为指引，各级教育行政部门要加强对教师队伍的管理力度——尽管缺教师，但也不能因此就降低对教师的要求，毕竟，教育扶贫的终极目标是"上好学"而不是有学上。进一步细化教师资格的核定标准，对考核不合格的、难以适应教师岗位需求的，以转岗等方式，使其退出教师队伍。

二 优化扶贫对象识别机制

教育扶贫既要求"一个也不能少"，也要求不能发展成为"普惠式"，该扶贫的享受扶贫资源，不该扶贫的一个也不能多。对扶贫对象的精准识别尤为重要。近年来的实践中，判定标准通常为是否贫困户，即家庭纯收入是否达到或超过国家现行扶贫标准。这种方式直观，易于判断，但是也不可避免地存在着一些局限性。例如可能一些贫困户的收入情况没有被真实反映，或者即便不是贫困户，但是并没有接受教育的能力；收入不能充分反映其他维度的贫困，联合国开发计划署自2010年起，每年在《人类发展报告》中公布全球100多个国家的全球多维贫困指数[①]，从教育、健康、生活水平三个维度，通过受教育程度、儿童入学情况、儿童死亡情况、营养、用电、卫生厕所、安全饮用水、住宅地面状况、饮用燃料、拥有资产情况等十个指标综合测算；贫困生随父母进城务工等动态变化不能及时反映；等等。建立科学的教育扶贫对象识别程序和动态的监督机制，对教育扶贫的实施效果有决定性作用。在原有的建立档案、贫困生申请、民主评议小组评议、公示、复核等方法的基础上，要广泛运用新的互联网技术如大数据、区块链等，精准定位、精准识别——通过将多源数据库信息进行分析、对比的方式，及时、准确地识别出需要教育资助的对象，

---

① 冯怡琳、邸建亮：《对中国多维贫困状况的初步测算——基于全球多维贫困指数方法》，国家统计局官网，2010年1月29日，http：//www.stats.gov.cn/tjsj/tjcb/dysj/201803/t20180312_1587450.html。

包括贫困生数据库（包含学生个人基本信息、家庭信息、学业信息和成长信息等），民政、财政、地税、残联、社保、工商和房产等部门的数据。这些技术在保证准确性的情况下，还可以很好地实现动态化。

三 建立多元化投资机制

教育扶贫所需资金数量庞大，主要来源是各级政府的财政资金。对一些财政能力弱的贫困地区来说，财政压力比较大。资金问题如果得不到落实，教育扶贫工作的推进将会举步维艰。除了财政资金，社会资金是否可以参与教育扶贫？例如，20世纪90年代社会参与最广泛、最具有影响力的民间公益事业——由中国青基会发起并倡导的"希望工程"，20年间修建希望小学1.5万多所，捐赠希望工程图书室1.4万多个，培训乡村小学教师5.6万余名[1]，旨在通过援助资金、物资，帮助落后地区建校办学、提高教育教学能力，资助贫困地区失学儿童重返校园，等等。可见，作为关系到国家未来和民族未来的大问题，教育牵动着社会各界的心。积极引导这部分资金进入教育扶贫领域，能够有效缓解政府的财政压力。包括通过税收减免等手段吸引社会力量，建立完备的投资渠道，合理分配资金，扶贫方式可以是建立儿童活动中心、图书馆、阅览室、游乐场等。

第二节 细化扶贫措施，强化帮扶成效

教育扶贫是双向的，"扶教育之贫"——改善薄弱学校的教学条件、提升贫困地区乡村教师的收入水平，"依靠教育扶贫"——确保各年龄段贫困人口都可以获得相应的高质量教育资源，"两手抓两手都要硬"。事实上，这几年西北地区的教育扶贫卓有成效，例如教育部曾向全国推广甘肃教育扶贫经验[2]，在全国教育扶贫论坛上，陕西

---

[1] "希望小学"，百度百科，https://baike.baidu.com/item/希望小学/8566605? fr = aladdin。

[2] 尹晓军：《为脱贫致富注入内生动力——甘肃省推进教育精准扶贫工作纪实》，中华人民共和国教育部，2019年10月21日，http://www.moe.gov.cn/jyb_xwfb/moe_2082/zl_2019n/2019_zl45/201910/t20191021_404500.html。

教育扶贫经验也被给予充分肯定。但是，西北地区深度贫困地区、少数民族贫困地区等脱贫慢、易返贫，教育扶贫周期长，成效也需要进一步强化和巩固。

一 提升教育实力——扶教育之贫

（一）完善学校硬件设施

自我国开始实施全面改善贫困地区义务教育阶段薄弱学校基本办学条件——"全面改薄"项目以来，贫困地区的义务教学条件得到了非常大的改善，截至2019年，全国累计新建改扩建校舍2.3亿平方米、体育运动场地2.1亿平方米，购置图书6.36亿册、课桌凳3503万台件套、数字教育资源1480万GB、教学仪器30327万台件套、生活设施1836万台件套①。在中央财政的带动下，各级地方政府也纷纷加大教育投入力度，例如截至2019年下半年，陕西省义务教育总投入912亿元，新建学校446所，改扩建学校8228所，增加学位52.3万个，新增校舍建筑面积1448.7万平方米，新增体育运动场馆面积1205.7万平方米，新增图书4688.6万册，新增计算机46万台②；甘肃省共投入项目资金238.7亿元，新建校舍823万平方米，完成设备购置资金44.47亿元③；2019年，青海省教育项目投资达38.19亿元④；2018年，新疆教育经费总投入已达到951.6亿元，比上年增长12.3%⑤；2018年，宁夏地方教育经费总投入为234.7亿元，比上年

---

① 《新中国教育督导大事记》，中华人民共和国教育部，2020年2月20日，http://www.moe.gov.cn/jyb_xwfb/moe_1946/fj_2020/202002/t20200220_422592.html。

② 《五年来，陕西省义务教育总投入912亿元 新建学校446所》，搜狐网，2020年1月7日，https://www.sohu.com/a/365200065_100226214。

③ 甘肃省教育厅改薄办、省教科院：《我省开展义务教育薄弱环节改善与能力提升工作两年规划（2019－2020年）省级培训及集中审核工作》，甘肃省教育厅网站，2019年10月30日，http://jyt.gansu.gov.cn/content-e689f66536814caa9740e68089bf1014.htm。

④ 青海省教育厅：《教育厅组织召开2020年全省教育项目建设工作专题会议》，青海省教育厅网站，2020年3月2日，http://jyt.qinghai.gov.cn/xw/jydt/202003/t20200302_33179.html。

⑤ 新疆教育厅：《5月9日新疆举行教育脱贫攻坚工作情况新闻发布会》，国新发布，2019年5月10日，http://appbriefing.scio.gov.cn/data/gxbimg/gxbwap/2019/05/10/cms_3206247114589184.html?from=singlemessage。

的 228.84 亿元增长 2.5%①。贫困地区学校的校舍、教学设施设备条件得到了很大的提升，但是"改薄"的立足点和出发点是"补足短板、兜住底线，使所有义务教育学校办学条件达到'20 条底线'要求"，长远来看，想要真正实现公平有质量的义务教育，仅靠守住底线是远远不够的——"有学上"和"上好学"是不能画等号的。就此时的建设成果来看，对比经济较发达的省份，差距依然很大，例如北京市教委 2018 年发布的《北京市中小学校办学条件标准》（建设部分-试行）中提出，小学每间教室不小于 84 平方米，初中不小于 61 平方米，高中不小于 69 平方米，各校应每 5 班设置不少于 1 片大球场。再比如，西北地区包括新疆、青海、宁夏、甘肃在内的省区还有大片的少数民族聚集地，教育水平整体偏低，例如甘肃 2016 年当地高中的生均校舍面积仅为 17.1 平方米，远低于同期北京的 59.5 平方米和上海的 43.7 平方米②。

因而，西北贫困地区在前期"改薄"的基础上，应当继续加大财政投入，巩固成果，提升教育实力，力争可以实现弯道超车，让更多的贫困人口接受高质量的教育。

第一，查漏补缺，保证基本教学条件。深入调研是否还存在校园校舍不达标情况，不达标的按要求进行改扩建。继续开展"厕所革命"和"暖炉革命"，以全面告别农村学校旱厕脏、乱、差、臭和依靠煤炉取暖"热了怕烫伤、冷了怕冻病、晚上怕煤烟中毒"的危时代。在有住宿生的乡镇学校规划、修建学生宿舍，提高住宿条件以改变以往住宿学生"大通铺"的现象。偏远地区学校整合撤并的，应当规划建设"寄宿制"学校以缓解校区偏远、交通不便、学生负担加重和上学基本靠走的情况。

第二，升级改造，增加教学设施配备。在已有的校区校舍基础上，继续完备素质教育的设备设施，具体包括：对操场进行改造，配

---

① 宁夏回族自治区教育厅：《自治区教育厅 统计局 财政厅关于 2018 年全区教育经费执行情况统计公告》，宁夏回族自治区教育厅网站，2019 年 12 月 9 日，http://jyt.nx.gov.cn/sviewp/ED3D8357-D8FF-4DEF-B64F-96688B81C658。

② 仲敏：《民族地区教育精准扶贫：内在逻辑、现实困境与路径建构》，《民族教育研究》2019 年第 6 期。

备环形跑道、足球场、排球场及篮球场等体育设施；购置各类教学设备，"武装"理、化、生实验室，充实图书、音乐和美术教学器材；安装电脑、网络宽带、投影仪等多媒体教学设备，为采用多样化的教学手段和信息化奠定物质基础。保证贫困地区每所学校都能够拥有明亮宽敞的教室，平坦宽阔的操场，干净舒适的宿舍，标准的美术室、音乐室、图书室、阅览室和实验室。

（二）提升教学软件实力

学校的教育水平如何提升？前述的教室、设备等属于硬件，是实施教学过程的场所和工具，而软件则是将这些转化为具体的教学行为、教学理念、育人环境的一支稳定、优秀的教师队伍。没有教师作为教育的支撑和根基，无论有多么完备的硬件，也无从谈起高质量的教育水平。可由于历史遗留、经济社会发展不平衡等原因，乡村教师"下不去""留不住""教不好"的问题非常严重。为加强这支由300多万名乡村教师组成的园丁队伍的建设，2015年起，我国开始实施《乡村教师支持计划（2015—2020年）》——让乡村教师生存得更有尊严，才能"下得去""留得住""教得好"。如何提升教师的尊严？从马斯洛需求层次理论来看，要满足低层次的人的生理需求，也要满足高层次的人的自我实现的需求。具体一点讲，就是要正视乡村教师反映的问题，回应现实的需求，能够让乡村教师"有收入""有提升"。

1. 提高待遇——有收入

长期以来，待遇一直是影响乡村教师从教积极性的主要因素之一。工作条件艰苦、生活待遇低下（甚至在一些地方还曾出现过基层政府以财政支付能力不足而拖欠乡村教师微薄薪水的情况），更别提远不及城市教师的住房、医疗等社会保障水平，难以维系教师正常的生活，极大地影响了教师队伍的稳定性。教师不堪生活重负另谋出路，年轻人不愿到乡村学校工作，即便是去，也会在两三年内通过考公务员或城市教师编制等方式离开——这样的现象在《乡村教师支持计划（2015—2020年）》实施之前，比比皆是，原有的教师留不住，新教师吸引不来。稳住队伍的第一步，一定是提高待遇、缓解经济压力，满足教师的基本生活需求。

第一，增加工资收入。积极落实乡村中小学教师平均工资收入水平不低于或高于当地公务员平均工资收入水平政策（这里的工资收入指实际收入，包括补助津贴等，不能单纯算工资部分）。一方面，调整基本工资标准、逐步提升工资收入，按照工龄、职称等建立合适的增长梯度，保证金额逐年增长。另一方面，增加补助津贴类收入，具体可以包括：乡镇工作补贴，在享受乡镇机关事业单位工作人员乡镇补贴的基础上，给予在集中连片特困地区或贫困县乡村中小学和幼儿园工作的教师一定标准的生活补助；交通补助，县市区根据教师与任教学校的距离，对在偏远地区工作的，给予一定的交通补助；班主任津贴，对承担班主任和寄宿制学校双岗老师等工作的，根据工作量和偏远程度，发放一定的津贴补助；奖励性津贴，包括两部分，一部分是年终奖励性津贴，还有一部分是专门针对获得荣誉的教师进行奖励。特别需要注意的是，补助津贴的发放不能一味地追求均等化，任教学校地理位置越偏僻、条件越艰苦的乡村教师得到的补助应该更多，实现差异化和梯度化。

第二，提高保障水平。一是住房保障，"安居才能乐业"，通过新建、改建、配建等方式解决乡村教师的住房问题，包括集资、筹资建设商品住房，组织教师以优惠价格团购商品房，发放购房补贴或优惠券，按照当地公租房政策提供教师公寓租住，建造乡村教师、特岗教师周转房，在校园内或附近为离家较远需在校食宿的在编在岗教师、支教交流教师等建造专门的教师宿舍、食堂，购置一些现代化生活设备，完善饮水、用电和娱乐等生活配套设施，保证乡村教师能够有更舒适的居住环境。

二是医疗养老保障，长江教育研究院2018年对中西部6省12个县（区）120余所农村中小学调查的数据显示，96.6%的乡村教师表示"已办医疗保险"，72.1%的乡村教师选择"已办失业保险"，90.2%的乡村教师确定"已办养老保险"，另外，有33.9%的乡村教师确认"已实施重大疾病救助制度"[①]。对比城市职工的缴纳比例，

---

① 周洪宇、付卫东、付义朝、曾新：《让乡村教师"下得去 留得住 教得好"》，中华人民共和国中央人民政府网，2018年5月10日，http://www.gov.cn/zhengce/2018-05/10/content_ 5289714.htm。

这个数字非常不乐观，特别是那些曾在偏远乡镇、高海拔地区工作多年的教师，因病致贫的例子不在少数。各地政府应当加大补贴力度，鼓励乡村教师积极加入社会保险，监督用好医疗保险基金，有条件的地区每年组织乡村教师进行1次体检，做好重大疾病的救助工作（也可广泛借助社会力量，如河南福熙健康管理有限公司在2016年为洛阳嵩县小章村小学的教师提供免费体检服务和众筹医疗的资金扶助服务，后一项服务覆盖教师本人及父母、子女住院，均可在医疗保险报销部分之外申请救助①。）此外，为了提高乡村教师退休工资水平，积极倡导为乡村教师建立职业年金，个人缴纳工资收入的4%，由政府财政承担一般由单位负责缴纳的工资8%部分。

2. 逐步成长——有提升

和其他任何一个职业一样，教师也面临着职称评聘、教学能力提升等职业方面的困扰。在以往，这些似乎是难以逾越的鸿沟：职称评定有科研项目、教学业绩、论文、获奖等条件，对承担乡村教学工作的教师来说明显不占优势；外出培训进修机会少，教学方法、教学手段陈旧；等等。狭窄的职业发展空间让乡村教师这个职业很难对大学生产生吸引力，这样的状况长期下去，不仅教学质量难以提升，教师队伍也逐渐缺乏活力和发展的动力。

第一，打通评聘通道。在华中师范大学课题组对中西部6省18个扶贫开发重点县（区）180余所农村中小学进行的问卷调查和结构性访谈中，针对职称评定问题，有42.8%的农村教师认为"教师职称评定没有向农村学校倾斜"，仅17.7%的农村教师认为"已设正高级职称"②。"职称评不上去"影响了很多乡村教师工作的积极性，适当放宽条件，向乡村教师倾斜，有助于提升乡村教师的工作认同感。一方面，工作流程上，有条件的地区下放中小学教师职称评审权限，例如省辖市负责评审高级教师职称，县（市、区）教育部门建立评审委员会或评审组，组织实施一级教师职称评审，这样当地可因地制

---

① 《关爱乡村教师，温暖在路上》，搜狐网，2016年9月30日，https://www.sohu.com/a/115328482_388014。

② 付卫东、曾新：《十八大以来我国教育扶贫实施的成效、问题及展望——基于中西部6省18个扶贫开发重点县（区）的调查》，《华中师范大学学报》2019年第5期。

宜，适当调整评审条件。另一方面，评选条件上，对长期在农村和艰苦边远地区工作的中小学教师，提高实际工作年限的考核权重，从教年限满足一定条件（例如在乡村教学15年或20年），可直接评为中高级职称；对在偏远地区、民族地区任职的，职称评审放宽学历要求，不作论文、职称外语能力要求，重点考核教学的改革创新、教学效果业绩、一线实践经历等；考虑到师资匮乏造成的"一专多能"，允许所教专业与所学专业或教师资格证专业不一致的乡村教师参与职称评审；同等条件下，高级教师职称的评定优先考虑乡村教师；城区教师申报中高级教师职称和特级教师时，重要条件是曾在乡村学校、薄弱学校任教一定年限。

第二，拓宽交流渠道。一成不变的环境容易产生懈怠——交流的目的是互相学习，提升专业水平、提高教育教学能力。当然，交流应当包括"走出去"和"引进来"。

"走出去"，是通过外出方式（培训、进修、互换交流等，甚至包括网络培训），让教师有机会去学习新的教育理念、教学方式方法——走得出才能留得住。建立包括"国培""省培""专项业务培训""乡村紧缺学科教师培训""骨干教师培训"等项目在内的长期培训体系，从乡村教学的特点和教师的实际需求出发，提供特色化教育教学能力的培养，结合本乡本村的社会风俗、文化特色进行校本课程设计和研发的能力的提升等，例如加强民族地区双语教师的培训，引导双语教师根据民族特色设计课程。此外，针对乡村学校体音美教师数量严重不足、非专业教师教学技能不足的情况，开展专门的非专业体音美教师学科教学技能补偿培训项目，保证专业学科教师到位前，学生可以获得相应学科的知识。定期组织教师去进修学校、名校进修，实施"乡村教师访名校"等计划。积极探索与当地的师范类高校建立合作关系，畅通乡村教师进高校培训或高校下乡援建培训的渠道。不具备外出条件的，可以通过网络培训、网络研讨等形式，让这部分教师也积极参与进来。有条件的地区建立培养培训专项费用，教师可以申请用于提升学历、参与在职培训项目等。在县域范围建立区域内、校与校之间的交流机制，由教育行政部门采取多种形式，如定期交流、跨校竞聘、学区制管理（相邻的几个乡镇划为一个学区）、学校联盟、对口支援、乡镇中心学校教师走教等，实现教师队伍的常态化交流（这其实是双向的，既是"走出去"，也是"走进来"）。

"引进来"，是通过多种渠道为乡村队伍注入新鲜血液。一是鼓励、选派优秀的大学生到各个贫困地区进行支教，给乡村教师和学生带来新的课堂模式，实践创新教育方法。二是鼓励县城学校教师到乡村学校交流轮岗，乡镇中心学校教师到村小学、教学点交流轮岗（即是上述的"走出去"，事实上，前述的职称评定中，两类学校任教经历的条件也是对引进来的一种督促方式）。三是积极鼓励更多的退休校长、教研员、特级教师、高级教师加入"银龄计划"，到西北来，到农村去，拓宽视野，给乡村教师带来先进的教学理念、教学方法和现代化的教学手段。

第三，完善荣誉制度。增强乡村教师的职业荣誉感和幸福感，在乡村教师从教 30 年荣誉证书的基础上，建立"融于乡土文化的科学荣誉评价体系"[1]，这一体系应当有别于城市教师以"学业成绩"等为主的评判方式，毕竟小规模偏远学校、民族地区学校等与规模化学校的教学方式和成果难以用同样的标准来衡量。在进行精神奖励的同时，保证物质奖励并重，即通过设立乡村教师荣誉基金等方式，将乡村教师荣誉制度和工资晋升、奖励性政策挂钩。

第四，加强心理建设。以往在人们的印象中，总是教师在为学生做心理疏导，特别是乡村教师，面对的学生可能有很大一部分是留守儿童，更容易产生自卑、敏感、焦虑、自我封闭、缺乏安全感等心理问题，需要教师付出非常多的关爱、精力去帮助学生们进行疏导，能让这些孩子有一个稳定的心理状态。但是不能忽视的是，乡村教师也会面临很多现实问题而引发心理健康问题，例如职业倦怠、班级管理困惑、对现代化教学方式的恐惧排斥，以及因为学校地处偏僻而可能与家庭生活之间产生的矛盾，比如长期两地分居、年轻教师因为婚恋问题而承受的各方压力等。长此以往，可能会使很多教师处于心理亚健康状态，进而影响身体健康和工作状态，而这一点往往是人们很容

---

[1] 陈玉义：《用制度呵护乡村教师的荣誉》，中国教育新闻网，2017 年 6 月 1 日，http://www.jyb.cn/zgjyb/201706/t20170601_651076.html。

易忽略的。因而，积极提倡有条件的地方成立心理疏导室，可以时常疏导乡村教师的心理压力，稳定心理状态。学校、教育主管部门除了关注教师的业务能力提升外，也要积极帮助教师解决一些生活问题，比如对于家属在外地的、同在教育系统的，简化程序、协助调动等。对于未婚的，可通过组织运动会、业务比赛等多种形式的集体活动，增加交流的机会。

二 提高人口素质——依靠教育扶贫

（一）分段强化教育成果——智力扶贫

针对不同的阶段，包括学前教育、义务教育、高中、大学、职业教育、大学生就业、民族地区义务教育、特殊教育等，实施扶贫措施，切实提高贫困地区人口的受教育水平和综合素质。

在学前教育、义务教育、高中阶段，前述"全面改薄"工程对学校硬件设施做了极大的改善，"下得去""留得住""教得好"有效稳定了软件——教师队伍，有了硬件和软件的保障，接下来重要的工作就是提升农村学校的教育质量，力争"保底线、稳步提升"——从"有学上"到"上好学"。保底线——达到国家规定的质量底线，稳步提升——立足农村特色、联系农村实际，推进教育教学改革和课程改革，落实农村中小学教育内容的选择、教科书的编写和教学活动的开展。

在大学教育方面，积极推进各大高校参与教育精准扶贫。具备农林、水利、地矿、机械、师范、医学以及其他适农涉农专业优势的高校，可以适当调整招生计划，优先向农村贫困地区给予优惠高校招生政策。例如甘肃省对满足在集中连片贫困县（区）生活、具有户籍、连续三年实际就读的学生，实施专项计划，单列在提前批 B 或 C 段填志愿，生源不足时，按照教育部规定可降分录取[①]。此外，高校还可以通过建立实习合作基地、搭建职业发展平台等方式，在贫困生培养方面，提升技能、提供更多阻断代际贫困的机会。

[①] 郭涛：《今年甘肃继续实施面向全省贫困地区定向招生专项计划 具备三条件可报考》，搜狐网，2016 年 5 月 10 日，https://www.sohu.com/a/74543709_119798。

在职业教育方面，采用多种形式开展定制化培训，提升农民工群体的劳动技能。那些因为家庭贫困而过早失学、已经走入社会的农民工群体，即便已经生活在城市，可依然有一大部分因为文化、心理成本、经济收入等，还没有完全融入城市生活（至于如何融入，前章市民化的过程已述，事实上，教育也是市民化的一个重要措施和手段）。因为疾病、失业等而返贫的也频频发生。据国家统计局《2018年农民工监测调查报告》显示，在全部农民工中，未上过学的占1.2%，小学文化程度占15.5%，初中文化程度占55.8%，高中文化程度占16.6%，大专及以上占10.9%。大专及以上文化程度农民工所占比重比上年提高0.6个百分点。在外出农民工中，大专及以上文化程度的占13.8%，比上年提高0.3个百分点；在本地农民工中，大专及以上文化程度的占8.1%，比上年提高0.7个百分点。文化程度上明显的弱势和职业技能培训的缺失，使得农民工就业机会受限，抗风险的能力也会低很多，技能断裂、就业难是个体致贫、返贫的重要根源[1]。通过开展多种形式的职业教育培训，让贫困人口有"一技傍身"，这才是摆脱贫困的根本之策。正如本章的观点，发展教育是实现贫困户精准脱贫的有效方式，尤其职业教育有助于"拔穷根"、阻断代际贫困[2]。只是考虑到很多农民工白天要工作、时间更加碎片化、基础比较薄弱等，相比能够在学校用完整时间段学习的学生，农民工的职业教育应当"特制化"。第一，培训内容应当更具有针对性和实践性，例如讲授之前先摸底技能水平，搜集工作中遇到的问题和疑惑，以做到有的放矢，并能够与市场需求紧密相关，提高教学的效率。第二，组织形式不能拘泥于课堂，可以利用晚上或者周末的时间集中教学，也可以在工作场所穿插教学、实地培训，甚至录制教学视频供学员在闲暇时间观看学习。至于培养形式，应当以当地的职业院校为主，联合业界专家，建立一个非常态但长期的培养模式，实时跟踪培训情况和效果，满足贫困地区劳动力转移的需求。

---

[1] 高玉峰：《中国职业教育扶贫：从全覆盖迈向全面精准》，《中国职业技术教育》2017年第6期。

[2] 王嘉毅、封清云、张金：《教育与精准扶贫精准脱贫》，《教育研究》2016年第7期。

在大学生就业方面，采取各种帮扶措施，确保所有贫困大学生能够实现有质量的就业，因为只有长期的就业才能带来收入，从而实现脱贫并带动家庭脱贫。近年来，大学生就业难一直是社会各界广泛关注的问题。一方面，毕业生人数连年增长，有效岗位相对需求不足；另一方面，结构性的矛盾又很突出，中西部地区、中小微企业、基层生产服务一线人才匮乏。对贫困生来说，就业难又体现在因为家庭贫困而造成的一些学生敏感、胆怯、不擅交际、不善于表现自己等性格方面的限制，获得高薪酬还贷、减轻家庭负担的期望和现实不对等之间的矛盾，甚至是来自家庭高期望的压力等。究其根源，就业问题的暴露事实上并不是仅从这个环节开始的，在高等教育教学实施过程中，就应当开展各种形式的就业指导，为后续做好准备工作：引导大学生树立正确的就业观和择业观，通过"企业家进校园"等形式让学生了解社会不同职业的岗位需求，通过开办模拟招聘活动、顶岗实习等培养表达能力和提升工作基本技能。在校期间由班主任、辅导员等教师实现"一对一"就业援助，离校未就业的，由各地人社局负责提供实名制就业服务，组织离校毕业生参加就业见习并发放一定的见习补贴。一方面，继续发挥政府的引导作用，对西北地区来说，则是要加大"三支一扶""特岗计划""西部志愿者服务计划""万名大学生进企业"等基层项目和专项计划的宣导力度和政策支持力度，积极引导和鼓励更多高校毕业生到基层工作。通过搭建就业创业精准服务平台、提供创业场地、减免税收等方式，实施大学生就业创业项目。另一方面，充分发挥市场主体的作用。一是动员、组织发展良好、社会公信力高的企业进校园开展专场招聘，面向贫困大学生群体提供优质的就业岗位。二是利用"互联网+"技术，充分发挥互联网招聘平台"线上"招聘的优势，对贫困大学生开展精准对接服务；探索使用大数据技术，通过数据库，精准定位，智能匹配适宜的岗位。

在民族地区教育扶贫方面，尊重民族文化、夯实教育基础，逐步缩小与其他地区教育发展水平上的差距。受地理位置、历史渊源、可利用的资源等多种因素的制约，我国民族地区普遍存在贫困程度高、脱贫速度慢、减贫成本高、返贫率高等现象①，是脱贫攻坚战最难啃的"硬骨头"。经济基础薄弱、教育投入偏低，民族文化的差异、宗教、风俗习惯等影响，又进一步加大了阻断贫困代际传递的难度。特别是在西北地区，新疆、宁夏、青海、甘肃四省区少数民族地区贫困人口数量大，更是要通过精准识别、精准帮扶，提升贫困人口的综合素质，防范陷入脱贫、返贫的"怪圈"。当然，要肯定的是，近些年"全面改薄""特岗教师"等计划的实施，校舍设备、教师队伍建设等学校软硬件已经有了非常大的改观。在接下来的扶贫巩固工作中，切记教育的目的并不是摒弃所有的民族文化，而是在尊重民族文化、保护民族特色的基础上，提升贫困人口的综合素质和脱贫致富的技能。一方面，继续加大倾斜补偿扶持力度，精准配置教育资源，提升教育教学水平，从"有学上"逐渐转变为"上好学"。另外一方面，为了消除观念上的贫困，结合当地的民族文化特征和风土人情，利用各种传统传播方式（歌舞、戏曲等）和新媒介（微信、抖音、快手等），对国家政策和教育的重要性进行广泛宣传。在学校课程设置时，探索与当地民族特色相结合，开发具有当地特色的课程。利用定向培养等方式，壮大双语教师队伍，健全双语教学体系，尊重和保护他们使用本民族语言的权利。

在特殊教育方面，继续加大投入，推进区域性特殊教育支持保障体系的建设。作为教育扶贫的兜底工程，让每个残疾人都能够接受适合的教育，拥有一技之长，有助于他们融入社会、健全人格——特殊教育的扶贫工作极其重要，但同时具有很高的难度。近年来，在国家特殊学校建设等项目的带动下，30万人以上的县（市、区）实现特校全覆盖，办学条件得到明显改善，残疾儿童少年接受义务教育的人数明显增多，医教结合、送教上门等特教模式也陆续展开；特殊教育教师队伍建设方面，教育部2015年公布了《特殊教育教师专业标准》，对特教教师的培养、准入、培训、考核设定了重要的依据。尽管这几年的建设成就巨大，但是一些存在的问题也不容忽视，比如在

---

① 仲敏：《民族地区教育精准扶贫：内在逻辑、现实困境与路径建构》，《民族教育研究》2019年第6期。

一些老少边穷地区，残疾儿童底数不清，入学率还很低；有些村落居住过于分散，想要实现残疾儿童正常上学或者特教送教上门，都比较困难；经费的长效投入机制不健全；不足30万人口的县（市、区）没有特殊学校的难以保证入学；等等。特别是在西北地区，县（市、区）人口不足30万人的多，分散的村落多，财政能力弱，等等。因而，接下来还要在这几方面积极推进：一是做好档案登记工作，逐一核实未入学适龄残疾儿童与少年数据，并由残疾人教育专家委员会（由教育、心理、康复、社会工作等方面的专家组成）对每个孩子进行评估，判断其适合的教育方式（普通学校随班就读、特殊教育学校就读、送教上门等），做到"一人一案"；二是做好摸底工作之后，确保30万人口以上、残疾儿童与少年较多的县（区、市）都要建立一所综合性公办特殊教育学校；三是不足30万人口且没有特殊教育学校的县（区、市），加大普通学校无障碍设施建设改造力度，招收学生达到5人的，建立资源教室，不足5人的，由市一级统一规划，农村随班就读工作由乡镇中心学校统一提供指导；四是组织特教教师和志愿者，对不能去学校接受教育的重度残疾儿童，开展持续、定期的上门开展送教和帮扶关爱活动；五是有条件的地方调节财政资金，为贫困特教家庭免费配备安装电脑，积极协调电信公司为其免费架设宽带网络，通过"互联网送教"的方式克服不能每天送教的弊端，深化工作成效；六是加快发展以职业教育为主的残疾人高中阶段教育，稳步发展残疾人高等教育；七是针对已经成年的残疾人，开展文盲扫盲活动和实用技术培训，提高残疾人学习文化技能和生产劳动的能力；八是加大对就读学生的资助力度，并给予特教教师工资待遇、职称评聘、表彰奖励等各方面特殊的倾斜。

（二）精准实现教育资助——资力扶贫

为了保证贫困地区每个孩子都能接受教育，不因"没钱"而失学，我国出台了20多项政策，建立了从学前教育到研究生教育全阶段覆盖的资助体系。此外，为了改善农村地区义务教育学生的营养状况，2012年起，试点省市开启了营养改善计划，中央财政按照每人每天3元的标准为试点地区农村义务教育阶段学生提供营养膳食补助。2012年以来，我国学生资助金额累计10906.61亿元，累计资助学生（幼儿）6.19 亿人次。年资助金额从 2012 年的 1126.08 亿元增长至 2018 年的 2042.95 亿元，增长了 81.42%。其中，年财政投入资金从 2012 年的 824.74 亿元增长至 2018 年的 1290.08 亿元，增长了 56.42%；财政投入累计达 7281.31 亿元，占资助资金总额的 66.76%。年资助学生（幼儿）从 2012 年的 8413.84 万人次增长至 2018 年的 9801.48 万人次，增长了 16.49%。如果加上营养膳食补助受助学生 3700 万人，2018 年合计资助学生达 1.35 亿人次[①]。

在此基础上，各地通过省、市县财政补贴等方式，不断完善资助体系。以陕西省为例，本专科阶段，对考入高职学校的建档立卡家庭学生，一次性补助 3000 元；对高校家庭经济困难学生，每生每学年提供困难补贴 300 元；学校提取事业收入的 6% 用于资助学生，包括承担建档立卡贫困户学生学费、住宿费、生活费高于助学贷款限额和精准资助标准部分。中职阶段，全日制正式学籍建档立卡家庭学生一次性发放扶贫助学补助 3000 元，每生每学年 300 元生活补贴，学校提留专门资金资助学生。普通高中阶段，学校提留专门资金资助学生。义务教育阶段，对家庭经济困难的住宿生，由市县承担 50% 的生活费补助（其余 50% 由中央财政承担），小学生 1000 元/生·年，初中生 1250 元/生·年。学前教育阶段，学前一年幼儿免保教费，省与市县分别承担 80%、20%，发放家庭经济困难幼儿生活费补助 750/生·年。在营养膳食补助方面，陕西省于 2009—2011 年在义务教育阶段农村中小学实施"蛋奶工程"，给农村寄宿学生、家庭贫困学生每天提供一个鸡蛋和一袋牛奶。此工程自 2012 年起与营养改善计划并轨。

下一步的工作中，要继续提高资助工作的"精确度"，其一是提高财政预算和分配的准确性，其二是提高"资助对象"和资助额度的"精准度"，既要确保家庭经济困难的孩子们全程都能得到资助，又不是简单划一的"平均资助"。在前期建档工作的基础上，依然是借助本章前述已经提到过的大数据平台的方式，联通各部门数据，教

[①] 陈宝生：《学生资助要在脱贫攻坚中发挥更大的作用》，人民网，2019 年 3 月 1 日，http://edu.people.com.cn/n1/2019/0301/c1006-30950988.html。

育部门在审核学生资助申请时，与数据库中信息进行比对查询，确保学生资助数据的真实和准确。并且资助金额与受助学生家庭经济的贫困程度一致，提高特困家庭的学生资助标准，避免"平均资助"现象。

（三）实施精准关爱帮扶——精神扶贫

教育的目的不仅是传授文化知识，更在于引导学生塑造完美的人格，实现人生应有的价值追求——所谓"教书育人"，意即如此。同样，教育扶贫亦是更应该注重精神扶贫，即在满足贫困地区人口基本受教育的需求时，也应该关注他们精神方面的需求。

第一，在日常教学中，要增加更多心理健康教育，提高学生的心理素质。这是因为，贫困生群体中那部分农村留守儿童、单亲家庭的学生，亲情的缺失让他们可能更容易出现敏感、自卑、孤僻等心理方面的危机，更需要关爱和心理辅导；还有一些贫困生因为来自贫困家庭而存在根深蒂固的自卑感，这些打在身上的烙印即便是有些学生考上大学、接受高等教育也很难消除。单纯地依靠原生家庭想要解决这些问题，难度恐怕非常大，毕竟贫困家庭父母往往也存在着专业技能差、狭隘的文化惯性等问题。而学校教育可以通过教师关注学生的心理状态，给予他们更多的日常关爱；通过心理辅导教师（或通过政府购买公共服务、聘请兼职教师等方式），定期开展情绪管理、压力管理等心理健康知识讲座，引导学生积极参与，提高他们的抗挫折能力和心理调节能力，使其消除自卑、增强自信，形成积极的情感体验，全面提高他们的心理素质。

第二，基于稳定、健康的心理状态，培养学生健康的人格。帮助学生树立自尊、自主、自强的精神，促进他们从被动性学习到主动性学习，挖掘自身的潜力和资源，树立贫困群体反贫困主体意识，让他们能够在自身反贫困中保持积极能动的心态，提升自身反贫困参与的能力。

第三节 促进教育信息化，升级扶贫模式

进入互联网时代以来，"互联网+"与其他传统行业的融合，促使各行各业都在进行着深远的变革，尤其是关乎民族发展的教育行

业,"互联网+教育"的新模式在促进教育公平、提升教育水平、丰富教学资源、深化教育改革等方面能够发挥不容小觑的作用。特别是在西北贫困地区,互联网的高速让"上好学"的目标更好实现。事实上,在前述精准定位扶贫对象、提升教师教学能力、解决部分专业师资匮乏问题等处,我们已经提到了大数据、云计算、网络课堂的重要性,此处,对教育的信息化改革再做一详述。

一 更新教师教育理念

在贫困地区,"互联网+教育"普及率低的一大主要原因是,一部分教师受传统教育理念的固囿或学历、能力的限制,还不能完全接受这种新的教学方式。根据华中师范大学课题组的调研和访谈数据,分别有24.5%和6.1%的贫困地区学生反映教师"偶尔"或"没有"使用PPT、电子白板进行教学,分别有42.4%和8%的学生反映教师"偶尔"或"没有"利用网络资源进行教学。因而,推进教育信息化改革的首要工作任务应当是改变贫困地区的教育理念。一方面,强化素质教育的观念,转变以往课堂教育由应试为主的状态。另一方面,通过各种渠道和方式,让教师能够充分、深入理解互联网给教育特别是给那些地处偏远的乡村教育带来的便利和好处,即互联网能够以一种更为便利的方式开阔学生的视野,让孩子们了解所处的世界,帮助学生找到自己的兴趣点及优势,减少以往的题海战术,提高综合能力。

二 提高网络软硬件投入

尽管我国已成为信息大国,5G技术引领全球,但是在贫困地区,互联网的基础设备还是很匮乏,很大程度上限制了信息技术的使用。在华中师范大学的调研过程中,分别有7.7%和21.8%的学生反映学校和教室"没有网络"。下一步,在义务教育全面改薄的基础上,各级政府要继续加大教育信息化方面的投入,提供完善的硬件以及软件的支持,包括购置电脑、投影仪等多媒体教学设备;加强与网络运营企业的战略合作,采取宽带连接、卫星通信等多形式、多层面持续推进"宽带网络校校通"。此外,为了保证网络教学的顺利进行,还要为各乡镇配备相应的专职或兼职互联网技术人员，既可能避免多媒体教学设备软硬件出现问题无法及时修护的情况，也保证让教师们在使用过程中有疑问时及时获得帮助。

三 增加网络教育资源供给

网络教育资源应当包括以下几方面。

一是教师的教学能力培训资源。包括两方面，第一，在教师培训体系中，围绕"信息技术与教育教学深度融合"，多渠道、分层次开展教师信息技术应用能力提升培训，具备条件的地区将教师信息技术应用能力纳入中小学教师专业技术水平评价标准基本条件，督促贫困地区教师积极提升网络教学能力。第二，丰富教师教育能力提升的培训资源。前述教师的培训体系建设中提到，应当给予贫困地区乡村教师更多的培训机会，相比外出培训，网络这种方式让培训更为常态化。通过名师网络课堂、教师网络研修等形式，打破教师进修学习、自我提升的时间和空间壁垒。

二是丰富网络教学资源。"互联网+教育"通过微课、虚拟实验室、翻转课堂等新型教学资源、教育模式，可以将教育资源丰富地区的教学经验以网课的形式传递给贫困地区。这在客观上要求，必须有一个内容足够丰富的网络教育资源库。在开放、共享、合作的基础上，各地应当积极鼓励、引导贫困地区引进外部网络教学资源。例如四川甘孜州通过"高中直播、初中录播、小学植入式"方式引进省内外优质教育资源，通过举办教学竞赛、教学资源征集等方式，汇集本地名师优课，丰富网络教育教学资源[①]。

四 创新网络教学方式

前文提到，在贫困地区特别是民族地区，双语型教师、美术和音乐等专业教师极为匮乏，但师资的充分供给很难在短时间内完成。互

---

① 张冰清：《四川探索"互联网+教育" 深度贫困县中小学校网络接入率90%》，未成年人网，2019年10月26日，http：//www.kids21.cn/wztt/201910/t20191026_1102097.htm。

联网教育为这些地区教育水平的提升提供了新的思路：一张课表、一根网线、一台电脑即可开设一个"云课堂"。例如作为首批"互联网+教育"精准扶贫的试点地区，江西宁都县通过网络学习方式，可以让学生听到千里之外的上海名校老师讲课。各地区应当根据当地网络、教师、学生的情况，积极探索各种适宜的线上教学方式。包括搭建远程教育直播平台，探索"多对多"课堂直播模式，将省内基础教育优质学校课堂实时向贫困地区学校开放；推动贫困地区、民族地区、薄弱地区学校与示范学校间建立直播课堂教学联盟，做到同步教研（备课）、同步教学、同步练习、同步考评；通过在线教育平台，支持各地、各校课前共享课件资料、课中教学互动、课后共同研讨，加强对贫困地区学校教师课堂教学和学生课后辅导，着力解决课堂实施中的具体问题；等等。

参考文献

［1］阿班·毛力提汗：《2018年新疆扶贫攻坚报告》，《新西部》2019年第21期。

［2］鲍宗豪、岳伟：《新中国70年城乡关系：历程、转变、启示》，《学术界》2019年第6期。

［3］陈宝生：《学生资助要在脱贫攻坚中发挥更大的作用》，人民网，2019年3月1日，http://edu.people.com.cn/n1/2019/0301/c1006-30950988.html。

［4］陈丹、张越：《乡村振兴战略下城乡融合的逻辑、关键与路径》，《宏观经济管理》2019年第1期。

［5］陈桂生、林路遥：《不平衡不充分发展视域下的精准扶贫——基于产业益贫和政策减贫的框架》，《山西大学学报（哲学社会科学版）》2020年第1期。

［6］陈燕：《新型城镇化助推扶贫开发基本路径研究》，《长春理工大学学报（社会科学版）》2018年第5期。

［7］楚永生、石晓玉：《宏观视角下贫困理论的演进及其意义》，《理论学刊》2008年第2期。

［8］崔继鹏：《精准扶贫在宁夏深度贫困地区的实践》，《宁夏党校学报》2018年第5期。

［9］丁萌萌、徐滇庆：《城镇化进程中农民工市民化的成本测算》，《经济学动态》2014年第2期。

［10］丁宁：《中国特色城乡关系：从二元结构到城乡融合的发展研究》，博士学位论文，吉林大学，2019年。

[11] 杜宇：《城镇化进程与农民工市民化成本核算》，《中国劳动关系学院学报》2013 年第 6 期。

[12] 范昊：《城乡关系演进下的中国城乡关联—共生发展研究》，博士学位论文，山西财经大学，2018 年。

[13] 冯俏彬：《构建农民工市民化成本的合理分担机制》，《中国财政》2013 年第 13 期。

[14] 冯怡琳、邸建亮：《对中国多维贫困状况的初步测算——基于全球多维贫困指数方法》，2018 年 1 月 29 日，http：//www.stats.gov.cn/tjzs/tjsj/tjcb/dysj/201803/t20180312_1587450.html。

[15] 付卫东、曾新：《十八大以来我国教育扶贫实施的成效、问题及展望——基于中西部 6 省 18 个扶贫开发重点县（区）的调查》，《华中师范大学学报》2019 年第 5 期。

[16] 尕布藏昂青：《青海省各州发展不平衡性分析》，《企业导报》2013 年第 8 期。

[17] 高宏伟、张艺术：《城镇化理论溯源与我国新型城镇化的本质》，《当代经济研究》2015 年第 5 期。

[18] 高鹏、刘赚：《新型城镇化研究及理论基础初探》，《才智》2017 年第 15 期。

[19] 高玉峰：《中国职业教育扶贫：从全覆盖迈向全面精准》，《中国职业技术教育》2017 年第 6 期。

[20] 戈大专、龙花楼、屠爽爽、李裕瑞：《新型城镇化与扶贫开发研究进展与展望》，《经济地理》2016 年第 4 期。

[21] 郭俊华、赵培：《西北地区易地移民搬迁扶贫——既有成效、现实难点与路径选择》，《西北农林科技大学学报（社会科学版）》2019 年第 4 期。

[22] 国务院发展研究中心课题组、侯云春、韩俊等：《农民工市民化进程的总体态势与战略取向》，《改革》2011 年第 5 期。

[23] 蒿慧杰：《城乡融合发展的制度困境及突破路径》，《中州学刊》2019 年第 11 期。

[24] 黄承伟、刘欣：《"十二五"时期我国反贫困理论研究述评》，

《云南民族大学学报（哲学社会科学版）》2016 年第 2 期。

［25］贺林波、李萌：《产业精准扶贫的风险困境和对策建议》，《宏观经济管理》2019 年第 12 期。

［26］季轩民、温焜：《新型城镇化视域下我国农村精准扶贫困境及路径研究》，《改革与战略》2016 年第 5 期。

［27］金书明、贾大峰：《内蒙古土地整治与精准扶贫模式研究》，《西部资源》2017 年第 5 期。

［28］李秉文：《甘肃省精准扶贫与新型城镇化联动机制研究》，《生产力研究》2018 年第 9 期。

［29］李长亮：《我国城市化水平测算方法的科学性研究》，《经济纵横》2013 年第 2 期。

［30］李长亮：《城镇化视角下城镇承载力问题研究》，《小城镇建设》2010 年第 10 期。

［31］李国新：《文化融入是农民工融入城市的根本标志》，《中国文化报》2011 年 10 月 13 日第 8 版。

［32］李鑫侣、刘英、赵李丹、宫敏燕：《陕西省贫困地区精准扶贫问题及对策研究》，《中国商论》2019 年第 5 期。

［33］李智愚、崔霞霞：《西北地区贫困特点及扶贫重心——以甘肃省贫困户的"能力"贫困为视角》，《法制与社会》2018 年第 3 期。

［34］刘春芳、张志英：《从城乡一体化到城乡融合：新型城乡关系的思考》，《地理科学》2018 年第 10 期。

［35］刘辉武：《文化资本与农民工的城市融入》，《农村经济》2007 年第 1 期。

［36］刘嘉汉、罗蓉：《以发展权为核心的新型城镇化道路研究》，《经济学家》2011 年第 5 期。

［37］芦玉霞、尚明瑞：《新疆的贫困问题及其反贫困机制创新研究》，《新疆农垦经济》2014 年第 2 期。

［38］骆鹏、赵红丽：《西北五省物流一体化的经济效应与发展对策》，《商业经济研究》2019 年第 15 期。

［39］马中红：《文化资本：青年话语权获取的路径分析》，《中国青

年社会科学》2016年第3期。

[40] 潘家华、魏后凯主编:《中国城市发展报告No.5：迈向城市时代的绿色繁荣》，社会科学文献出版社2012年版。

[41] 齐昌聪:《激活扶贫开发中的土地经营权流转要素》，《人民法治》2019年第2期。

[42] 宋林飞:《新型城镇化的几点思考》，《观察与思考》2014年第1期。

[43] 童玉芬、李若雯:《中国西北地区的人口城市化及与生态环境的协调发展》，《北京联合大学学报》（人文社会科学版）2007年第1期。

[44] 王嘉毅、封清云、张金:《教育与精准扶贫精准脱贫》，《教育研究》2016年第7期。

[45] 王硕:《乡村振兴战略重大意义探析——基于城乡关系的视角》，《成都理工大学学报》（社会科学版）2019年第6期。

[46] 王鑫、李俊杰:《精准扶贫：内涵、挑战及其实现路径——基于湖北武陵山片区的调查》，《中南民族大学学报》（人文社会科学版）2016年第5期。

[47] 王震:《习近平精准扶贫重要论述的理论构图》，《西南民族大学学报》（人文社会科学版）2020年第1期。

[48] 尉建文:《人民日报观察者说：坚持走中国特色新型城镇化道路》，《人民日报》2019年11月1日第9版。

[49] 吴丰华、韩文龙:《改革开放四十年的城乡关系：历史脉络、阶段特征和未来展望》，《学术月刊》2018年第4期。

[50] 武小龙:《城乡对称互惠共生发展：一种新型城乡关系的解释框架》，《农业经济问题》2018年第4期。

[51] 谢明伟:《城乡融合发展长效机制探索》，《管理观察》2019年第33期。

[52] 许彩玲、李建建:《城乡融合发展的科学内涵与实现路径——基于马克思主义城乡关系理论的思考》，《经济学家》，2019年第1期。

[53] 杨如馨:《人力资本对西北农村反贫困的影响研究》，硕士学位

论文，山西财经大学，2019 年。

[54] 杨穗、冯毅：《中国金融扶贫的发展与启示》，《重庆社会科学》2018 年第 6 期。

[55] 姚毓春、梁梦宇：《新中国成立以来的城乡关系：历程、逻辑与展望》，《吉林大学社会科学学报》2020 年第 1 期。

[56] 叶超、陈明星：《国外城乡关系理论演变及其启示》，《中国人口·资源与环境》2008 年第 1 期。

[57] 赵秋成、孙佳伶、杨秀凌：《中国城乡联动发展：基于现实城乡关系的理论研究》，《东北财经大学学报》2018 年第 4 期。

[58] 张克俊、杜婵：《从城乡统筹、城乡一体化到城乡融合发展：继承与升华》，《农村经济》2019 年第 11 期。

[59] 张明斗、赵满满：《乡村振兴战略下城乡融合发展框架与路径研究》，《东北农业大学学报》（社会科学版）2019 年第 5 期。

[60] 张骁：《精准扶贫背景下青海民族贫困地区金融扶贫创新研究》，《青海社会科学》2018 年第 3 期。

[61] 张耀宇、沙勇、周翼虎：《以人口城镇化破解"空间贫困陷阱"——一个城乡联动的减贫新思路与制度创新》，《云南社会科学》2019 年第 4 期。

[62] 张英男、龙花楼、马历、屠爽爽、陈坤秋：《城乡关系研究进展及其对乡村振兴的启示》，《地理研究》2019 年第 3 期。

[63] 郑金辉、刘程军、王睿：《乡村振兴背景下精准扶贫路径研究——基于农村金融与民间投资的视角》，《现代管理科学》2019 年第 12 期。

[64] 郑楷、刘义圣：《产业梯度转移视角下的东西部扶贫协作研究》，《东南学术》2020 年第 1 期。

[65] 郑瑞强：《新型城乡关系益贫机理与连片特困区精准扶贫机制优化研究》，《现代经济探讨》2018 年第 5 期。

[66] 智研咨询：《2019 年中国农产品冷链物流需求现状、供给现状及农产品冷链物流发展趋势分析》，中国产业信息网，2019 年 12 月 19 日，http://www.chyxx.com/industry/201912/819664.html。

［67］中共广西壮族自治区委员会、广西壮族自治区人民政府：《关于建立健全城乡融合发展体制机制和政策体系的实施意见》，《广西日报》2019年12月2日第3版。

［68］中国发展研究基金会：《中国发展报告2010：促进人的发展的中国新型城市化战略》，人民出版社2011年版。

［69］仲敏：《民族地区教育精准扶贫：内在逻辑、现实困境与路径建构》，《民族教育研究》2019年第6期。

［70］周洪宇、付卫东、付义朝、曾新：《让乡村教师"下得去 留得住 教得好"》，中华人民共和国中央人民政府网，2018年5月10日，http：//www.gov.cn/zhengce/2018－05/10/content_5289714.htm。

［71］周佳宁、秦富仓、刘佳、朱高立、邹伟：《多维视域下中国城乡融合水平测度、时空演变与影响机制》，《中国人口·资源与环境》2019年第9期。

［72］周玉婷：《贫困的多因素、多层次治理逻辑与治理体系研究——基于宁夏三种扶贫模式的经验分析》，《宁夏党校学报》2019年第4期。

［73］朱德全、吴虑、朱成晨：《职业教育精准扶贫的逻辑框架——基于农民工城镇化的视角》，《西南大学学报》（社会科学版）2018年第1期。